本书得到国家社会科学基金项目“司法效率改革的有效途径探索”
(主持人：黄斌；编号：11BFX116)资金支持，谨致谢忱！

# 司法效率改革
## 的有效途径探索

Explore Effective Ways
to Improve Judicial Efficiency

黄　斌◎著

中国政法大学出版社

2015・北京

图书在版编目（CIP）数据

司法效率改革的有效途径探索/黄斌著. —北京:中国政法大学出版社，2015.4
ISBN 978-7-5620-5916-5

Ⅰ. ①司…　Ⅱ. ①黄…　Ⅲ. ①司法制度—体制改革—研究—中国　Ⅳ. ①D926

中国版本图书馆CIP数据核字(2015)第058729号

---

出 版 者　中国政法大学出版社
地　　址　北京市海淀区西土城路 25 号
邮寄地址　北京 100088 信箱 8034 分箱　邮编 100088
网　　址　http://www.cuplpress.com（网络实名：中国政法大学出版社）
电　　话　010-58908524(编辑部)　58908334(邮购部)
承　　印　北京华正印刷有限公司
开　　本　880mm×1230mm　1/32
印　　张　10.25
字　　数　230 千字
版　　次　2015 年 4 月第 1 版
印　　次　2015 年 4 月第 1 次印刷
定　　价　36.00 元

# 目 录

# 导 论

## 一、研究对象

立足于实现公正、高效、权威的社会主义司法制度的目标，笔者从人民法院近年来开展的司法效率改革切入，选择了部分试点法院作为分析样本，对影响法院司法效率的环节与问题进行了分析，提出了人民法院提高司法效率的对策和建议。笔者的研究侧重对当前人民法院所开展的司法效率改革实践进行理论分析，并对司法改革的基本方法进行反思。研究主要以司法效率改革，以司法资源配置、法院审判工作、诉讼程序改进、提高司法能力、法院管理和评估等为主线，考察可能影响每个法院采取改革措施的变量以及导致法院实际改革方案的个性因素和共性因素，进而衡量当前司法效率改革的实际效果。

在20世纪八九十年代，司法效率在我国并不是问题，我国的诉讼法和最高人民法院发布的相关司法解释中对审限均有明确规定。比如我国《民事诉讼法》第135条规定一审普通程序的审限为6个月，第146条规定简易程序的审限为3个月，第159条规定二审程序的审限为3个月；我国《刑事诉讼法》第202条规定一审公诉案件的审限原则上为2个月，第214条规定刑事简易程序的审限原则上为20天，第232条规定刑事二审程序的审限原则上为2个月；我国《行政诉讼法》第57条规定一审程序的审限为3个月，第60条规定二审程序的审限为2个月。上述规定对诉讼时效都提出了很高的要求，再加上当事人的代理率相对较低，在20世纪八九十年代基本不存在诉讼拖延的问题。

随着改革的不断深化和社会利益的不断调整，社会矛盾和利益冲突逐渐增多，这直接表现为各级人民法院审结的案件数量急剧增长。以2000年至2013年全国法院审结、执结的各类案件数量为例，除2002年审结、执结的案件数量较上年有所下降外，其余每年审结、执结的案件数量都在上升[1]。十余年来，相比案件数量翻了一倍多，法官的数量则基本稳定在19万左右。[2]长期超负荷的案件数量不仅影响了法官的审判效率，而且影响到法院的正常运转。除了案件数量的变化等外部因素外，司法资源的配置、诉讼程序、法院管理、司法评估和激励机制、法院信息化程度，甚至法官的素养和司法能力等内在因素，都会影响司法效率。基于此，自1999年以来，最高人民法院每五年都会发布改革纲要，系统提出改革的任务和目标，提高司法效率每次都成为重要的改革目标。以2009年最高人民法院发布的《人民法院第三个五年改革纲要（2009－2013）》（以下简称《三五改革纲要》）为例，其提出的主要目标是："进一步优化人民法院职权配置，改革经费保障体制，着力解决人民群众日益增长的司法需求与人民法院司法能力相对不足的矛盾。"其中提出了多项与提高司法效率相关的改革措施，包括优化人民法

〔1〕 例如2000年全国法院审结、执结的案件数量为538万余件，2013年则为1294.7万件，参见《最高人民法院工作报告》（2001－2013）。

〔2〕 参见最高人民法院：《人民法院工作年度报告》（2011年），人民法院出版社2012年版。截至2013年底的统计数量为19.8万。

院职权配置、改革和完善审判管理制度、加强人民法院队伍建设、改革和完善人民法院经费保障体制、加强人民法院信息化建设以及建立健全多元纠纷解决机制等。《三五改革纲要》还进一步提到："研究制定符合审判工作规律的案件质量评查标准和适用于全国同一级法院的统一的审判流程管理办法；完善民事、行政诉讼简易程序，明确适用简易程序的案件范围，制定简易程序审理规则；建立新型、疑难、群体性、敏感性民事案件审判信息沟通协调机制，保证裁判标准统一；建立健全以案件审判质量和效率考核为主要内容的审判质量效率监督控制体系；研究制定关于改革庭审活动记录方式的实施意见。研究开发全国法院统一适用的案件管理流程软件和司法政务管理软件。"[1]

2015 年 2 月 26 日，最高人民法院发布《最高人民法院关于全面深化人民法院改革的意见》（法发［2015］3 号），并将之作为修订后的《人民法院第四个五年改革纲要（2014 - 2018）》（以下简称《四五改革纲要》）贯彻实施。《四五改革纲要》提出，要促进国家治理体系和治理能力现代化，到 2018 年初步建成具有中国特色的社会主义审判权力运行体系，使之成为中国特色社会主义法治体系的重要组成部分。其中"推进裁判文书说理改革"、"推动送达制度改革"、健全多元化纠纷解决机制、推动人民法院内设机构改革以及推动人民法院信息化建设等与提高司法效率直接相关。

与自上而下的改革相比，各级人民法院则根据实际情况采取了各种改革措施，呈现出司法改革领域"百家争鸣"的现象。有些改革措施取得了很好的效果，有些改革探索的社会评价则

---

〔1〕 参见《人民法院第三个五年改革纲要（2009 - 2013 年）》。

较低，比如简化诉讼程序改革，有的法院随意简化程序，影响到对当事人合法权益的保护；比如小额诉讼程序改革，该项改革的初衷是简便快捷地解决纠纷，但是在某些法院因考核、评价等因素的介入，而被许多法官规避适用；比如审限管理，其初衷是督促法官在合理的时间内审结案件，但有的法院却出现了任意延长审限的情况，反而影响了当事人诉讼权利的实现。与国外不同的是，我国的法院在提高司法效率方面不仅仅要强调提高法官的司法能力或在诉讼程序改革某一方面下功夫，而且需要在审判活动、法院管理、司法资源配置、司法评估等多方面乃至于需要调动法院外资源来实现提高司法效率的目标。因此，改革的广度、强度和难度都是前所未有的，需要运用创造性的智慧解决中国司法所面临的问题。

## 二、研究现状

自20世纪50年代末以来，随着法律经济学的发展和繁荣，西方世界逐渐将法律经济学拓展到相关研究领域，有关司法效率的著作也比较多。对司法领域开展法律经济学研究的代表人物有波斯纳和棚濑孝雄。波斯纳认同对经济学所做的一种新界定，即经济学研究的是理性选择，而不限于研究市场，它完全可以用来阐明司法等问题。[1]而法官群体本身也并非一帮子圣洁的天才加英雄，他们也是普通人，不会不受自我利益的牵引，因此他们可以成为经济学分析的对象。[2]在棚濑孝雄看来，面

〔1〕［美］理查德·A. 波斯纳：《正义/司法的经济学》，苏力译，中国政法大学出版社2002年版，第3页。

〔2〕［美］理查德·A. 波斯纳：《超越法律》，苏力译，中国政法大学出版社2001年版，第128页。

对着现代社会中权利救济大众化的要求和趋势，缺少成本意识的司法制度更容易产生功能不全的问题，而探究反映国民合理选择的审判成本政策是从“为了国民的司法”向“由国民所掌握的司法”转换需要走的第一步[1]。

20世纪80年代以来，我国学术界针对司法效率改革的研究也逐渐增多，这与全新研究方法的引入以及丰富的司法改革实践密不可分。这一时期的研究主要呈现出两个特点：一是从单纯的法学专业研究转向了运用新的研究方法开展跨学科的研究，不仅从社会学、经济学等不同角度透视所研究的问题，而且拓宽了研究范围，具体可参见贺卫方（1998）、苏力（2000）、张志铭（2001）、王亚新（2005，2010）、姚莉（2006）、徐昕（2007）、侯猛（2007）、吴英姿（2008）、高其才（2009）、唐应茂（2009）等人的研究[2]；二是对司法实践的研究逐渐系统化。自20世纪80年代人民法院开展审判方式改革伊始，学术界就围绕着各项司法改革实践开展了持续的研究，尤其是自1999

---

〔1〕［日］棚赖孝雄：《纠纷的解决与审判制度》，王亚新译，中国政法大学出版社2004年版，第271－272页。

〔2〕参见贺卫方：《司法的理念与制度》，中国政法大学出版社1998年版；苏力：《送法下乡——中国基层司法制度研究》，中国政法大学出版社2000年版；张志铭：“用效率阐释公正，追求有效率的司法公正”，载《人民法院报》2001年3月7日，第5版；王亚新等：《法律程序运作的实证分析》，法律出版社2005年版；王亚新：“司法成本与司法效率——中国法院的财政保障与法官激励”，载《法学家》2010年第4期；姚莉：“司法效率：理论分析与制度构建”，载《法商研究》2006年第3期；徐昕主编：《司法程序的实证研究》，中国法制出版社2007年版；侯猛：《中国最高人民法院研究：以司法的影响力切入》，法律出版社2007年版；吴英姿：《法官角色与司法行为》，中国大百科全书出版社2008年版；高其才、黄宇宁、赵彩凤：《基层司法：社会转型时期的三十二个先进人民法庭实证研究》，法律出版社2009年版；唐应茂主编：《法院的表现：外部条件和法官的能动性》，法律出版社2009年版等。

年最高人民法院发布《人民法院五年改革纲要》（1999－2003）（以下简称《一五改革纲要》）以来，随着司法改革活动的系统化和逐渐深化，围绕司法改革实践的研究也变得更为系统，其中，围绕司法效率的改革是其中重要的主题之一。以《三五改革纲要》为例，司法效率改革涉及的内容约占司法改革任务的1/4。相关研究成果可参见范愉（2001，2011）、曹建明（2002）、江必新（2008）、信春鹰、李林（2008）、沈德咏（2009）、景汉朝（2010）、公丕祥（2010）、蒋惠岭（2008，2010）、罗东川（2011）、钱锋（2012）等人所做的研究[1]。以上成果都为深化该领域的研究奠定了基础。

上述研究既侧重于司法制度和司法改革中的共性和普遍性问题，也对影响司法制度运行的个性因素、影响司法效率的中国元素有所涉猎，尤其是在我国社会转型时期全面开展司法改革的大背景下，作为大国司法运行模式的重要环节，司法效率

---

〔1〕 相关研究成果包括范愉："小额诉讼程序研究"，载《中国社会科学》2001年第3期；范愉："司法资源供求失衡的悖论与对策"，载《法律适用》2011年第3期；曹建明主编：《公正与效率的法理研究》，人民法院出版社2002年版；江必新："司法效益是司法活动的重要价值"，载曹建明主编：《中国特色社会主义司法制度探索》，人民法院出版社2008年版；信春鹰、李林主编：《依法治国与司法改革》，社会科学文献出版社2008年版；沈德咏主编：《中国特色社会主义司法制度论纲》，人民法院出版社2009年版；景汉朝主编：《司法成本与司法效率实证研究》，中国政法大学出版社2010年版；公丕祥主编：《审判管理理论与实务》，法律出版社2010年版；蒋惠岭："论司法效率中的八个关系"，载《人民司法》2008年第17期；蒋惠岭："论司法效率的'法治账'"，载《中国审判》2010年第12期；蒋惠岭："司法成本与司法收益的构成"，载《人民法院报》2010年12月1日，第8版；罗东川、黄斌："我国司法效率改革的现状与展望"，载《人民法院报》2011年12月16日，第5版；罗东川、黄斌："我国司法效率改革的实践探索——立足于当前人民法院'案多人少'问题的思考"，载《法律适用》2011年第3期；钱锋主编：《审判管理的理论与实践》，法律出版社2012年版等。

改革必须考虑到中国自身发展中遇到的特定问题，并运用实践智慧创造性地解决别国、前人没有碰到的问题。从这个角度来看，随着改革的逐渐深化，需要不断对改革中出现的新情况、新问题进行理论论证，而系统全面的司法改革实践则为理论研究提供了更为丰富的素材。从研究方法上看，多元的研究方法确实丰富了研究成果，不过其中也存在通过研究方法选择、裁剪研究素材的情形，无法涵盖实践中发生的司法改革全貌。司法实践表明，我国在提高司法效率方面与别国存在很大的不同，提高司法效率表面看起来是一个技术性很强的改革，但事实上，我们必须将提高司法效率的改革置于特定的司法制度中进行考察，同时要充分考虑各种影响司法效率的内在因素和外部环境。如果对这些司法实践中的问题不加注意，则可能导致研究成果脱离实践，应用性不强。笔者的研究尝试在借鉴以上研究成果并对各地法院开展充分调研的基础上，对当前正在开展的司法效率改革进行较为系统地分析，立足于司法现代化的角度探索提高司法效率的有效途径。当然，从法院的终极目标来看，提高司法效率并非仅仅是为了法院审判过程中方便快捷，省时省力，而是要尽量减少当事人的司法成本，真正做到司法为民，为民众运送“物美价廉”的正义产品，确保司法公正，让人民群众在每个司法案件中及时地感受到公平正义。

## 三、材料和结构

笔者的研究所使用的材料除借鉴以往理论研究成果外，主要的研究素材包括：一是基于问卷调查获得的数据和资料，笔者在 2008 －2012 年期间到各地法院开展了专项问卷调查，范围覆盖了河南、湖北、湖南、江苏等省二十多个法院，问卷对象

160人，其中包括担任院长、庭长的法官、资深老法官、年轻法官、助理审判员以及法官助理、书记员等审判辅助人员。通过问卷调查收集的信息包括对司法效率状况的基本判断、法院对司法效率工作的重视程度和效果评价、对提高司法效率改革措施的评价、对影响司法效率正负面因素的基本判断等。二是基于调研获得的法院相关材料。在调研过程中，笔者获得了河南、湖北、湖南、江苏等地法院在提高司法效率方面所制定的有关规章制度，并选择收集了江苏省南京市部分区县法院的详细工作数据。三是对目前开展司法效率改革试点法院进行跟踪调查所获得的相关材料，包括中国/欧盟—联合国开发计划署“公平发展、公共治理”合作项目下的“司法成本与司法效率”子项目在我国五个法院开展改革试点的情况，以及其制定的相关规章制度。四是笔者参加了最高人民法院专题交流团，赴英国、德国、澳大利亚和新西兰等国专门考察司法成本与司法效率问题，许多域外的改革和研究资料都是在这些交流的过程中获得的。

本书除导论外，共分十章，大致分为理论、实践与探索三部分。

第一至第三章属于理论篇。在第一章中主要阐述了司法效率在现代司法制度建设中的重大意义，对我国司法效率改革的现状进行了调查分析，指出了司法效率改革中存在的误区，尝试提出了科学合理的司法效率观念。第二章立足于我国许多法院“案多人少”的问题，具体分析了三组不同地区的法院对“案多人少”问题的不同反应，并尝试从提高司法效率、人案均衡的角度和基层法院现代化的角度提出改革建议。第三章主要阐述了在社会转型过程中实现司法现代化的背景下，最高人民法院近年来开展了较为系统的提高司法效率的改革探索。研究表明，有些改革尝试出现了反复甚至为各地法院所诟病，但是也不乏成功的改革经验得以推广，通过各地改革试点和反复磨合逐步寻求共识推进改革仍是司法效率改革的主流和发展方向。

理论篇的研究重点是司法效率在司法现代化中的定位、如何科学认识司法效率、司法效率改革的脉络以及如何解决许多法院出现的“案多人少”问题，为其他相关内容的研究奠定理论基础。主要观点包括：①提高司法效率是现代司法制度建设的重要组成部分。在追求效率的现代社会，司法必须注重提高效率才能成为适应现代社会需要的现代司法制度。②司法实践中存在司法效率的认识误区，包括司法效率就是单纯追求办案速度越快越好、司法效率可以通过加大工作强度来实现、司法效率可以通过简化诉讼程序实现、司法效率可以通过增加人力资源来实现以及司法效率可以通过增加资源投入、扩展司法职能来实现。笔者认为，科学的司法效率观念至少应包括以下五个方面：树立以司法公正为前提的司法效率观；司法效率不仅要提高司法的个案效率，更要实现司法的社会效益；司法效率不仅需要科学的制度，也需要发挥人的主观能动性；司法效率是动态的、相对的、不断发展变化的，而非静止的、绝对的、一成不变的；司法效率需要人民法院内部资源的优化，更需要与外部力量的整合。③针对目前许多法院存在的“案多人少”问题，笔者提出了“人案均衡”态势，并以此作为判断各地法院人案是否均衡的标准。人案均衡态势可以描述为：人案比例基本一致、司法供需关系相当、司法效率得到最大提升、司法环境整体趋于平衡的状态。这种人案均衡关系绝非简单地对应于法官审理案件数量的比较，而更应从实质意义上理解，比如审理案件数量不仅考虑案件本身的难易程度，还要考虑审理法官的具体情况。④基于对司法效率改革脉络的梳理，笔者提出整体的司法效率改革观，而非某个环节的单兵突进。在当前的背景下，司法现代化转型与社会需求不相适应以及大量矛盾纠纷涌向法院增加了司法效率改革的难度。司法效率改革主要体现在五个重点领域，分别是诉讼程序领域、司法资源配置领域、审判管理领域、司法评价和评估领域以及运用信息技术提高司法水平领域。

第四至第八章属于改革实践篇。第四章从优化司法资源配置的角度展开，主要考察了外部司法资源的配置暨人民法院经费保障体制改革的情况，同时分析了审判资源在同一法院内以及不同法院之间的优化配置。第五章从南京市两个基层法院开展小额诉讼试点工作切入，考察如何通过诉讼程序改革提高司法效率。第六章从外在的制度约束和内在的素养锻造角度考察法官如何提高司法效率。第七章通过分析各地法院案件质量评估体系及指标在实际运行中的问题，提出了完善我国司法效率评估机制的具体建议。第八章考察了域外提高司法效率的经验。

改革实践篇的研究重点包括：①关于优化司法资源配置。司法资源配置既包括外部司法资源的投入增长，也包括内部司法资源的优化配置；既包括人力资源的配置，也包括财力资源以及审判资源的合理配置。在法院经费保障体制改革方面，笔者认为最高人民法院提出的改革思路抓住了法院经费保障的核心，即作为审判机关的法院具有其自身的特殊性，这是国家在财政上提供经费保障时应考虑的重要因素。同时，最高人民法院提出的务实改革主张不仅符合国家财政体制改革的方向，而且对于保障法院依法独立公正行使审判权，逐步建立公正、高效、权威的社会主义司法制度意义重大。在优化配置法院内部司法资源方面，笔者认为应坚持以下原则：一是以审判为中心配置司法资源；二是司法资源配置应与纠纷的特点和解决纠纷的途径相适应；三是需要科学地测度法官年均审理案件的能力；四是法院内部需建立一套司法资源优化配置的长效机制。在优化配置不同法院的审判资源方面，笔者主要从设立流动性法官的角度提出对策建议，认为流动性法官可以从现任法官中确定，流动性法官的数量可考虑现实需要、财政承受程度以及司法管辖区域的大小，可以以省级法院为单位设置流动性法官，流动性法官需要相应的衔接和保障机制。②关于小额诉讼程序改革问题。笔者认为，在完善小额诉讼的适用范围方面，应以标的额大小兼顾案件的类型为标准；从案件的快速便捷处理和司法资源的节约考虑，应当对小额案件强制启动小额诉讼程序；从级别管辖来看，小额诉讼程序只能在基层法院适用。小额诉讼程序可由经验丰富的法官主持，也可由经过专门的法律培训、有一定的实务经验和调解能力的法官助理主持。应强调小额诉讼程序的配置机制，与调解制度有效衔接，限制律师代理，加强对主持者的职业培训与继续教育，增设监督与投诉机制，提供小额诉讼的帮助程序，并加强对当事人的引导，尽可能地扩大当事人合意选择小额程序的案件数量，实现分流案件、提高效率的目的。③关于从法官的视角提高司法效率的问题。笔者从修改《法官法》切入，提出应加强法官职业保障，从而解决法官流失的问题，具体包括法官职务应严格按照审判工作年限、审判能力和工作业绩定期核定和晋升；在任何场所，法官的人身、财产安全都受法律保护；法官应当受社会尊重，对有损法官的言行，应确定相应的惩罚措施；初任法官应有基层法院工作经验；根据审判工作特点，制定单独的法官工资制度和工资标准；法官的退休制度应符合法官职业特点。在创新激励法官工作的机制方面，笔者认为应从理念上实现从“管理法官”向“法官管理”的转变，应尊重审判规律、实现人案均衡。④关于司法效率评估制度的创新和完善问题。笔者认为司法效率评估机制在实践运行中存在不少问题，包括司法效率评价指数不能合理反映司法工作实际，许多法院将案件质量评估指标误作“成绩单”而非“体检表”，将司法效率评估机制和审判绩效考核简单地衔接，评估指标没有体现司法层级、审级、审判业务部门和地区差异。笔者认为完善司法效率评估制度首先应尊重司法规律，减少行政化干扰；其次应多方面完善司法效率评估体系。⑤提高审判效率和案件管理效率是域外提高司法效率的两个重要领域。英国在提高审判效率方面，一是强调发挥律师在庭审过程中的作用；二是重视提高法官的司法能力；三是重视完善裁判中的相关配套机制。在案件管理方面分为两类：一类是行政式案件管理，不涉及程序性的法律问题；一类是司法式案件管理，法官在案件管理中发挥主导作用。

第九章和第十章属于改革探索篇。第九章从方法论上对我国司法改革试点工作进行了思考。笔者将司法改革实践中形成的试点模式归纳为四种：部门回应型、部门规划型、中央授权型和立法保障型，同时从完善司法改革试点工作的角度对试点工作的主导部门、效果评估、试点进度、试点信息共享、试点的可复制问题提出了具体的建议。第十章提出了一份法院提高司法效率的工作指南建议稿。指南的内容涉及规范和细化诉讼程序、小额诉讼、简易程序、裁判文书、诉调对接、审判管理、司法能力、科技强院、工作保障等领域，以期能够直接为人民法院的审判和管理工作提供参考。

本书出版获得了国家社会科学基金的资助，特此致谢。在课题研究过程中，我得到了最高人民法院、中国应用法学研究所各位领导的支持和多位专家的帮助。印象特别深刻也让我很感动的是，2011 年 8 月，罗东川所长专门为本课题组织了一次专家论证会。在论证会上，高憬宏、胡云腾、范愉、王亚新、冯玉军等领导和专家就如何开展好课题的研究提出了非常具体的研究思路，大大拓宽了我的研究视野。在研究过程中，刘作翔、李浩、杨春福、吴英姿等教授提出了非常有启发的建议，在此一并致谢。我曾和李学尧教授一起对河南、湖北、江苏、山西、吉林等地的法官进行过问卷调查并和他们进行过座谈、交流，书中提出的许多建议都是在他们的启发下形成的。江苏省南京市中级人民法院王静法官、江苏省南京市鼓楼区人民法院黄德清法官、江苏省溧水县人民法院李侠法官、吉林省吉林市昌邑区人民法院张弘法官以及山西省太原市晋源区人民法院吕静英法官还参与了课题的论证以及部分课题内容的具体研究工作，感谢他们竭尽所能的支持，从他们身上我也感受到了优秀法官的品质。感谢范明志、张泰苏、刘树德、肖宏、艾佳慧、马剑、吕芳、李敏、李琦、杨帆、顾利军诸位师友的帮助。特别要感谢曾担任中国应用法学研究所副所长的蒋惠岭高级法官，他一直都是我工作中的引路人。自 2005 年进入中国应用法学研究所后我就在他的指导下工作，从日常的办文办件、组织会议到起草领导讲话稿、开展司法改革和审判理论课题研究，每一项具体的工作中都浸透着他的悉心指点，每一项工作成果中都凝聚着他的辛苦付出，这样的工作状态让我心情愉快，受益良多。我很荣幸能够与他相识。感谢中国政法大学出版社彭江编辑、刘海光编辑和张阳编辑，本来和彭江先生约好的交稿时间由于我个人的原因一拖再拖，但他始终“不离不弃”，并且安慰我说“出版时间服从书稿质量”。在出版完全市场化的行业中还有这样执着的坚守者，不得不令人敬佩。由于水平所限，对于这样一个涉及面很广的课题，我只能蜻蜓点水式的选择部分问题展开，提出的观点未必完全正确，论证也未必周密充分，尚请各位方家不吝指正。

# 第一章　司法效率的现状与基本理念

## 引　言

自1999年最高人民法院发布改革纲要以来,[1]各级法院在提高司法效率方面开展了许多有益的改革探索，取得了一些成功的经验。然而，有的法院由于司法效率基本理念认识上的偏差，导致在开展司法效率改革时出现了过于单纯追求速度、单纯追求办案数量、无限制地加大工作强度、随意简化诉讼程序等行为。本章拟在阐明提高司法效率对实现司法现代化的重要意义的基础上，从各级法院的司法效率现状和改革实践出发，分析司法效率改革中存在的主要问题，提出相对科学的司法效率观念。

### 一、现代司法制度中司法效率的重要地位

对司法效率的追求一直就存在着。在古罗马时代，人们依诉讼时效的理念对审理时限就提出过明确的要求。如根据尤利

〔1〕截止到2015年3月，最高人民法院已经发布了四个五年改革纲要，四个五年改革纲要分别发布于1999年、2005年、2009年和2014年，系统地提出了人民法院司法改革的目标和任务，其中涉及司法效率改革的措施都占有相当的比重。

法的规定，如果法定审判（一种仅适用于罗马市民之间争议的诉讼程序）在18个月内未作出判决，那么该项审判就因时效已过而消灭。[1]英国在1215年的《大宪章》第40条中规定裁判不得延搁："对于任何人，朕绝不出售、否认或延搁其应享有之权利与公正裁判。"1791年《美国联邦宪法》第5、6和8条修正案规定的公正审判权中即包含有迅速审判的权利。二战后日本《宪法》第37条规定，在一切刑事案件中，被告人有接受公正的法院迅速而公开审判的权利。除此之外，许多国际人权公约对提高司法效率也有明确的规定。比如联合国《公民权利和政治权利国际公约》第9条规定："任何因刑事指控被逮捕或拘禁的人，应被迅速带见法官或其他经法律授权行使司法权力的官员，并有权在合理的时间内受审判或被释放"，第14条规定"立即受审，不被无故拖延"是任何刑事指控中人人完全平等享有的最低限度的保障之一。欧洲理事会2002年成立的欧洲司法效率委员会制定了司法效率指标评估体系，目的在于"让每一起案件的诉讼进展都在合理而又可预期的时间内进行"。该指标体系从审理期限的定义、如何计算、各个诉讼环节的合理期限及透明度、审理期限的可预见性、案件繁简类型划分合理性、对拖延审理行为的警告、信息技术的应用等方面对司法效率进行评估。[2]该指标体系注重从当事人的角度来考察审理期限的长短，也就是说审理期限要服从于案情的需要，对于复杂案件，审理期限可以放长一些，而一些小额案件，可以一审终结甚至

---

〔1〕［意］朱塞佩·格罗索：《罗马法史》，黄风译，中国政法大学出版社1994年版，第245页。

〔2〕范明志："欧洲对审判质量和效率的评估与管理"，载最高人民法院中国应用法学研究所编：《司法决策参考》2013年第26期。

当庭终结。该指标体系注重总审理期限，即从立案到终审判决乃至执行的时间长度，这样做的好处是充分考虑了当事人的实际感受。

尽管提高司法效率的规定和做法古已有之，但我们依然需要强调的是，在效率、成本、收益等观念业已深入人心、任何人的行为和选择都无法摆脱这些观念的影响和束缚的现代社会，法院和法官的司法裁判如果不与时俱进、追求效率，那必将落后于时代的发展进步，无法满足现代社会对司法理应追求效率的要求和需求。[1]近年来，各国在其制定的司法发展战略中均将提高司法效率作为其重要的内容。比如，在2010年9月14日美国公布的《美国联邦司法发展战略》中，"甘于奉献，为当事人、社会公众提供及时、有效的司法服务"是美国联邦法院重要的核心价值观。[2]英国皇家法院事务管理局于2006年制定了《司法工作发展战略》。其目标就是"在未来五年内，确保所有公民，不论是刑事受害人或是刑事被告人、债务人或经济纠纷中的其他主体，抑或是需要被照顾的儿童，也不论其需求如何多样化，都能够通过有效渠道在最短的时间内以最低的成本，按照公开的原则获得司法正义，以不断提振公民对司法制度的信心和尊重。"[3]土耳其公布的《土耳其司法改革行动纲要（2009－2013年）》中将提高司法效率确定为十大任务之一，其中具体包括合并地理位置靠近、工作负荷小的法院；根据国际

〔1〕刘练军：《司法要论》，中国政法大学出版社2013年版，第141页。

〔2〕蒋惠岭、黄斌编译："美国联邦司法发展战略"，载《人民法院报》2012年9月14日，第8版。

〔3〕蒋惠岭、林娜编译："英国司法工作发展战略"，载《人民法院报》2012年9月28日，第7版。

经验和客观需要，广泛推广专门法庭制度；完成国家司法网络项目建设，确保其有效运转；行政和司法单位推广电子签章的使用；提高民事强制执行和破产制度运行的效率等方面的内容。[1]

提高司法效率作为现代司法制度建设的重要组成部分，在我国系统开展司法改革伊始便得到合理阐释。2001年1月1日，时任最高人民法院院长肖扬提出“公正与效率是人民法院的世纪工作主题”。关于为什么要提出这个工作主题，他在“公正与效率世纪主题论坛”上指出：“现代社会的飞速发展，社会纠纷的日益增多，使得司法这一古老的国家权力在今天已经不可能悠闲地运行，司法的现代化已经提上了我们的议事日程。讲究效率是现代司法的另一个重要特征。当代社会一日千里的发展进程，容不得诉讼活动旷日持久；案件数量大幅度上升的严峻形势，不允许司法机关安之若素；人民群众维护自身利益的强烈渴望，要求司法活动绝不能效率低下。”[2]改革开放初期，人民法院受理的案件数量只有五十多万件，随着我国经济体制深刻变革、社会结构深刻变动、利益关系深刻调整和思想观念深刻变化，社会矛盾日益凸显，大量的社会矛盾纠纷以案件的形式涌向了法院。

---

〔1〕 林娜编译：“土耳其司法改革行动纲要（2009－2013年）”，载《人民法院报》2012年8月31日，第8版。

〔2〕 肖扬：“在‘公正与效率世纪主题论坛’上的致辞”，载曹建明主编：《公正与效率的法理研究》，人民法院出版社2002年版，第9页。

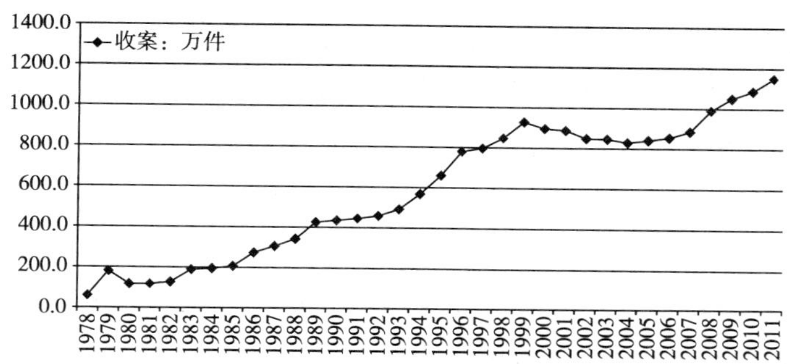


**图 1.1　1978 年至 2011 年全国法院系统案件数量增长情况**

截止到 2013 年，全国法院受理的案件数量已经突破了 1400 万件[1]。这表明在注重效率的现代社会，司法审判必须注重提高效率才能成为适应现代社会需要的现代司法制度。

## 二、人民法院提高司法效率的改革探索

司法效率追求的是以尽可能合理、节约的司法资源，最大限度地谋取对社会公平和正义的保障，和对社会成员合法权益的保护。近年来，各地法院开展的改革探索各有侧重，有的通过优化配置司法资源提高效率；有的通过完善诉讼程序提高效率；有的通过运用科技成果解决效率问题；有的通过提高法官的司法能力提高效率；有的则通过案件管理来提高效率。主要包括以下内容：

### （一）应对司法资源的不足

在思路方面，大致有三种方式：一是增加资源投入，扩大司法资源总量；二是在司法资源相对不变的前提下，通过降低部分个案的成本，使现有司法资源可以解决更多的案件；三是提高司法效益。在司法资源不可能过分投入的情况下，在兼顾

〔1〕《最高人民法院工作报告》（2014 年）。

公正与效率的前提下，通过法院内部运作方式的改革，寻求某种“集约型”的资源配置方式，实现效益的最大化。[1]如果说第一种方式通过人民法院经费保障体制改革是在说服“外部”支持人民法院的工作，那么后两种方式则是各级法院从内部探寻司法资源的合理配置。有的法院，比如江苏省溧水县人民法院，从整体上合理配置司法资源；[2]有的法院则考虑人民法院内部职权的配置；[3]有的法院则从审判人员优化的角度出发，通过均衡调配审判资源，以利于形成专业化审判；[4]而有的法院则强调通过设立案件审判中心和案件审判管理中心等制度创新的方式提高司法效率。[5]从各地法院的实践探索来看，或者是出于案件类型的压力不同，或者是法院司法资源可配置的空间不同，司法资源配置在不同地区和不同审判领域表现出不同的形式，侧重点也存在差异。

（二）审判管理的改革

审判管理是人民法院管理体系的核心，加强和改进审判管理是提高审判工作效率和效果的关键，其目标是为公正、高效、权威的审判活动创造良好的内部环境。从1999年最高人民法院印发的《人民法院五年改革纲要》中第一次正式提出审判管理制度改

---

〔1〕李杰：“应对司法资源不足的思路”，载《人民法院报》2010年12月15日，第8版。

〔2〕周迅：“当前基层法院人案现状的主要特点及对策分析——以溧水法院的调查为样本”，载《法律适用》2009年第11期。

〔3〕汪明华：“优化职权配置、提高司法效率”，载景汉朝主编：《司法成本与司法效率实证研究》，中国政法大学出版社2010年版。

〔4〕郁云：“优化民商事审判资源和职权配置，促进审判质量和效率提高”，载景汉朝主编：《司法成本与司法效率实证研究》，中国政法大学出版社2010年版。

〔5〕林振明、赵元松：“司法制度创新和司法效率的衡平”，载景汉朝主编：《司法成本与司法效率的实证研究》，中国政法大学出版社2010年版。

革的基本任务开始，创新和加强审判管理的工作就没有停止过。[1]围绕审判管理创新，各地法院在实践中进行了探索和回应。[2]比如四川省高级人民法院和成都市中级人民法院，将“管案”与“管人”结合起来，在管理体系方面形成了一套全方位、多层次的职能机构审判管理体系[3]。广东省高级人民法院将2009年确定为“审判管理年”，主要开展了深化审判流程管理、完善审判绩效管理、推动案件质量评估、成立审判管理部门等方面的探索和实践。[4]上海市浦东新区人民法院则形成了以服务审判为导向的专门化管理系统、完善和发展审判流程集约分段管理系统等审判管理路径来提升司法效率。[5]审判管理的目标不仅包括公正、效率和效果，还应包括管理成本及其优化。[6]在新的司法改革背景下，审判管理的职责范围、组织机构、人员配置、管理方式以及服务对象等方面都值得深入研究。

### （三）诉讼各环节提高司法效率的措施

各地法院的实践做法包括两个方面。一是完善诉讼程序和

---

〔1〕 2013年，中国审判理论研究会依托重庆市高级人民法院成立了审判管理专门委员会，为创新和加强审判管理研究提供了又一个重要的平台。

〔2〕 法院的审判管理探索可参见苏力：“审判管理和社会管理”，载《中国法学》2010年第6期。苏力在文中提到了分流、增加审判资源、制度程序调整、科技手段等方面。不可否认，这些方面都有利于回应“案多人少”的问题，不过文中没有提到法院内部的审判管理改革探索。

〔3〕 杨鲁静：“效率视野下的审判管理改革”，载景汉朝主编：《司法成本与司法效率实证研究》，中国政法大学出版社2010年版。

〔4〕 徐曾沧：“论审判管理制度改革与审判质量效率的提高”，载景汉朝主编：《司法成本与司法效率实证研究》，中国政法大学出版社2010年版。

〔5〕 包蕾、余韬：“司法效率突破的审判管理之维”，载《人民法院报》2010年11月17日，第8版。

〔6〕 余文唐：“谈审判管理五结合——基于集约型司法的思考”，载《人民法院报》2010年12月22日，第8版。

诉讼机制。这实际上是根据案件类型合理配置审判资源，通过专业化、常规化、流程化来节省时间人力，合理使用资源。[1]例如量刑改革[2]、繁简分流、纠纷快速处置、“调解优先、调判结合”的做法、案例指导制度[3]以及在督促、执行、送达、小额诉讼程序改革等方面的探索。二是强调诉讼与非诉讼的衔接机制，借助法院之外的力量分流案件，减少法院的案件压力。大调解[4]、多元化的纠纷解决机制[5]都是这方面的表现。比如河北省廊坊市法院形成的“廊坊经验”中既包括扩大司法调解的范围，也包括吸收社会各界力量参与调解。吉林省吉林市昌邑区人民法院的“昌邑经验”则通过建立诉前指导制度、搞好调诉衔接、强化调解理念、发挥多元调解功能[6]。

（四）创新司法效率评估机制

一套好的司法效率评估机制不仅能够全面客观地反映人民法院的审判质量和效率状况，还能通过规范各项司法行为激励工作积极性。目前全国法院的司法效率评估机制主要有四种类型：[7]第一种类型是多指标综合评估，比如最高人民法院发布

---

〔1〕 苏力：“审判管理和社会管理”，载《中国法学》2010年第6期。

〔2〕 可参考2010年10月1日起试行的《人民法院量刑指导意见（试行）》、《关于规范量刑程序若干问题的意见（试行）》。

〔3〕 可参考《最高人民法院关于案例指导工作的规定》。

〔4〕 聂敏宁、李勇：“四川发挥司法调解主导作用，推进‘大调解’”，载《人民法院报》2009年7月28日，第1版。

〔5〕 黄斌、刘正：“多元化纠纷解决机制的现状、困境与出路”，载《法律适用》2007年第11期。

〔6〕 顾利军：“合理分担司法成本，全面提升司法效率”，载《人民法院报》2010年12月8日，第8版。

〔7〕 曾华：“关于开展案件质量与效率评估的理性思考”，载景汉朝主编：《司法成本与司法效率实证研究》，中国政法大学出版社2010年版。

的案件质量评估指标体系下设公正、效率和效果指标；第二种类型是个别指标评估，比如福建省高级人民法院发布的《全省法院案件质量与效率评估考核办法》共设10个指标；第三种类型是打分综合评估法，比如江西省上饶市中级人民法院即采取此种办法；第四种类型是ISO质量体系认证，比如采用此种评估体系的代表是山东省东营市中级人民法院。其中，对审判效率的评估指标和评估方法的探索为司法效率研究提供了丰富的素材，同时也代表着目前的主流评价模式。[1]根据最高人民法院2008年印发的《关于开展案件质量评估工作的指导意见（试行）》，[2]各地法院也分别制定或修改了本辖区的审判效率评价指标。当然，在实践中对评估指标的设定、评估的标准、评估的对象和评估结果的运用等方面都存在更大的讨论空间。[3]

（五）法院信息化建设

在2010年10月召开的第四次亚太司法改革论坛上，时任最高人民法院院长的王胜俊指出：科学技术已经成为实现司法公正的重要辅助手段。事实上，多年来法院系统都在加大科技投

---

〔1〕“创新绩效考评体系，提高行政审判质效”，载《人民法院报》2010年3月31日，第1版。“昆都仑绩效考评，数字说了算”，载《人民法院报》2009年8月18日，第1版。2004年福建省高级人民法院制定并颁布了《全省法院案件质量和效率评估考核办法》，设置了上诉、抗诉率、申诉、上访率、改判发回率、案件未结率、审限内结案率、调解、撤诉率、执行标的到位率、人均结案数和已结案归档率共10个指标，2004年7月在全省法院系统施行。

〔2〕2011年最高人民法院印发了修改完善的《最高人民法院关于开展案件质量评估工作的指导意见》，为进一步完善人民法院案件质量评估体系，并为案件质量评估工作提供了更具操作性的文件，2013年最高人民法院又印发了《人民法院案件质量评估指数编制办法（试行）》。

〔3〕湖南省高级人民法院：“主观与客观之间：司法效率评估的选择与优化”，载景汉朝主编：《司法成本与司法效率实证研究》，中国政法大学出版社2010年版。

入。比如建设覆盖全国法院系统的司法审判信息系统，促进信息化在人民法院行政管理、法官培训、案件信息管理、执行管理、信访管理等方面的应用。比如最高人民法院已通过互联网建立了中国裁判文书网，便于查询全国各地法院的裁判文书。目前我国已有北京、上海、湖南、浙江、江苏、福建等地的法院利用网络审理跨区域乃至跨国民事案件，有的法院实行了远程立案、电子签章，减少了当事人往返法院的交通、住宿等开支。上海市高级人民法院利用科技加强廉政建设，等等。《四五改革纲要》中提出要推动人民法院信息化建设。加快“天平工程”建设，着力整合现有资源，推动以服务法院工作和公众需求的各类信息化应用。最高人民法院和高级人民法院主要业务信息化覆盖率达到100%，中级人民法院和基层人民法院分别达到95%和85%以上。这些措施从短期来看，可能增加了法院的设备和资金等投入，但从长期来看则可减少法院的成本，有利于提高司法效率。

**三、人民法院司法效率的现状调查**

以上主要是对各地法院改革探索进行的初步梳理，若要更为全面地了解目前我国司法效率的基本状况，法院人员对司法效率的认识和评价应该是其重要组成部分。笔者通过问卷和座谈结合的方式对部分高级、中级和基层法院的160名法官和法院工作人员进行了调查，并对问卷结果进行了分析，以期揭示当前司法效率的基本状况。

（一）基本情况

就受访人员的基本情况来看，其中男性97人，女性63人；从年龄结构来看，35岁以下的49人，35－50岁的94人，50岁以上的15人；从受访人员所在法院级别来看，在高级法院工作的有55人，在中级法院工作的有42人，在基层法院工作的有63人；从所在法院的工作部门来看，立案庭12人，审判业务部门120人，综合管理部门7人，执行部门19人，研究室1人；从受访人员的身份来看，书记员24人，法官助理4人，助理审判员39人，审判员49人，庭长或副庭长41人，院长或副院长1人；从受访人员取得的学历来看，大专以下的5人，大专12人，本科92人，硕士48人，博士4人。

（二）对司法效率状况的基本判断

**表1.2　对司法效率状况的主观判断人数统计表**

| 法院每年审理的案件越来越多 | 案件数量没有太大变化 | 案件数量越来越少 |
|---|---|---|
| 96人 | 15人 | 37人 |

**表1.3　对司法效率基本状况的客观判断人数统计表**

| | 5件以下 | 5－10件 | 10－20件 | 20－30件 | 30件以上 |
|---|---|---|---|---|---|
| 一审 | 80人 | 41人 | 6人 | 3人 | 2人 |
| 二审 | 64人 | 22人 | 6人 | 1人 | 无 |

结合相关调查情况，以上统计数据表明：其一，客观上受访法院的案件数量都在增加。其二，案件增长的类型存在一定的差异。就同一法院的不同业务庭而言，有的案件类型比如民商事案件数量增长快于行政和刑事案件。而从同一业务庭内部来看，不同合议庭负责的案件类型也有所差异，比如婚姻家庭案件和交通事故人身损害赔偿案件增长情况就很不相同，这也

应该是导致法官对案件审理情况判断存在明显差异的一个原因。其三，这些数据也反映了法院内部案件分配不均匀的情况。多数法官审理的案件绝对数量并不多，只有少数法官的工作量较多，可能在法院内部的分工方面，院长、庭长不具体办案会影响到法官对自身工作量的认识。此外，在法院追求案件法律效果和社会效果统一的司法政策指导下，案件越来越难办也是其中的原因。其四，这些数据还反映了纯粹用案件数量来衡量司法效率的局限性。案件仅仅从数量上进行比较并不科学，因为每个案件有其自身的特点，难易程度不一，法官的审判经验和司法能力差异会导致审理案件的进度不一。因此，统计法官人均案件数量只具有相对意义，并不能简单地作为对法官进行工作考核的一项指标，否则极易导致法官只攀比案件数量而忽略了司法为民的宗旨。

（三）对司法效率工作的重视和改革效果的评价

**表 1.4　法院对提高司法效率工作的重视情况表**

| 非常重视 | 比较重视 | 不太重视 |
|---|---|---|
| 71 人 | 80 人 | 9 人 |

**表 1.5　对司法效率改革效果的评价表**

| 明显提高 | 有所提高 | 没有变化 | 降低了 | 明显降低 |
|---|---|---|---|---|
| 59 人 | 78 人 | 15 人 | 6 人 | 2 人 |

以上数据表明，受访人员普遍认为所在法院重视并采取了提高司法效率的改革措施。不过，在这些措施的效果上，受访人员的态度却有所犹疑，认为法院比较重视司法效率工作的人

数要高于非常重视该项工作的人数，也有相当多的人认为法院采取了提高司法效率的改革措施但不多。这实际上似乎都在暗示，法院所开展的司法效率改革措施不一定都是成功的，至少有些受访人员没有给予高度的赞扬，而是给出了有所保留的评价。在目前各级法院追求提高司法效率的改革进程中，或许是因为有些措施过于追求效率而忽略了公正，过于追求司法工作的“政绩”而对当事人的合法权益没有给予足够的重视，才影响到受访人员对司法效率改革效果的评价。

（四）对提高司法效率改革措施的评价

**表 1.6　积极评价排序表（排名越靠前评价越高）**

| 1 | 2 | 3 | 4 | 5 | 6 | 7 | 8 | 9 | 10 |
|---|---|---|---|---|---|---|---|---|---|
| 司法资格统一考试 | 办公现代化建设 | 执行与审理分立制度 | 合议庭合议制度 | 庭审方式 | 主审法官制度 | 审判长负责制 | 证据规则制度 | 法官助理制度 | 案件流程管理制度 |

**表 1.7　消极评价排序表（排名越靠前评价越低）**

| 1 | 2 | 3 | 4 | 5 | 6 | 7 | 8 | 9 | 10 |
|---|---|---|---|---|---|---|---|---|---|
| 院领导个案批转制度 | 审判委员会制度 | 错案追究制度 | 审判长联席会议制度 | 案件审批制度 | 引咎辞职制度 | 书记员单列 | 庭务会制度 | 调解制度 | 大立案制度 |

调查结果显示，并非所有的司法改革措施都得到受访人员的认可。此处需要说明的是，受访人员可能因年龄、在法院工作的时间、所在法院的层级、所在法院的工作部门的差异而对具体的改革措施做出一定的偏好性选择。不过，通过排名顺序依然可以清晰地发现，符合审判工作规律的改革措施往往会得

到更多的首肯和积极评价，这似乎是大多数进入法院工作的人员的“底线伦理”。比如司法资格统一考试对法官职业化的推进，比如办公现代化建设有利于改善办公条件，比如庭审方式改革普遍提高了法官审理案件的效率。但对于有些改革受访人员也作出了极为负面的评价，比如院领导个案批转制度。当然还有一些改革措施获得较低的评价可能和改革的力度不够有关，比如审判委员会作为人民法院最高审判组织非常有必要保留，但也应适时加以改革，以更加符合审判工作的需要。以上调查也显示，司法改革工作远不是通过最高人民法院发布改革纲要就能实现的，在实践中会有更为漫长的摸索和磨合过程。

（五）负面影响司法效率的因素

**表 1.8　负面影响司法效率的外部因素排序统计表**

| 1 | 2 | 3 | 4 | 5 | 6 | 7 | 8 |
|---|---|---|---|---|---|---|---|
| 律师的职业道德不好 | 党委或者政府部门干预审判工作 | 基层法律服务工作者或者“黑律师”在诉讼中的参与 | 民众的法律意识不强 | 法院领导对案件在审判技术外的干预 | 法律规范之间相互冲突 | 立法中的固有问题 | 无法可依或者过于模糊 |

在这些影响司法效率的负面因素中，大致可以分为两类：一类是偏主观因素，比如党政部门、法院领导干预审判工作、“黑律师”在诉讼中的参与；另一类是客观因素，比如立法、法律规范的问题、民众的法律意识问题。客观原因影响司法效率可通过加强相关立法和法律规范的学习，普及和提高民众的法

律意识的方法解决。不过对于党政部门、法院领导干预案件的情况，对承办法官来说很棘手，这也正是这类案件正在成为“难办”案件的原因。这里所谓的“难办”，很多时候都不是因为案情有多复杂、法律关系有多不明确，而是需要协调各方面关系，需要不断地向领导汇报。因此，需要从制度上对这些可能出现的做法进行改造，使党政部门、法院领导更加主动地依法办事。2014 年 10 月 23 日中共十八届四中全会通过的《中共中央关于全面推进依法治国若干重大问题的决定》提出，完善确保依法独立公正行使审判权和检察权的制度，建立领导干部干预司法活动、插手具体案件处理的记录、通报和责任追究制度，建立健全司法人员履行法定职责保护机制。[1]这些具体制度的建立可以实实在在地保证司法公正、提高司法公信力，其重大意义不言而喻。

**表 1.9 负面影响司法效率的内部因素排列表**

| 1 | 2 | 3 | 4 | 5 | 6 | 7 | 8 | 9 | 10 |
|---|---|---|---|---|---|---|---|---|---|
| 觉得在法院工作经济待遇太差 | 非法律专业毕业或者法律专业知识储备不足 | 统筹能力差 | 觉得在法院工作没有政治前途，所以工作不积极 | 家庭责任重 | 在职攻读学位或者准备司法考试 | 人际关系处理能力太差 | 缺乏有效的激励机制 | 法院各部门之间或者部门内部各环节流转太慢 | 法官办案越来越难，法官要考虑的因素太多 |

〔1〕参见“中共十八届四中全会在京举行”，载《人民法院报》2014 年 10 月 24 日，第 1－2 版。

以上统计表明，内部影响司法效率的因素是多样的。这与法院在国家机构中所处的位置有很大关系，法院的经费保障不足、法官的行政职级偏低影响到了法官的工作积极性。法院审判工作中的行政管理模式也会极大地影响司法效率。法院既希望法官是专业人士，又希望法官能够统筹协调各种关系。法院作为社会矛盾化解中的重要环节承担着大量的社会职能，法官将大多时间用于非审判活动势必会影响到审判工作。

（六）正面影响司法效率的因素

正面影响司法效率的因素主要分为两大领域。从法院外部来看，党委政府对法院工作的支持，对法院审判和执行工作的重视，人大的依法监督，行政机关等相关部门法治意识的增强，新闻媒体的客观报道，公民法律意识的提高以及社会对法院的要求越来越高，促使法院不得不提高司法效率。此外，律师在诉讼中的地位有所提高也有助于提高司法效率。

从法院内部来看：其一，《法官法》实施后，进法院的条件提高了，人员结构更加优良，统一司法考试让法官群体的业务素质越来越高，法官职业化的效果逐步显现；其二，科学的法院管理有效地提高了司法效率，包括严格审限管理、案件流程管理制度的建立、专业合议庭的设置、合议庭内部分工合作、案件评查制度以及清晰的激励机制等；其三，有效的法院工作保障促进了司法效率，包括有效的经费保障、后勤保障、公务车辆的严格管理、硬件设施配套齐全等。

通过对司法效率的基本状况开展调查，可以有针对性地提出提高司法效率的建议，不过首先必须对司法效率本身有个初步的认识。

## 四、科学认识人民法院的司法效率

如前所述，司法实践为提高司法效率而实施的改革措施确实积累了不少经验，这些经验为我国法院相关制度的完善提供了参考。不过也应看到，有的法院对司法效率的认识仍存在一些偏差，对司法效率的认识可以从实践中的认识偏差入手。

### （一）司法效率的认识偏差

第一，司法效率就是单纯追求办案速度。效率对于实现公正非常重要，“迟来的正义非正义”。但是，在有的法院，效率被理解为单纯的速度，表现为审理案件周期的缩短，表现为对案件审理时间越少越好的追求。[1]一般情况下，程序越完备和精细，经其处理纠纷的过程就越公正。目前许多“缩水”的程序难免会损害当事人的实体权利，结果导致作为法院审判管理考核指标之一的案件审理天数在考核竞争中越来越少了，但是案结事不了、涉诉信访的问题却没有得到预期的解决。因此，那种将司法效率等同于案件审理速度的观念应该得到纠正。

第二，司法效率可以通过加大工作强度来实现。比如在北京、广东、江苏、吉林等地的许多法院，“白加黑”、“5+2”已经成为常态。[2]在特定的条件下，集中加大工作强度是可以解决一定问题的，但长期通过这种方式来提高司法效率是不成立的。因为工作强度的来源有限，人的精力有限，如果取之过度则不可避免会出现衰竭，导致案件办理质量下降，错误频出，

---

〔1〕 沈明磊、蒋飞：“资源配置视野下的司法效率”，载《人民司法》2008年第17期。

〔2〕 赵刚：“白加黑困局及其破解”，载《人民法院报》2009年3月23日“法周刊”栏目。

最终反而使“高效率”付出了其他方面的代价，最终伤害的是正义的实现。[1]

第三，司法效率可以通过简化诉讼程序实现。简化程序确实能提高司法效率，比如繁简分流、扩大简易程序的适用范围、建立健全速裁机制、探索建立小额诉讼程序，等等。不过在实践中，一些基层法院在立案时往往不分繁简，一律适用简易程序。对于非简单民事案件简易审理，会导致提高而非降低案件的总成本。大量非简单民事案件适用简易程序后，会导致简易程序转为普通程序的案件大量增加。而且程序的简化可能会对司法产出的质量带来消极影响。[2]因此，简化程序的前提必须保持最基本的程序正义要素，确保程序的基本功能。

第四，司法效率可以通过增加人力资源来实现。通常情况下，增加人力资源能够解决一定的问题，但是人员增加到一定程度后反而不利于提高工作效率。如果过度增加人员编制，还会造成组织管理的负担和机构运行方面的高成本。因此，人力的增加幅度和数量必须保持在合理的范围之内。

第五，司法效率可以通过增加资源投入、扩展司法职能来实现。首先，尽管法院对增加资源投入的要求很迫切，但从实际情况来看不太现实，中央财政难以支撑全国法院的司法经费。从总体上看，中央财政的转移支付对于基层法院而言仍然是杯水车薪。其次，同级财政增加投入在一些贫困地区仍然很困难。当然也有法院为求得司法经费以及其他方面的支持，主动或者

〔1〕 蒋惠岭：“论司法效率的‘法治帐’”，载《中国审判》2010年第12期。

〔2〕 李杰：“应对司法资源不足的思路”，载《人民法院报》2010年12月15日，第8版。

应要求承担一些法院职责之外的工作，新增的经费投入有可能为不断扩张的“法院工作”消解。如果以扩大司法收益为目的而任意扩展“法院工作”，可能会改变司法机关既有的职能作用，而且不符合我国宪法对法院职能的基本规定。因此，法院司法职能的缩减或扩展应当根据宪法法律的基本制度安排来实现，而不应当在不具备条件时任意变动。

（二）司法效率的概念及其与司法公正、司法成本的关系

第一，司法效率与司法公正。效率是经济学研究中的一个重要概念，也是经济学的一个核心问题。著名经济学家萨缪尔森等人这样界定效率：“给定投入与技术条件下，经济资源没有浪费，或对经济资源作了能带来最大可能满足程度的利用。”〔1〕也就是说，效率是在给定投入前提下，获得最大的产出，同时需要强调产出的价值性——“人们所愿意购买”和“实际需要”的。〔2〕效率作为一种价值引入司法领域，司法效率与经济效率的本质区别在于司法效率首先需要遵循的是司法规律。公平正义始终是司法追求的基本价值，效率则是这种价值的量化表现形式，〔3〕司法效率产出的价值性只能用司法裁判的公正性来衡量。效率不能简单地等同于速度，我们需要的是能够产出正义的司法效率，而不仅仅只是对案件审理时间越少越好的追求。未能有效确保公正的司法裁判会导致上诉、申诉、再审甚至旷日持久的涉诉信访，从而不得不多次重复地消耗大量司法

〔1〕［美］萨缪尔森、德诺豪斯：《经济学》（第16版），萧琛等译，华夏出版社1999年版，第8页。

〔2〕［美］阿瑟·奥肯：《平等与效率——重大的抉择》，王奔洲、叶南奇译，华夏出版社1987年版，第2页。

〔3〕蒋惠岭：“论司法效率中的八个关系”，载《人民司法》2008年第17期。

资源，并且严重损害司法的公信力，不但不能提高司法效率，而且大大增加了司法的成本。正是在这种意义上，波斯纳把效率与正义看作是同义词。波斯纳宣称："正义的第二种意义，简单地说来，就是效率。"〔1〕所以司法效率的基本要求应当是在实现正义的过程中使投入与产出比率最优化，核心是在保障公正的前提下实现对司法资源的最有效利用。

司法效率是司法资源的投入与办结案件及质量之间的比例关系，〔2〕它追求的是以尽可能合理、节约的司法资源，谋求最大限度地对社会公平和正义的保障及对社会成员合法权益的保护。〔3〕司法效率首先必须坚持以司法公正为前提，不能突破司法公正的底线。为了实现公正前提下的司法效率，法官一是要依法履行职务，公正地审理案件；二是要积极地履行职责，快速、高效地审理案件；三是要有效地履行职责，保证减少司法的纠错成本。〔4〕其次，司法效率应当是个案效率与社会效益的有机统一。法院除了对个案进行公正裁判外，还要保障有限的司法资源在所有寻求正义的公众之间公平地分配。

第二，司法效率与司法成本。作为一个经济学的概念，谈司法效率问题必然会涉及司法成本问题。司法成本与效率问题已经成为司法决策中必须考虑的一个因素。在国家对司法的投

---

〔1〕［美］理查德·A. 波斯纳：《正义/司法的经济学》，苏力译，中国政法大学出版社2002年版，第6页。

〔2〕景汉朝主编：《司法成本与司法效率实证研究》，中国政法大学出版社2010年版，第1页。

〔3〕参见罗东川、黄斌："我国司法效率改革的实践探索——立足于当前人民法院'案多人少'问题的思考"，载《法律适用》2011年第3期。

〔4〕［日］棚濑孝雄：《纠纷的解决与审判制度》，王亚新译，中国政法大学出版社版，第267－297页。

入相对有限的情况下，司法机关厘清自身处理案件的成本，探索一套合理的司法成本分担模式，对于提高司法效率具有特别重要的现实意义。然而目前对于司法成本，我国仍然缺乏一套客观的估计标准和衡量体系，这直接影响到国家和民众对司法机关司法效率的总体评价，同时，对于国家和社会之间司法成本的分配，目前也没有一个很好的协调机制。

棚濑孝雄认为，司法成本即审判的成本，它是指国家在审判活动中投入的成本，即用于审判工作的法院的预算；司法成本不同于诉讼成本，诉讼成本是指当事人参加诉讼时负担的费用。[1]波斯纳则认为司法成本就是经济成本，他将司法成本分为直接成本和错误成本两类，直接成本是指进行审判、确定判决过程中直接产生的消耗，包括公共成本与私人成本，前者如法官的薪金、陪审团、法院房屋等费用，后者如当事人聘请律师、进行司法鉴定的费用等。错误成本是指因司法判决的错误所造成的耗费，任何一个错误的判决都会导致资源的无效使用，从而支出不适当的费用，这种不适当的费用就是错误成本。错误成本的耗费如同直接成本一样是不可避免的，无论是哪一个国家，也无论其司法制度多么先进，都不能保证在司法诉讼活动中可以避免错误成本的付出。需要注意的是，人们在对这两项成本的总和予以最大限度地降低时，不能只是单独地减少其中任何一项，否则就会破坏两者间的相对平衡。例如，如果只是尽量减少诉讼中的“直接成本”，将最少的人力、物力和财力投入到司法审判活动中，那么判决的错误率势必会提高，由此

〔1〕［日］棚濑孝雄：《纠纷的解决与审判制度》，王亚新译，中国政法大学出版社2003年版，第267页。

导致司法审判的“错误成本”增加。同样，为了确保判决正确性而增加的“直接成本”也要小于因减少判决错误而节省的“错误成本”。[1]美国哲学家贝勒斯进一步指出，在司法程序中除了直接成本和错误成本外，还存在一种源于法官的错误裁判所导致的道德损害，即道德成本或称为伦理成本，主要包括：因不当追诉或错误裁判而导致的民众对国家专门机关消极评价而带来的信念、尊严和权威的损失；因错误裁判而给当事人带来的名誉损失等。贝勒斯认为，“法律程序的目的可以表述为实现经济和道德错误成本及直接成本最小化”。[2]

由此可见，随着理论与实践的不断丰富，司法成本问题已经从时间成本扩展到物质成本，又从物质成本扩展到包括精神成本在内的综合成本研究。对于司法成本的分类已有多种，比如将司法成本分为私人成本和公共成本，或者分为财政成本、时间成本、人力成本等。从最高人民法院和一些地方法院的绩效评估标准来看，时间成本一直是司法效率中最重要的因素，人力成本也占有一定地位。有的法院也开始计算审判工作的财政成本，如案均耗资等。可见，目前受到重视的还只是一些可以量化的成本，而另外一些不宜量化的成本尚未获得其应有的地位。不过，应注意的是，人民法院不仅要考虑经济成本，更要考虑开展司法改革本身所需付出的制度成本，需要区分社会转型期人民法院付出的特定成本和完善中国特色社会主义司法制度所需付出的成本。

---

〔1〕［美］理查德·A. 波斯纳：《法律的经济分析》（下），蒋兆康译，中国大百科全书出版社1997年版，第678页。

〔2〕［美］迈克尔·D. 贝勒斯：《法律的原则——一个规范的分析》，张文显等译，中国大百科全书出版社1996年版，第28页。

司法成本可以分为直接成本和间接成本，前者是指直接投入到诉讼中的社会资源，按负担主体的不同，如波斯纳所言可分为公共成本和私人成本。公共成本主要指国家为解决私人纠纷而设置司法系统所投入和消耗的资金、设备、人员等资源，除维持司法制度的日常运行外，司法成本主要是通过个案审判而渐次消耗的，其中的一部分可以通过法院的诉讼收费而获得补偿。通常来说，公共成本包括以下内容：①司法机关的物质设施的费用；②司法工作人员的工资、福利费用等；③司法工作人员为处理案件所支付的物质和所耗费的精力与时间。私人成本是指当事人在诉讼中所投入的成本，主要包括：①向法院交纳的诉讼费用；②聘请律师或委托其他诉讼代理人而支出的费用；③因参加诉讼而支出的误工费、交通费等相关费用以及所耗费的精力与时间等。间接成本包括错误成本和伦理成本，错误成本是无效的资源耗费，而伦理成本则是一种隐性成本，是由于法院的错误裁判所导致的。虽然这种伦理成本不可具体计量，但其对司法体系的损害却最为严重。在讨论节约司法成本、提高司法效率时，不仅要关注直接成本，更要关注间接成本。

简而言之，效率与成本之间在理论上存在四种模式：①高效率、低成本；②高效率、高成本；③低效率、低成本；④低效率、高成本。第一种模式应该是所有司法制度都追求的目标。如果将司法成本作广义的理解，包括审判人员、时间、投入的经费等方面，那么效率与成本的另外三种模式都会不同程度地在不同阶段的改革过程中出现，导致司法资源的浪费。比如有的法院为加强信息化建设投入大量资金，但是实际使用者寥寥，导致信息化建设停留于表面文章。有的法院为加强审判管理而开发审判管理系统，但因系统的不科学引起法官的抵制，最终弃之不用。有的法院因案件质量评价体系的设计过于简单，而使有的法官片面追求结案数量，进而导致案件因质量不高，当事人不断申诉、上访，最终影响到案件的审判效率。提高司法效率的着眼点即在于提高司法效益、降低司法成本，其中司法成本包括诉讼成本、管理成本以及错误成本。

### （三）科学的司法效率观探析

相对科学的司法效率观具有丰富的内涵，至少可以包括以下五个方面：

第一，树立以司法公正为前提的司法效率观。在司法效率问题上，以司法公正为前提的“司法效率”与强调迅速办案的“司法效率”之间存在着明显的区别。要实现司法效率，仍然需要坚持以司法公正为前提，[1]不能突破司法公正的底线采取各种措施去提高司法效率，只顾当前的个案的效率，而忽视长远的整体的效率。因此，追求司法效率既不是孤立的，也不是片面的；对司法效率的理解不能脱离对公正、高效、权威的社会主义司法制度的全面把握和准确认识。做到公正并非易事，它需要时间和缜密的思考，还需要开明的思想和开放的法院体系。如果旨在提高效率的改革措施却使社会上那些我们觉得很奇怪、不熟悉的人无法发表意见，使他们无法将其请求带到法庭，那么效率的代价就太大了，让人不可接受。因此，一方面必须牢记“正义被耽搁等于正义被剥夺”，另一方面必须保证不因盲目

〔1〕 同样，在美国法官波斯纳看来，他所界定的效率就是一个足够的正义概念。参见［美］理查德·A. 波斯纳：《正义/司法的经济学》，苏力译，中国政法大学出版社2002年版，第6页。

追求效率而牺牲了社会中最易受伤害的人的利益。[1]如果仅仅为了追求结案的数量而牺牲了司法的公正，导致当事人对案件审理不服，最终在用尽诉讼程序的情况下，当事人还是会走上申诉信访的道路，这无疑会消耗大量的司法成本。

第二，司法效率不仅要提高司法的个案效率，更要实现司法的社会效益，[2]司法效率应当是司法的个案效率和司法的社会效益的统一。法官在面对个案时，关注的是当下个案的纠纷化解，在很多情况下，强调个案效率能够实现司法妥善解决纠纷的功能。不过，法院更应看重判决或调解对未来的潜在当事人的影响，尤其是对一些法律适用虽然清楚但事实很难查清的案件。因此，法院除了对个案进行公平审理之外，还要保障有限的司法资源在所有寻求正义的人们之间公正地分配；不仅需要考虑站在法院面前的当事人，还要考虑所有其他在外面排队等候的人们。因此，司法效率不仅要算“人均结案”、“案均耗资”的“经济账”，而且要算司法的作用是否得到充分发挥、司法资源是否得到充分利用、司法制度是否健全的“法治账”。[3]

第三，司法效率不仅需要科学的制度安排，也需要发挥人的主观能动性。司法效率既是对司法制度的要求，也是对运用司法制度的人的要求。司法效率集中体现为审判效率。审判效率既与司法制度的规定比如诉讼程序、证据规则等制度的完善有关，又与法院内部的人员配置、审判管理机制、审限、信息

---

〔1〕 弗莱彻：“公平与效率”，载宋冰编：《程序、正义与现代化——外国法学家在华演讲录》，中国政法大学出版社1998年版，第447页。

〔2〕 江必新：“司法效益是司法活动的重要方面”，载曹建明主编：《中国特色社会主义司法制度探索》，人民法院出版社2008年版。

〔3〕 蒋惠岭：“论司法效率的‘法治账’”，载《中国审判》2010年第12期。

化建设和案件分流机制的完善有关，还与外部环境和相关配套措施的设置有关。同时，司法效率需要发挥运用司法制度的人的作用，通过制度充分发挥人的主观能动性和积极性。一套运行良好的司法制度和运行不良的司法制度之间的司法效率存在明显区别。因此，一套科学地提高司法效率的制度，应该融入法官的经验并被法官所认可。[1]一套为社会所承认的规则会成为有效遵守的规则。同样，一套为法官所认可的制度很大程度上可以提高司法效率、实现司法公正。

第四，司法效率是动态的、相对的、不断发展变化的。司法效率反映的是人民法院系统能否在司法资源有限的前提下，最有效地利用这些资源以便满足人民群众不断增长的司法需求。人民法院利用司法资源满足司法需求总是要受到特定现实条件的制约，比如一个国家司法机构的运行、司法能力的水平以及司法制度的完善程度。任何国家的司法行为都是在一个特定的司法制度下进行的，而司法行为本身又是一个特定制度塑造的产物。制度的改革和完善必然影响到司法行为，进而影响到司法效率。人民群众对法院工作的需求和期待也是发展的、变化的。伴随新问题、新纠纷的不断出现，法官必须具备适应时代需要的司法能力。因此，人们对司法效率的评价也会是相对的，更不能脱离一个国家的具体情况。

第五，司法效率需要人民法院内部资源的优化，更需要与外部力量的整合。提高司法效率是法院追求的目标，这不仅要求司法机关内部资源的优化组合，更需要有效动员全社会的力

---

〔1〕 黄斌："从法官视角看司法效率的提高"，载《人民法院报》2010 年 5 月 21 日，第 5 版。

量，形成全社会的合力。通过法院与外部力量的整合，通过充分发挥审判权的规范、引导和监督作用，完善诉讼与非诉讼纠纷解决方式之间的衔接机制，推动各种纠纷解决机制的组织和程序制度建设，促进非诉讼纠纷解决方式更加便捷、灵活、高效，为矛盾纠纷解决机制的繁荣发展提供司法保障。

# 第二章 我国基层法院的司法效率改革

## ——立足于当前法院“案多人少”的思考

## 引 言

在过去的三十多年中，人民法院受理的案件数量总体呈现快速增长的趋势[1]，按照80%的案件数量在基层法院的说法，那么基层法院受理案件的数量是相当惊人的。与案件快速增长相比，法官数量的增长则显得较为缓慢。“案多人少”的问题在全国许多法院尤其是基层法院表现得非常突出。近年来，许多法院都在开展各项改革和探索以解决法院面临的“案多人少”问题。[2]各地法院的改革措施也呈现出“百花齐放、百家争鸣”

---

〔1〕 1978年至2011年全国法院受理案件数量增长数据表明，1978年受理的案件数量为63.1万件，2011年受理的案件数量则达到了1150.3万件，除1979年至1980年和1999年至2004年案件数量呈下降趋势外，其余年份均呈现上升的趋势。

〔2〕 可参考的资料包括：张慧鹏、范贞、刘光洪：“案多人少何以应对”，载《人民法院报》2009年4月7日，第8版；郭飞：“案多人少，隐忧呈现难题待解”，载《人民法院报》2009年4月26日，第8版；卫建萍、张倩、殷超：“应对案多人少的现实之选”，载《人民法院报》2009年5月31日，第3版；林晔晗、王创辉、殷体操：“东莞法院‘案多人少’问题突出”，载《人民法院报》2010年3月7日，第3版；浙江省杭州市中级人民法院课题组、翁钢粮：“司法高效：现实困局与求解之道”，载《人民法院报》2009年11月19日，第5版；浙江省宁波市鄞州区人民法院课题组：“基层法院‘案多人少’矛盾与破解对策”，载《法律适用》2009年

的景象。[1]尽管各项改革措施都为基层法院有效化解纠纷做出了不小的贡献，但是在将提高司法效率促进司法公正作为现代司法制度基本目标的背景下，[2]仍需对各项改革措施加以具体分析和甄别。[3]

就目前的研究来看，对基层法院如何应对“案多人少”的问题谈论得比较多，却很少触及某个法院产生“案多人少”的具体原因和形成改革措施的过程。而这些原因和过程非常重要，因为它们直接关系到在特定环境中什么样的改革措施是适宜的，

---

第6期；浙江省宁波市中级人民法院课题组：“法院‘案多人少’现状及解决之道”，载《中国审判》2009年第10期；周迅：“当前基层法院人案现状的主要特点及对策分析——以溧水法院的调查为样本”，载《法律适用》2009年第11期；江苏省常州市中级人民法院课题组：“解决人民法院案多人少问题的调研报告”，载《人民司法》2009年第11期。

〔1〕比如有的法院从司法资源的合理配置角度开展改革，有的法院从法院管理的角度开展改革，有的法院从诉讼程序的优化和简化角度开展改革，有的法院强调一套有效的司法评估、激励机制的重要作用，有的法院强调法院信息化建设的重要性，有的法院则强调人民法院经费保障的重要性，等等。当然，有的法院则是综合运用以上各项改革措施，毕竟每个法院的现实情况都一样，即使面临着同样的“案多人少”的问题，其产生的具体原因也会各不相同，自然也就不会存在包治百病的统一“药方”。正如苏力的分析所表明的，需要认真看待是什么导致了案多人少的问题，这其中有《劳动合同法》、《诉讼费用交纳办法》颁布等外部原因，也有法院自身的原因。参见苏力：“审判管理和社会管理”，载《中国法学》2010年第6期。

〔2〕近年来在各国发布的司法发展战略中，不论是英国、美国等发达国家，还是巴基斯坦、卢旺达等发展中国家，无一例外地均将提高司法效率促进司法公正作为本国司法发展战略的基本目标。参见蒋惠岭、林娜编译：“英国司法工作发展战略”，载《人民法院报》2012年9月28日，第7版；蒋惠岭、黄斌编译：“美国联邦司法发展战略”，载《人民法院报》2012年9月14日，第8版；蒋惠岭、何帆编译：“巴基斯坦国家司法发展战略”，载《人民法院报》2012年9月21日，第8版；蒋惠岭、彭何利编译：“卢旺达共和国司法发展战略（2009－2013年）”，载《人民法院报》2012年10月19日，第8版。

〔3〕改革就意味着会出现任何的可能性，也要预料可能出现的风险，关键是如何推广改革经验、修正不足、避免误区。

尤其关系到如何才能在特定环境中提高司法效率。在过去的十多年中，我国所开展的司法改革提供了非常有研究价值的素材。这些改革的一个重要的核心目标就在于通过提高司法效率来促进司法公正。[1]基层法院只有在应对“案多人少”的现实压力和提高司法效率、促进司法公正的现代化司法改革目标之间寻求最佳结合点，才能既走出“案多人少”的泥淖，又顺利地步入现代司法制度的新境界，而不是让基层法院继续承受不能承受之重，在案件数量继续增长的趋势下踽踽前行。

进而言之，基层法院所开展的各项改革措施是否确实提高了司法效率？审判质量是否有保证？是否促进了司法公正？司法公信力是否得到了提高？对基层法院会带来怎样的影响？某些案件数量极端的基层法院所开展的改革对全国其他法院有何种程度的借鉴价值？不同基层法院究竟是基于何种意图开展改革的？它们的改革是成功的还是不太成功？其背后的原因是什么？来自实践的观察表明，基于良好意图的改革措施，其结果并不一定都是好的，至少没有预期中的那么好。现代司法制度背景下基层法院的功能究竟是什么，基层法院化解矛盾的边界在哪里？“人案均衡”的最佳结合点在哪里？衡量标准又是什么？这些问题不仅关系到人民法院改革纲要中提出的“自上而下”的改革目标和措施究竟是在基层法院的具体改革过程中得

---

〔1〕 1999年、2005年和2009年，最高人民法院先后发布了三个五年改革纲要，强调加强司法制度建设和法官职业化，以提高司法效率，促进司法公正。从现代化的角度来看，这些以“制度化”、“专业化”、“标准化”、“程式化”为核心的改革，同时也是法制现代化的努力。参见贺欣：“司法财政与司法改革——两个基层法院的比较”，载林端、侯猛、尤陈俊主编：《司法、政治与社会——中国大陆的经验研究》，翰庐图书出版有限公司2012年版，第433页。

以贯彻、修正还是某种程度的背离，而且还关系到基层法院能否通过上述改革措施有效地化解转型时期的纠纷等重大问题。

本章分析了不同基层的法院对“案多人少”问题的应对措施。选择基层法院不仅是因为它们与普通民众的接触最为密切，几乎所有类型的案件都可能会进入基层法院，而且是因为基层法院处理了纠纷中的大部分。笔者所调研的法院分别处于我国的东部地区和中部地区，以便考察地区差异的影响。研究结果表明，寻求“人案均衡”是我国许多基层法院解决“案多人少”问题的立足点，但是不同法院的应对措施迥异。一个基层法院多少案件算“多”，多少法官算“少”，在目前没有一个衡量标准的情况下，“案多人少”本身就是一个相对的概念。[1]在一些案件数量“压力山大”的基层法院，法官每天除了开庭审理、合议定案、撰写裁判文书外，还承担了庭前准备、庭外调解、调查证据、财产保全等大量的事务性工作，根本无暇静下心来思考如何化解纠纷，他们首先考虑的是如何完成化解矛盾纠纷这个“规定动作”。调查显示，“规定动作”远不止这些，在有些省市，部分党政部门抽调法院工作人员参与当地招商引资、房屋拆迁等非审判工作而出现的人才借用的情况也十分突出。以福建省为例，截止到2012年底，全省各中级、基层法院工作人员被各类党政机关抽调借用181人。个别基层法院甚至同时有30%以上的工作人员被抽调借用，个别法院工作人员被

〔1〕“案多人少”虽屡见报端，但何谓人均办案量大，却无任何可以参照的标准。从现有可查阅的资料来看，从人均办案六十多件到人均办案六百多件，都称之为“案多人少”。对案件进行类型化的定量分析得出可行的人案均衡模型却极为缺乏。

抽调借用的时间长达10年。[1]而对于“自选动作”——对如何化解矛盾纠纷进行冷静的理论思考——则少有涉及，这种不同的优先顺序考虑可能会导致这些法院采取一些“功利化”的改革措施。这些改革措施不仅侵害了当事人基本的诉讼权利，而且在不知不觉中使司法公正“打折”。比如实践中出现的案件审理时间越来越短的现象就令人深思和反省。在另外的一些基层法院，尽管案件数量相对较多，但是还不至于让法官疲于应付。在这种前提下，他们会开始思考如何保持“人案均衡”，试图通过思考人案之间的科学均衡来破解“案多人少”的难题。在此过程中，不同地区的基层法院所采取的态度也呈现出很大的差异。初步的印象是在案件数量普遍较多并具有改革探索精神的东部地区，基层法院的探索更为积极主动。相对而言，中部地区基层法院的改革则更为稳健，其更多的改革是为了完成落实上级法院或最高法院的改革任务。当然，基层法院院长的领导风格也显得格外突出，行政管理型的院长更可能从借助外部力量和加强内部管理的角度提高司法效率，有效化解矛盾纠纷，而专家型的院长则更可能从审判组织的专业化、提高法官司法能力的角度来解决“案多人少”问题。

不同基层法院面对“案多人少”所采取的不同改革措施，呈现出基层法院改革的复杂状况。本章试图表明：过于专注“案多人少”的短期解决方案往往会使改革偏离司法公正与效率的目标。“案多人少”的影响因素是复杂多样的，在人案均衡的

---

〔1〕 参见《福建省高级人民法院政治部关于全省中级、基层法院人才流出情况的调研报告》，闽高法政［2013］140号。该调研报告中详细罗列了法院工作人员挂职借用期间的主要工作，包括驻村挂职、综治维稳、材料写作、协助征迁、信访接待、项目建设、纪检监察等。

科学探索中需要综合考虑不同的影响因素。笔者认为有必要将目前的改革措施置于更大的司法现代化的背景下进行思考，而不仅仅是与那些“案多人少”的法院相关。因为现代化的司法制度蕴含着提高司法效率促进司法公正这一基本价值目标，而非我国西部法院所认为的，这仅仅是我国东部法院的事，更非社会转型时期的法院为解决“案多人少”问题所独有的。

本章第一部分将介绍我国“案多人少”的基本现状，并通过对具体法院的调查来分析其中的原因。第二部分具体分析了三组基层法院的基本情况。第三部分、第四部分和第五部分则分别阐述和分析了三组法院对“案多人少”的不同反应。第六部分尝试从人案均衡以及基层法院现代化的角度得出初步的结论。

## 一、“案多人少”

法院受理案件数量剧增和法官数量的缓慢增长让全国许多法院的“案多人少”问题日渐突出。在最近几年的“两会”上，针对法院“案多人少”问题提出的议案已不鲜见。不过，不同地区之间仍然呈现出差异。在东部地区，“案多人少”问题具有普遍性，在中、西部地区，“案多人少”的问题则可能体现在省会城市所在地法院和经济较为发达的城区法院。尽管如此，因进入法院的案件难以预料，在“案多”的具体数量上仍会有所差别。比如2010年北京市海淀区法院人均结案298件，如果排除不参与办案的其他法院工作人员，则法官人均结案数量远比这个数字高。浙江省义乌市法院2010年法官人均结案268件，这是当年统计的浙江省法官人均结案最多的基层法院。2008年广东省深圳市宝安区法院法官人均结案达到了449件。[1]法官人均结案的绝对数量也反映在近年的不断增长趋势中。以下情况表显示，从2005年至2008年10月，江苏省常州市7个基层法院案件的收、结数量呈逐年增长的势头。以武进法院为例，2001年全院审判人员人均结案91.9件；2004年人均结案突破100件，为100.4件；2006年人均结案达149件；2007年人均结案为152.3件。在人均结案数不断增加的同时，武进法院年均结案超400件的法官也一年比一年多，2007年已达5人。[2]从东部地区基层法院受理的案件类型来看，有调查显示，民商事案件和执行案件占了总受案数的80%以上。[3]这实际上也表明，需要在基层法院根据案件的具体变化情况合理配置审判资源和开展相应的审判组织改革。

---

〔1〕尽管各地法院统计的是法院人均办案或法官人均办案的情况，实际上，法院工作人员中有相当一部分人员是不参与办案的，即使是具有法官资格的人员，比如院、庭长因从事法院的综合行政管理工作，并不办案。所以，排除这些人员在外，实际从事审判工作的法官人均办案数量要远超过以上数量。当然，每个法院实际从事审判的法官占全院人员的比例不尽一致，但是，统计表明，至少有1/3人员并不参与办案。调查也显示，越来越多的法官因工作压力等原因希望调离审判岗位到其他综合部门工作，或者直接从法官岗位辞职，这无疑让本已不堪重负的基层法院雪上加霜。

〔2〕参见江苏省常州市中级人民法院课题组："解决人民法院案多人少问题的调研报告"，载《人民司法》2009年第11期。

〔3〕参见浙江省高级人民法院研究室课题组："关于法院案多人少问题的调研报告"，载浙江省高级人民法院编：《司法热点问题调查——浙江法院调研报告集》(2012年卷，总第18卷)。

**表 2.1　江苏省常州市基层法院 2005－2008 年 10 月新收案件、结案情况表[1]（单位：件）**

| | 2005 年 | | 2006 年 | | 2007 年 | | 2008 年 1－10 月 | |
|---|---|---|---|---|---|---|---|---|
| 金坛法院 | 4334 | 4413 | 5225 | 5266 | 6083 | 5938 | 6514 | 5133 |
| 溧阳法院 | 5532 | 5597 | 6540 | 6523 | 7167 | 7201 | 7068 | 5578 |
| 武进法院 | 10 295 | 10 542 | 12 409 | 12 326 | 12 824 | 12 662 | 11 419 | 9186 |
| 新北法院 | 3333 | 3253 | 4252 | 4292 | 4895 | 4786 | 5106 | 4528 |
| 天宁法院 | 4547 | 4552 | 4922 | 4924 | 5238 | 5238 | 5801 | 5022 |
| 钟楼法院 | 4008 | 3952 | 4195 | 4254 | 4641 | 4655 | 4496 | 3516 |
| 戚区法院 | 693 | 688 | 757 | 744 | 754 | 760 | 952 | 806 |

相比较而言，在我国中、西部地区，基层法院受理案件的数量就没有东部地区那么多，但在一些省会城市和经济相对较发达的城市所在地法院，近年来受理的案件数量也在呈上升趋势。2008 年 5 月至 6 月期间，笔者在我国中部地区的 H 省和 B 省十多个基层法院通过问卷形式对法院工作人员开展的调查显示：其一，客观上受访法院的案件数量都在增加。其二，案件增长的类型存在一定的差异，就同一法院的不同业务庭而言，有的案件类型比如民商事案件数量增长快于行政和刑事案件，这一点也印证了在东部地区法院的调查结果。而从同一业务庭内部来看，不同合议庭负责的案件类型也有所差异，比如婚姻家庭案件和交通事故人身损害赔偿案件的增长情况就很不相同，这应该也是导致法官对案件审理情况的判断存在明显差异的一

〔1〕 数据来源：江苏省常州市中级人民法院课题组："解决人民法院案多人少问题的调研报告"，载《人民司法》2009 年第 11 期。

个原因。其三，这些数据也反映了法院内部案件分配不均匀的现象，多数法官审理的案件绝对数量并不多，只有少数法官的工作量较多。

当然，除了案件数量的绝对增长外，“案多”的另一层含义还包括案件涉及的复杂关系，这增加了每个法官处理案件的工作量。近年来法院受理的新类型案件越来越多，触角延伸至各个领域。为保障实体法适用的公平公正，程序方面的法律规定越来越严密、细致，大量法律、司法解释、规范性文件相继颁布施行。为了全面了解各项法律法规，法官必须花费大量的时间。尤其是考虑到案件审理结果需遵循“法律效果与社会效果相统一”的标准，法官不能仅仅满足于事实清楚、法律适用准确、程序合法。从这个意义上来说，案件绝对数量多只是“案多”的一个方面，案件涉及的复杂关系则是“案多”的另外一种表现形式。这同时也表明，在法院目前开展的司法评估考核工作中，仅仅从审理案件的数量上进行比较并不科学，因为每个案件有其自身的特点，难易程度不一，法官审理案件的进度也不尽相同，这会导致统计法官人均结案量只具有相对意义，并不能简单地作为对法官进行考核的一项科学指标，否则极易导致法官只攀比案件数量而忽视案件质量。

与案件数量迅速增长形成鲜明对比的是，基层法院的法官数量增长缓慢，甚至有的法院出现了法官不增反降的局面。长期以来，法院的人员编制增加幅度很小，导致法官的绝对数量难以大幅增加。如浙江辖区内的 103 个法院，2007 年至 2009 年 3 年中增加约三百人，相当于平均一年一个法院仅增加 1 人。而且，法官编制一般以户籍户口人数为基础来确定，未考虑某些发达地区外来人口数量的因素，未考虑辖区的经济发展状况、案件数量等客观情况的变化。在一些地区甚至还出现了法官流失、审判人员负增长的情况。部分地区实行“阳光工资”后，法官的收入水平与付出的劳动成本之间出现失衡，有的地区法官政治待遇偏低，晋升空间小，法官尊荣感降低，因此有法官向晋职、晋级较快的党委、政府部门或收入较高的企业、律师事务所流动，加剧了法院的人员紧张状况，这种现象在发达地区表现得尤为明显。比如2008年至2010年，浙江嘉兴地区具有审判资格的法官分别为463人、462人、455人，人数逐年下降。2002－2009年八年间，绍兴地区6个基层法院补充法官94人，减少法官128人。〔1〕

除法官外，审理案件少不了的审判辅助人员队伍也不稳定，具有行政编制的书记员、法警人数有限，无法满足审判活动正常开展的需要。类似问题在我国许多法院中都存在。比如江苏省武进市法院执行局共17名执行员，仅有1名书记员、2名法警。近年来武进法院招聘了一部分审判辅助人员，承担一些审判辅助工作。但由于受工资待遇低的影响，这部分人中学历较高的一心想通过公务员考试等方法另谋高就，一定程度上影响了审、执工作的正常开展，如江苏省常州市天宁区法院在2006年招聘的10位法官助理已有7人考到其他单位。〔2〕不论是法官还是审判辅助人员，他们都不是不食人间烟火的圣人，他们都生活在现实的社会环境中，职业压力、工资待遇偏低、房价高

---

〔1〕 参见浙江省高级人民法院研究室课题组：“关于法院案多人少问题的调研报告”，载浙江省高级人民法院编：《司法热点问题调查——浙江法院调研报告集》（2012年卷，总第18卷）。

〔2〕 参见江苏省常州市中级人民法院课题组：“解决人民法院案多人少问题的调研报告”，载《人民司法》2009年第11期。

涨、生活成本提高、子女上学难等对我们社会中所有人都有影响的因素，也会在法官和审判辅助人员的身上体现出来，他们也都会在与周围职业群体的比较中做出更为现实的选择。

退一步说，法官和审判辅助人员不足是否会影响到审判效率，是否有其他的替代办法，或者说，增加法官和审判辅助人员是否必然就可以提高审判效率?“三个和尚没水喝”的道理再浅显不过地做了否定的回答。有时不在于人多，而在于法官与审判辅助人员比例是否合适，彼此是否职责明确，分工合理，相互协作的工作机制。

导致许多法院出现“案多人少”问题的原因，可能每个法院会有本地特定的原因，比如东部地区外来人口的大量涌入，导致案件数量的增加；比如一些地方的政策对法院办案人员数量减少影响很大。法官属于公务员，而人民法院干部的人事工作也一般参照行政机关进行管理，必须遵守地方党委及组织人事部门的相关规定。不过一些地方性的人事管理规定人为地减少了法官的数量。如江苏省常州市武进市人民法院规定的离岗退养政策，要求年满52周岁（女性）和57周岁（男性）的干部一律退养，使得相当一部分具有丰富审判经验的法官提前离开了审判岗位，还有一些法官已经调离法院工作岗位仍占用法院编制，这两种情况都造成实际办案人员的减少。除了各地法院的特定原因外，在“案多人少”问题上各地法院也存在着一些普遍性的问题。从客观方面来说，经济社会的快速发展以及利益格局的不断调整，导致各类矛盾频发、纠纷数量剧增，最终必然会以案件的形式进入法院；立法步伐的加快，一些法律法规的相继出台，如《劳动合同法》、《物权法》、《道路交通安全法》的颁布，进一步加强了诉权保护的力度，也使得大量纠纷向法院集中。2007 年 4 月 1 日，诉讼费用全面下调后，当事人的诉讼成本大大减少，诉讼门槛大幅降低，法院的收案数一度出现了大幅增长；传统的非诉纠纷解决机制功能的削弱，也导致大量案件涌向法院。此外，诉讼程序的单一化、法院设置缺乏灵活性也在一定程度上加剧了“案多人少”的矛盾。从主观方面来说，法院内部人力资源的不合理配置，比如法院审判业务部门与综合管理部门人员配置失衡，在很大程度上加剧了“案多人少”的矛盾。

还有一些法官个性化和案件本身的因素，比如有的法官天生就是个“慢性子”，和那些“急性子”比起来，其案件的审理进度自然会更为缓慢。似乎还应考虑法官办案的“不同偏好”，有的法官喜欢先办手头的复杂疑难案件，有的法官喜欢先办相对简单的案件，这种“偏好”和一些法院立案后采取随机分案的做法时常存在冲突，谁能保证某个法官分到的案件数量大致相当、难易程度相当呢？更不要说满足不同法官的不同偏好了。因案件确定的程序适用也会导致法官审理时间的差异，试想简易程序和普通程序之间的法定审限就相差 3 个月。案件的难易程度也决定了有的法官深陷一个复杂的案件，而其他法官则可能在相同时间内已经审结了数个案件。再者是法官独任审判和组成合议庭审判所花费的时间和精力也存在着差异。

正是在上述多重复杂因素的综合影响下，各地法院结合自身现状采取了各项改革措施。这些改革对案件审判质量、对法院的可持续发展以及对法院产生的“正义”产品有多大的影响，这些改革本身的进路与方法是否存在改进的空间，都有待于进一步的例证和分析。

## 二、三组基层法院

笔者选择的三组法院分别位于我国东部地区和西部地区，主要的考虑是，“案多人少”的问题虽然在东部地区更为突出，但其所呈现的形态无论是典型还是非典型的“案多人少”问题，基本上都能在西部地区找到。笔者选择的前两组法院都在东部地区，第三组法院则位于西部地区。第一组是案件绝对数量大的法院，第二组法院位于江苏省中部经济较为发达的N市，虽然法院全年受理的案件数量没法和第一组的H区、B区法院相比，但仍高于全国法院年均受理的案件数量。第三组法院包括位于我国西南地区的C市辖区范围内结案数最多的5个市区法院和位于D市城区的Q区法院。

H区法院和B区法院位于我国经济最为发达的地区，H区是著名的科技文化教育区，辖区面积430.8平方公里，2008年年底的常住人口为293万，其中外来人口155.4万，外来人口占总人口的53.04%。B区是深圳市工业基地和重要的经济产业区，辖区面积为733平方公里，2012年底的常住人口为563万，其中外来人口520万，外来人口占总人口的93%。H区和B区的特点是经济发达，辖区内外来人口占总人口比例大，法院受理的案件数量多。H区法院2006年至2010年受理的案件数量分别为49 257件、51 592件，57 170件、59 090件和54 783件，总体呈现逐年上升的趋势，尽管2010年有所下降，但也超过了5万件。五年间法官人数分别为187人、198人、208人、224人、232人。[1]以2010年为例，法官人均受理的案件数量为236

〔1〕 北京市海淀区人民法院课题组：“优化基层法院审判资源配置的调研报告——以审判人力资源配置为中心”，载《人民司法》2011年第19期。

件。B 区法院 2008 年受理和审结的案件数量分别为 50 046 件和 48 478 件。当年的法官人数为 108 名。法官人均受理和审结案件数量分别为 463 件和 448 件。如果再考虑案件类型的相对集中，某些业务庭法官审结的案件数量肯定比平均数还要多。H 区法院和 B 区法院可谓是案多人少的“重灾区”。

X 区虽然地处 N 市区，但由于位于 N 市的边缘地带，近几年经济条件与市区其他发达地区相比有一定差距。X 区法院与城区的其他法院相比案件受理量不是很大，相应地，法官数量等司法资源也相对有限。L 县是 N 市的郊县，辖区面积为 983.45 平方公里，2012 年底地区生产总值达 360.6 亿元，人口为 41.71 万人。L 县经济近年得到了快速发展，L 县法院受理的案件数量也呈现跳跃式增长的趋势。2004 年至 2008 年 L 县法院受理、审结案件的数量分别为：2394/2245 件、2649/2605 件、3126/3097 件、3839/3726 件、5312/5006 件。以 2004 年为例，L 县法院法官人均结案数量为 48 件，到了 2008 年，L 县法院共有 54 名法官，当年法官的人均结案为 92 件，从事审判的法官人均结案数为 156 件，从事民事审判的法官人均结案数为 167 件。[1] 比较而言，L 县法院的法官人均结案数在以上四个法院中是最低的，但是不同业务庭法官的人均结案数量差异很大。因此，案多人少问题在 L 县法院呈现的是法院内部人案不一致的结构性矛盾。与 N 市两个案件数量相对较少的法院相比，J 区法院每年受理的案件数量在 N 市连续 6 年排名第一（2003 年至 2008 年），并且每年结案的数量呈现不断增长的趋势：2007 年

〔1〕 赵兴武、李侠、周迅：“案多人少怎么办——南京市溧水县法院优化资源化解矛盾”，载《人民法院报》2009 年 8 月 25 日，第 8 版。

的结案数为 12 309 件，2008 年的结案数为 16 404 件，2009 年 1－10 月为 12 600 件。

与东部地区相比，位于西南地区的 C 市在最近的十多年中经济发展迅速，辖区面积 8.24 万平方公里，2012 年底主城区人口 795 万，2012 年底人均 GDP 为 39 724 元。与 C 市郊县法院相比，C 市城区法院和东部地区许多法院面临同样的案多人少问题，城区法院和郊县法院法官人均结案数最大相差 4.7 倍。[1] 这也是笔者选择 C 市城区法院的数据进行分析的原因。下表是 2011 年 C 市法官人均结案数位居前五名的基层法院，5 个基层法院无一例外均位于 C 市城区。

**表 2.2　2011 年 C 市基层法院法官人均结案数统计表**[2]

| 法院 | 法官人数（人） | 全年结案数（件） | 法官人均结案数（件） |
|---|---|---|---|
| 渝北区法院 | 98 | 18 684 | 190.65 |
| 北碚区法院 | 71 | 12 534 | 176.53 |
| 沙坪坝区法院 | 105 | 16 249 | 154.75 |
| 九龙坡区法院 | 113 | 17 185 | 152.08 |
| 江北区法院 | 73 | 9826 | 134.60 |

必须注意到法院案件数量的增加对案件质量的影响。每个人的工作承受能力都是有限的，如果工作量过大，达到甚至超

---

〔1〕 卢君、娄必县：“‘案多人少’与审判管理：一个横向视角——以重庆市部分基层法院审判指标为样本”，载钱锋主编《审判管理的理论与实践》，法律出版社 2012 年版，第 170 页。

〔2〕 资料来源：卢君、娄必县：“‘案多人少’与审判管理：一个横向视角——以重庆市部分基层法院审判指标为样本”，载钱锋主编：《审判管理的理论与实践》，法律出版社 2012 年版。

过其承受的临界点，工作质量则难以得到保障。C 市对两组案件数量不同的法院所开展的调查显示，人均案件最多的一组法院一审服判息诉率低，上诉率高，这实际上说明“案多人少”问题导致基层法院在有效化解矛盾上有心无力，效果不佳，还未达到“矛盾化解在基层”的要求。对一审案件改判发回重审率的调查显示，人均结案最多的法院改判和发回重审率远高于人均结案最少的法院。[1]这表明，法院的工作量必须控制在一定的合理范围内，超过了某一限度，错误将不可避免。因为，与犯超审限的低级错误相比，当事人对案件结果是否信服只是法官其次要考虑的问题。同样，司法资源与案件数量之间也存在着一定的比例关系，当司法资源超出可合理配置的边界无法满足案件增长的需求时，案件质量将降低，法院化解矛盾的功能将弱化。

**三、H 区法院和 B 区法院的改革**

20 世纪 90 年代以来，H 区法院曾提出“繁简分流”改革、审判组织模式改革和审判管理改革，被认为是 H 区法院的“三次飞跃”。[2]但是最近几年来，案件剧增与人员缓增的矛盾、结案量增加遭遇工作时间增量的极限、工作量剧增与薪酬固定水平严重脱钩以及结案量剧增导致案件质量控制难度加大等原因，导致 H 区法院每年未结案数量多，在全市政法系统社会测评中排名倒数。通过调研，H 区法院从审判资源的合理配置入手，

---

〔1〕 卢君、娄必县：“‘案多人少’与审判管理：一个横向视角——以重庆市部分基层法院审判指标为样本”，载钱锋主编：《审判管理的理论与实践》，法律出版社 2012 年版，第 172－174 页。

〔2〕 鲁为：“以全力创新推动海淀法院跨越式新发展”，载《人民法院报》2011 年 11 月 15 日，第 6 版。

提出了四个层级的具体措施。[1]一是全院的资源配置，其要点在于统筹与协调，将审判与执行部门的人力资源按照工作量科学、合理地统筹到各专业归口，同时，将审判与辅助部门的人力资源按照审判效能优先原则进行协调整合；二是专业归口的资源配置，按照各庭室的案件情况配置各类人员，组建专门机构从事各审判庭之间的组织协调、经验总结及前沿研究工作；三是审判庭室的资源配置，审判庭室对审判单元在业务上负有指导监督责任，同时对组成审判单元也具有相应的组织管理权能，主要集中在人员配置和案件配置两个方面；四是审判单元的资源配置，法官对承办案件的工作安排和任务分配是审判单元资源配置的核心内容，同时，法官和辅助人员不断总结各自工作经验，规范每一个工作环节的操作标准，提高专业化程度。四个层级的措施形成了H区法院自上而下、从宏观到具体的资源配置格局。

针对占全院案件数量最多的民商事案件，H区法院将原有的审判庭之间的“繁简分流”拓展至审判庭内，即由各审判庭根据人员和案件的不同特点组建不同的审判单元，并配以相应的案件，实现“人案匹配”。[2]随着H区建设世界一流科技园区步伐的不断加快，针对一大批创新型高新科技企业迅速崛起而产生的新情况、新问题，H区法院组建了金融审判法庭，充分发挥专业化、精密化的金融审判职能，统一裁判标准，提高审判工作的针对性、专业性和有效性。同时，针对交通事故案件

---

〔1〕 北京市海淀区人民法院课题组：“优化基层法院审判资源配置的调研报告——以审判人力资源配置为中心”，载《人民司法》2011年第19期。

〔2〕 周元卿：“海淀：开拓创新求发展　司法为民促和谐”，载《人民法院报》2011年11月15日，第6版。

和劳动争议案件数量的迅猛增长，H 区法院成立了专门审理交通事故案件和劳动争议案件的专业审判庭。

在科学配置资源方面，B 区法院与 H 区法院具有相似性。但不同的是，如果说 H 区法院强调的是以审判人员为中心的资源配置，那么 B 区法院的资源配置则是以案件为中心来进行的。比如，B 区法院每周、每月都有最新立案信息，每个审判业务部门、每一类型的案件数量一目了然。在此基础上，每季度都要对各个业务部门和各派出法庭的工作量进行统计和分析，并根据案件动态，适时对全院的一线法官进行合理的调整，以应对案件形势的变化。

B 区法院让人印象深刻的不仅仅是科学配置审判资源，还包括建设完备的审判管理系统。2006 年，B 区法院通过了《关于进一步加强各项基础管理工作的若干意见》，从审判作风、队伍建设、审判质量管理、案件流程管理等方面做了具体规定。[1]比如在案件流程管理系统中，对办案期限有严格的控制系统，系统将网上虚拟的审判流程和实际审理案件的具体流程一体化，每一名法官所办理的每个案件的进展情况都在网上，所有案件都纳入统一有效的同步监管之中，限定立案、排期、送达、开庭审理、调解、执行、归档、信访等各环节的工作程序和所需期限，无论哪一个环节拖延，系统都会自动生成预警和报警信息。除了对办案期限的严格控制外，审判流程管理系统中还有审判质量监督系统和信访系统。具体来说，如果法官在审判质量监督系统中查到所承办案件上诉后被发回或改判，

〔1〕 张慧鹏、范贞、刘光洪：“案多人少　何以应对——深圳市宝安区法院审判管理工作调查”，载《人民法院报》2009 年 4 月 7 日，第 8 版。

需要马上自查原因并起草报告发送给审判监督庭。由审判监督庭根据报告结合案件情况，分析原因，确定性质属无质量问题、质量瑕疵、一般质量问题、严重质量问题四个等级，并提交审判委员会讨论是否或怎样追究责任。信访系统则可以实时掌握当事人投诉法官或信访案件处理情况，对法官进行审判质量和作风的全方位监督。

如此严格的管理系统，为何能在B区法院得到有效的落实?高素质的法官队伍是前提和基础。B区法院处于经济特区，吸引了全国最为优秀的法律人才，从专业能力来看都是一流的。但是对于任何人来说，都不会愿意成为管理、监督的对象，法官更是如此。法官在审判活动中只服从法律，别无其他。可是对于处于社会转型期的中国法官来说，大量矛盾纠纷涌向法院需要最大程度地发挥法官的能动性，这些都不是常规状态下的法官所能完成的。所以，通过有效的管理提高工作效率就成了中国法院的现实选择。当然，更重要的是，法官遵循管理规定的前提是管理机制本身设计科学，可以激励法官的积极性，这样才能保证管理机制的良好运行。B区法院的管理系统和绩效考核挂钩，和评优、评先、奖惩、晋升直接挂钩，而且通过考核指标量化为分值，既客观公平又具有可操作性。需要指出的是，当前许多法院的审判管理系统基本上都侧重于对法院内部审判工作的管理，强调通过管理手段在法院内部形成监督、制约机制。事实上，法院管理还具有对外的约束功能，尤其是考虑到外部各种因素干扰审判工作的情况，法院管理应该在为法官审判工作创造一道有力抵御外来干预的“防火墙”方面有所作为，为法官依法独立行使审判权创造良好的司法环境。

## 四、X 区法院、L 县法院和 J 区法院的改革

在案件大量增加的情况下，N 市 X 区法院立足于自身条件开展了改革探索。

第一，实行均衡审判，即所有的案件都均衡地分配给每位法官。均衡审判可以用两个指标来衡量：负担率与完成率。通过负担率的测算，可以知道每位法官负担了多少审判任务，进而可以使案件更加均衡地进行分配。例如，近些年在 X 区法院民事审判庭的案件数量明显高于刑事审判庭，因此，刑事庭的法官也会审理一些民事案件，来缓解民事庭法官的压力。通过完成率的测算，可以激励先进，鞭策后进，完不成一定案件数量的法官会受到法院的批评。通过均衡分配案件，法官的完成率都有大幅提升。

第二，优化审判模式，即充分发挥审判委员会的作用。在法院内部，审判委员会是最具权威的审判组织。但长期以来，审判委员会的作用在基层法院的发挥不是很明显。X 区法院充分运用审判委员会开展审理工作并使之运行规范化。其审判委员会委员都亲自办案，[1]对自己所办案件在审判委员会进行必要的答疑、讲评，及时发现、解决同一类问题。这样，有些重大疑难的案件交由审判委员会讨论确定，积极为法官减压。

第三，借助社会力量化解矛盾纠纷。X 区法院充分借助社会力量，在法院设立人民调解工作室。据统计，通过设立人民调解工作室，X 区法院化解了 20% 左右的民事案件，缓解了法官 20% 左右的办案压力。X 区法院比较突出的是对劳动争议案

〔1〕 据介绍，X 区法院每位审判委员会委员每月具体承办 10 件案件以上，而且院长带头审理案件。

件的社会化处理，其成立了劳动争议纠纷协调机制：由司法局加大对劳动争议当事人的法律援助；检察院通过支持诉讼，来化解矛盾纠纷；劳动监察部门也积极介入案件。同时，X区法院十分注重人民陪审员的作用，创造性地"海选"人民陪审员，选拔出一批具有代表性、经验丰富的人民陪审员协助法官，发挥其在审判、调解中的作用。

第四，加强案件管理。案件管理并不是单纯地对案件流程的管理，而是加强案件在运行中的管理。主要包括：一是加强审判内调解，审判人员的力量很大一部分用在调解上，因此，其调解率比同类法院高出5%到6%；二是加强对审限的管理，消灭跨年度案件，提高审判质效。

可以看到，X区法院以审判工作作为法院的中心工作，实行均衡审判，并充分运用社会的力量分担法院的压力，取得了一定的社会效果。

和X区法院相比，L县法院最大的特点就是合理配置司法资源。2004－2008年，L县法院的案件数量增长较快，其中民商事案件在全部案件中所占的比例很高。相比较而言，5年间法院人员编制没有变化，法官人数基本保持不变。

**表2.3　2004－2008年L县法院案件审理情况表**[1]

| 年度 / 项目 | 2004 | 2005 | 2006 | 2007 | 2008 |
| --- | --- | --- | --- | --- | --- |
| 民事收/结案 | 1453/1421 | 1629/1622 | 1898/1868 | 2520/2501 | 3397/188 |

〔1〕数据来源：赵兴武、李侠、周迅："案多人少怎么办——南京市溧水县法院优化资源化解矛盾"，载《人民法院报》2009年8月25日，第8版。

续表

| 项目＼年度 | 2004 | 2005 | 2006 | 2007 | 2008 |
|---|---|---|---|---|---|
| 刑事收/结案 | 144/144 | 182/178 | 225/226 | 231/229 | 282/281 |
| 行政收/结案 | 9/9 | 8/8 | 9/9 | 9/9 | 33/31 |
| 执行收/结案 | 712/606 | 800/746 | 966/927 | 1044/931 | 1567/1473 |
| 总收/结案 | 2394/2245 | 2649/2605 | 3126/3097 | 3839/3726 | 5312/5006 |
| 法官人均结案 | 48 | 52 | 63 | 69 | 92 |
| 一线法官人均结案 | 74 | 87 | 103 | 116 | 156 |
| 民事法官人均结案 | 91 | 93 | 114 | 156 | 167 |

面对L县法院人案矛盾突出的问题，L县法院形成的共识是：目前法院的审判资源基本能应对蜂拥而至的各类纠纷案件。[1] L县法院将人案矛盾的主要症结归结为内部结构性配置矛盾，主要表现为审判业务部门之间、审判业务部门与非审判业务部门之间、法院业务工作与业务外工作之间以及法官审判职责与事务性工作之间的资源配置失衡。特别是在民事审判领域，这种内部资源配置的失衡放大了人案矛盾。比如在2008年，L县法院全院法官人均办案仅为92件，而民事审判部门的人均结案高达319件，一线民事法官以不到30%的人数办理了超过全院60%的案件。因此，在法官数量短期内不可能得到较大改变的情况下，L县法院将提高审判效率的突破点放在内部司法资源的优化配置上，从挖掘自身潜力入手，在优化审判资源配置上采取了多项措施。

---

〔1〕 赵兴武、李侠、周迅："案多人少怎么办——南京市溧水县法院优化资源化解矛盾"，载《人民法院报》2009年8月25日，第8版。

第一，坚持以审判为中心的工作导向。在江苏省制定的《江苏法院人才队伍建设2008－2012年发展规划》中提出：“审判、执行部门办案人员，省法院不少于在职人员总数的60%，中级法院不少于65%，基层法院不少于70%。”通过对江苏省7个法院的调查显示，被调查的三个基层法院中只有D法院符合这一要求，其他法院均没有达到这一要求〔1〕。可见内部司法资源优化配置依然存在很大的空间。

**表2.4　江苏省样本法院办案人员配置情况表（2007年）**〔2〕

| 法院 | 省高级法院 | 中院 | | | 基层法院 | | |
|---|---|---|---|---|---|---|---|
| 比例 | 41.10% | A | B | C | D | E | F |
| | | 61.25% | 53.71% | 57.73% | 72.02% | 53.85% | 60.31% |

L县法院采取的做法是合理配置审判部门与非审判部门间的法官比例，除担任非审判部门负责人的优秀法官外，原则上具备法官资格的人员都必须安排在一线审判岗位；调整内设机构设置，增加审判业务部门，减少非审判业务部门设置；合理安排一线法官的非业务工作量，对党委、政府安排的中心工作任务原则上安排综合保障部门参加；各类考核、评先、晋升坚持向一线法官倾斜。

第二，建立审判业务部门均衡办案机制。法院的基本职能是审理案件，这就决定了法院的工作应以审判为中心，体现在

〔1〕沈明磊、蒋飞：“资源配置视野下的司法效率”，载《人民司法》2008年第18期。

〔2〕数据来源：沈明磊、蒋飞：“资源配置视野下的司法效率”，载《人民司法》2008年第17期。

人力资源配置上，应该是在法院全部的工作人员中，处于审判一线的人员应占到多数或绝大多数，即审判业务部门的人力资源配置应占整个法院人力资源的多数或绝大多数。当然不同级别的法院职能会有所侧重，高级法院审判职能和对下监督指导职能并重，而中级法院尤其是基层法院主要职能应是化解纠纷，从事审判业务的人员应当占到本院人员的绝大多数。作为基层法院，与上级法院特别是高级法院相比，在职能侧重、法官素质上相应地都应有所区别，基层法院对法官素质的要求应当是普适型、“一专多能”型，而不是专业化，基层法院法官应当做到专一门、知两门、通三门。[1]特别是民事案件的审理，应当成为基层法院法官的基础素质要求。L县法院针对民商事案件数量大、民商事法官压力大和各审判业务部门之间审判任务畸轻畸重的现象，在保留民一、民二、派出法庭、刑事、行政等部门设置和自身职能的基础上，打破业务庭之间的职能界限，将民事案件在各业务庭之间合理均衡分流，实行大民事审判格局，建立流水分案、合理调控、严格考核的大民事审判机制，使各审判业务庭之间的审判任务基本平衡，缓解了民事案件对少数民事审判部门的巨大压力。此外，为保证民事案件的审判质量，L县法院还专门成立了民事案件指导组，由分管民事审判的副院长任组长，成员包括民一庭庭长、研究室主任等优秀法官，确保分流到刑庭、行政庭等部门的民事案件得到依法公正的审理。

第三，选择性开展类案专业化审理。类案专业化审理能使

---

〔1〕这是笔者在L县法院调研时，该县时任院长对做好一名基层法院法官能力的形象总结。

法官在案件审理过程中总结发掘同类案件的规律和特点，提出针对性的解决措施，从而提高审判效率和业务水平。L县法院针对类型相近、比例较大、特点鲜明的纠纷实行专业化审理模式，在增设专门审判部门的条件尚不成熟的情况下，先在部门内部选择相应合议庭进行内部专业化审理，待条件成熟后，再逐步成立专门审判部门。L县法院先后在相关业务庭建立了劳动争议合议庭、道路交通事故赔偿案件合议庭、土地流转纠纷合议庭、医患纠纷合议庭等，在庭内对部分特定类型的案件实施专业化分工，让一部分法官集中攻关一类或几类新型疑难案件，提高审判质效。以道路交通事故赔偿案件为例，此类案件一直因事实认定难、判决执行难、证据繁多等原因被公认为难办理的类型案件，审判质效不高，群众意见较大。2008年初，L县法院设立道路交通事故赔偿案件合议庭，将道路交通事故赔偿案件和涉道路交通事故赔偿的保险合同案件集中审理。在此基础上，于2010年设立交通事故审判庭，组织部分法官对道路交通事故赔偿案件进行集中攻关，取得显著成效。一年中共审结涉交通事故案件768件，平均结案周期29天，调撤率达75%，审判绩效在江苏省法院排名前列。

第四，实行非审判岗位法官挂庭办案制度。[1] L县法院鼓励办公室、研究室、监察室等非审判业务部门法官挂职业务庭办案，在确保完成自身非审判工作职责的前提下，适当承担一定数量的审判工作任务，缓解一线法官的压力。同时，努力克服资金紧张的困难，加大审判辅助人员的配备数量，以“一审一

〔1〕 周迅：“当前基层法院人案现状的主要特点及对策分析——以溧水法院的调查为样本”，载《法律适用》2009年第11期。

书”为最低标准，准确界定和区分审判业务性和事务性工作，将法官从繁琐的事务性工作中解脱出来，使其主要负责庭前质证、调解、庭审、定案、审核法律文书等业务性工作，而将事务性工作交由审判辅助人员完成。

第五，建立法院参与纠纷管理新模式。近年来，L 县法院主动延伸职能，努力从纠纷的裁判者、调解者和纠纷化解的指导者向矛盾纠纷的管理者转变，切实把可能影响社会和谐稳定的倾向性、苗头性问题消除在萌芽状态。L 县法院借助诉调对接办公室增加纠纷管理职能，提高涉诉矛盾纠纷的化解效率：建立立案排查和报告制度，对于发现的矛盾纠纷隐患进行汇总登记，每月定期上报县“大调解”中心，对于突发性和群体性的矛盾纠纷，在第一时间内以专报形式上报党委、政府，通知相关职能部门，做到早发现、早控制、早调处，2010 年以来通过矛盾纠纷排查，成功防止重大、群体矛盾激化 97 起；建立矛盾纠纷化解会议制度，主动与 L 县“大调解”中心沟通，对可能进入诉讼的重大案件提前做好工作预案，对已受理的重大疑难复杂的矛盾纠纷，邀请有关部门共同协商研讨，形成纠纷化解的合力。2010 年，L 县法院共召开矛盾纠纷化解会议 7 场，形成会议纪要 3 项，制定联合意见 1 件，有效缓解了一批涉农、涉群、易激化的矛盾纠纷。

通过以上对审判资源进行优化配置的改革举措，自 2008 年年初以来，L 县法院人案矛盾在一定程度上得到了缓解，司法成本大幅下降，审判质效明显提升，当年年度审判绩效从原来全市法院倒数位置一举跃至全市第二，并连续三年排名全市法院前列，还先后被江苏省法院荣记集体二等功，并荣获全省法院优秀法院、全省法院审判管理工作先进集体。

L 县法院面临的问题并非其独有，在上述江苏法院开展的办案人员占全院人员比例的调研中，只有一个法院达标就印证了这一点，这也说明 L 县法院的改革具有可复制、可推广的价值。在确定对法院内部资源进行合理配置的改革方向上，人案矛盾和法院所处的大环境也不无关系。“案多人少”问题可以从两个方面来理解，一是从外部的视角来看，取决于两点，即在法院工作人员上做“加法”以及在案件数量上做“减法”；二是从内部的视角来看，主要是对法院的内部资源进行合理配置。增加法官编制、提高法官数量并非法院自身可以确定的，而且法官数量也很难随着案件数量的增长而无限制地增加；而通过诉讼外纠纷解决机制将纠纷化解在法院之外，也涉及法律的修改、诉讼外纠纷解决机制的成熟程度以及社会公众的观念转变，非短期内所能解决。从内部合理配置司法资源并加强法院管理就成了目前法院最为现实的选择。C 市对基层法院开展的改革也说明了这一点。

与前述两个法院相比，J 区法院面临的“案多人少”问题则要严重得多。N 市 J 区法院面对审判工作呈现出案件数量激增、审理难度日益加大的发展趋势，也采取了相应的改革措施提高审判效率。

首先，是优化人力资源配置。J 区法院通过人员调整，优化了审判资源，充实了审判一线力量。经过充分调研，J 区法院对 11 名干部进行了岗位交流，对 33 名一般干警进行了轮岗。同时招录了 8 名硕士研究生，社会公开招聘了 15 名复员军人为法警辅助人员，新任命了 11 名人民陪审员。

其次，是全面加强审判管理。强化审判节点的管理，对立案受理的时间、业务庭接受案件的时间、案件分配给承办人的时间、审限变更的时间、结案时间等案件流程节点严格依照规定，从适用条件和信息输入程序上严格监控把关。严格结案审批制度，严格执行结案集中点击制度，严密关注指标数据的变化情况，试行批量案件立案、结案层报审批制度。

再次，是设立专业合议庭。通过调查分析，针对劳动争议、道路交通事故人身损害赔偿等纠纷比较集中的案件设立专业合议庭审理，提高审判效率。

**表 2.5　J 区法院民事案件中比例较高的案由类型统计表**

| 类型 / 年份 | 2009 | 2008 | 2007 |
|---|---|---|---|
| 民事案件 | 262 件 | 200 件 | 108 件 |
| 房屋买卖合同纠纷 | 51 件（19.47%） | 6 件（3%） | 3 件（2.8%） |
| 劳动争议纠纷 | 29 件（11.07%） | 44 件（22%） | 20 件（18.52%） |
| 买卖合同纠纷 | 28 件（10.69%） | 23 件（11.5%） | 27 件（25%） |
| 道路交通事故人身损害赔偿纠纷 | 23 件（8.78%） | 54 件（27%） | 22 件（20.37%） |
| 民间借贷纠纷 | 22 件（8.40%） | 12 件（6%） | 3 件（2.8%） |

通过对 J 区民事案件的抽样分析表明，除了常规的离婚纠纷、买卖合同纠纷、民间借贷纠纷外，房屋买卖合同纠纷、劳动争议、道路交通事故人身损害赔偿纠纷逐年增多，2007 年，此三类纠纷数量为 43 件，占民事案件总数的 39.8%；2008 年为 104 件，占民事案件总数的 52%；2009 年为 39.3%。因此，设立专业化合议庭审理此类案件具有现实可行性。

最后，是构建立案调解新机制。J 区法院深化调解机制改革，制定出台了《立案调解及简易民事案件速裁规则（试行）》、《关于加强人民调解工作室建设进一步深化诉调对接工作的意见》、《人民调解工作室工作流程》等一系列程序保障制度，全面规范调解主体、调解范围、调解启动条件和管理。实施了立案调解、人民调解、案件速裁一体化运作。建立了立案调解前置机制，对劳动争议纠纷、道路交通事故人身损害赔偿纠纷、婚姻家庭纠纷、邻里纠纷、土地流转纠纷、损害赔偿纠纷、民间债务纠纷等传统民事案件优先采用立案调解。

尽管采取了以上措施，但J区法院法官人均年结案数仍然相当高，法官每年都在超负荷工作，加班加点已经成为工作的常态。因此，对于这类人案在内部无法达至均衡的法院，有必要从外部进行均衡，比如增加法官的人数、改革诉讼程序、借助社会力量分担法院的案件压力等。

### 五、C市基层法院和D市Q区法院的改革

自2010年以来，C市为加强审判管理，尤其是审判流程管理发布了多个规范性文件，[1]其中也包括专门针对中、基层法院的规范性文件。[2]C市开展审判流程的实质是将实体审判权和程序控制权实行相对分离。其根本的目标就是通过合理的分权使法院行使审判权时由合理的内部机制来制约权力的滥用，

---

〔1〕 可参考的规范性文件有：《重庆市高级人民法院关于加强和优化审判管理工作的若干意见》（渝高法发［2010］1号）；《重庆市高级人民法院关于进一步创新和加强审判管理工作的意见》（渝高法发［2011］6号）；《全市法院审判流程管理办法（试行）》（渝高法［2012］84号）；《全市法院案件质量评查办法（试行）》（渝高法［2011］407号）。

〔2〕 可参见：《中基层人民法院工作目标年度考核办法》（渝高法［2012］68号）；《中基层人民法院案件质量评估实施办法（试行）》（渝高法［2012］58号）。

由法院的内部特定机构依法对审判的全过程进行程序性的控制，在确保法官独立审判案件的同时，降低诉讼成本，节约司法资源，提高诉讼效率，保障司法公正。[1]改革的具体措施包括四个方面：一是成立审判管理办公室，实行归口管理。审判管理办公室通过审判流程对案件审限、办案进度进行管理，对立案、审判、执行等审判流程的各个环节进行动态跟踪和全方位的协调、监控，统一指挥，充分利用各方资源，形成程序控制的闭合环路管理。[2]二是细化流程管理内容，实行分类管理。根据不同诉讼程序的规定和特点，明确各诉讼阶段审判流程管理的节点，严格控制各节点流转时限，提高办案的效率。三是设计专业化的管理软件，实行节点智能控制。四是制定统一的操作流程，实行标准化管理。C市2012年制定的《全市法院审判流程管理办法（试行）》对C市三级法院立案、分案、审理、结案、卷宗归档、案件流转、监督管理等工作进行了规范。该办法依照法律和司法解释的规定，不仅明确了各部门的职责分工，还合理设置流程节点，对相关机构的职能权限、操作流程、办理时限等进行了细化规定，要求案件材料的数字化和案件材料的形成过程保持同步。

C市开展的审判流程管理改革，实际上是对之前开展多年的“大立案”模式的一种修正。上述改革措施显然取得了很大的成效。不过，这些改革措施给人的一个印象是，法官在这些改革措施中似乎都处于被管理的地位。在一个能够实现司法公

〔1〕参见冉崇高、罗响林：“关于重庆法院审判流程管理改革的实践与反思”，载钱锋主编：《审判管理的理论与实践》，法律出版社2012年版，第193页。

〔2〕参见冉崇高、罗响林：“关于重庆法院审判流程管理改革的实践与反思”，载钱锋主编：《审判管理的理论与实践》，法律出版社2012年版，第189页。

正的制度运行环境中，法官绝不应成为被管理的对象，法官应成为制度运行的主体。[1]因此，一套科学提高司法效率的机制应该融入法官的经验并被法官所认可。审判管理工作应当实现从“以审判管理部门为主体”到“以法官为主体”的转变。[2]

从管理本身来看，管理实际上是一把双刃剑。好的管理方式可以提高工作效率，而差的管理方式可能会降低工作效率。因此，对于什么该管、什么不该管、怎么管的问题，对管理者和被管理者都提出了挑战。问题可能还不仅仅在于此，还需要回到审判管理的本身。为什么需要审判管理？除了在内部形成一种良性的监督制约之外，还需要形成一套抵御外部干预法官依法独立公正审判的阻却机制，彻底扭转法院审判权运行过程中的制度性漏洞。这或许也正是 D 市 Q 区法院开展审判权运行机制改革的初衷。

与 C 市法院侧重于审判管理改革的程序性控制相比，Q 区法院开展的审判权和审判管理权运行改革则在实体审判权和程序性的审判管理权两个方面都做了探索。2007 年 9 月，Q 区法院出台了《关于审判组织和审判机构的审判职责及审判管理职责的若干规定（试行）》。在具体运行的过程中，主要包括五项内容：一是落实和保障了审判组织的法律地位，重申了审判组织的独立裁判权；二是明确和细化了审判委员会的职责；三是重构了审判机构的审判管理职责；四是建立了新型的审判管理

〔1〕 黄斌：“从法官视角看司法效率的提高”，载《人民法院报》2010 年 5 月 21 日，第 5 版。

〔2〕 卢君、娄必县：“‘案多人少’与审判管理：一个横向视角——以重庆市部分基层法院审判指标为样本”，载钱锋主编：《审判管理的理论与实践》，法律出版社 2012 年版，第 172－174 页。

机制，区别于以前行政化的管理机制，明确了院长、庭长对案件的实体处理不享有最终决定权，建立了审判管理权行使的制约机制，明确了审判机构从宏观层面指导审判工作的具体方式；五是确立了审判组织和审判机构的业绩考评和责任追究原则。[1]从审判效率的角度来看，实践运行的数据表明，Q区法院的审判效率呈现了良性运行的态势。管理权限的清楚界定保障了案件的高效流转，重点环节的严格审批有效控制了隐性超审限的情形，管理主体责任的落实也提高了案件审判效率。

**表2.6　Q区法院2006年至2011年审判效率重点指标情况表**[2]

| 指标 | 改革前 | | 改革后 | | | |
|---|---|---|---|---|---|---|
| | 2006年 | 2007年 | 2008年 | 2009年 | 2010年 | 2011年 |
| 正常审限内结案率 | 62.18% | 73.15% | 74.95% | 91.15% | 86.02% | 90.51% |
| 正常审限内执结率 | 73.24% | 73.72% | 92.93% | 97.22% | 99.54% | 99.43% |
| 平均审理天数 | 90.23 | 113.06 | 116.23 | 62.30 | 93.91 | 61.20 |
| 平均执行天数 | 216.07 | 236.72 | 73.55 | 45.70 | 40.79 | 35.19 |

2011年印发的《最高人民法院关于开展案件质量评估工作的指导意见》中将原试行意见中12个审判效率指标修改调整为

〔1〕主要文件和数据引自牛敏主编：《人民法院审判运行机制构建——成都法院的探索与实践》，人民法院出版社2012年版，第177－194页。

〔2〕数据来源：牛敏主编：《人民法院审判运行机制构建——成都法院的探索与实践》，人民法院出版社2012年版，第188页。

10个。[1]尽管上述统计表中的正常审限内执结率已做修改，不过另外三项指标依然保留。从中可以看出，改革前后的指标都有了较大的变化。以正常审限内结案率为例，改革前的2006年结案率为62.18%，改革后的2009年则达到了91.15%，上升了28.07%。从平均审理天数来看，改革前的2006年为90.23天，改革后的2009年则下降为62.13天。从整体上看，Q区法院的审判效率在D市法院的排位位次也有了很大的变化，2006年排名第18位，2011年排名上升为第1位，效果非常明显。

各项调查情况也表明，Q区法院质效数据的良性变化与法官、司法服务对象的感受保持了高度一致。法官认为在经历了行政化和分散化审判运行机制后，当前的审判运行机制最符合审判工作规律，审判质效也得到了提高；社会公众认为法院办案更公正、效率更高，Q区法院的审判运行机制得到了绝大多数人的认同。这实际上再次印证，解决“案多人少”问题需要从整体上构建法院良性运行的机制，而非单单是某一项工作改革或仅仅是配置司法资源的问题。

## 结　语

本章选择分析了不同法院在解决“案多人少”问题上所开展的改革探索。这些改革探索表明，在法院内部进行司法资源的合理配置、开展有效的审判管理和司法评估无疑都是提高司

[1]《最高人民法院关于开展案件质量评估工作的指导意见》（2011年）中确定的10个审判效率指标是：法定期限内立案率、一审简易程序适用率、当庭裁判率、法定（正常）审限内结案率、平均审理时间指数、平均执行时间指数、延长审限未结比、结案均衡度、法院年人均结案数、法官年人均结案数。

法效率的有效途径。当然，基层法院提高司法效率的途径并不仅限于此，比如法院经费的增加、法院编制的增加、法院的信息化建设、诉讼程序的改革、诉讼与非诉讼相衔接的纠纷解决机制的完善，等等。[1]不过这些改革措施与法院内部的改革相比，法院并没有最终的决定权，并不像在法院内部开展的改革那样更有把握。在改革的过程中，必须注意的是，改革的定位、改革措施的提出甚至是改革中具体指标的设计，都可能会对法官的审判工作产生微妙的影响。比如一个可以科学衡量法官工作量的评价体系就可能会得到法官的认同，反之则可能遭到多数法官的抵制，最终不仅起不到提高司法效率的结果，反而可能出现负面影响。比如在法院形成以审判为中心的良性运行机制，可以让更多的法官主动到审判岗位而非纷纷“逃离”至其他非审判岗位工作。这也表明，就法院内部来说，提高司法效率不是某一个领域、某一个部门或者某些法官的事，它需要整合整个法院的司法资源，才能形成一个良性的审判运行环境。这种良性的审判运行环境反过来也会对法院的审判工作起到积极的促进作用。这还表明，表面看起来提高司法效率似乎是我国部分地区法院为应对“案多人少”问题而采取的改革措施，而实质上它是我国所有法院在司法现代化过程中所面临的重大课题。我国的司法制度、诉讼程序都是形成于新中国成立初期，自20世纪70年代末以来的三十多年间，社会已经发生了巨大变化，这一套司法制度和现实生活的差距也越来越大，“案多人少”问题只是其中的一个诱因。

---

〔1〕 罗东川、黄斌：“我国司法效率改革的实践探索——立足于当前人民法院‘案多人少’问题的思考”，载《法律适用》2011年第3期。

虽然每个法院在组织结构、诉讼程序、基本功能等方面大致相同，但是案件从进入法院开始，每个法院的差异就开始表现出来，法院受理案件本身的数量、类型、复杂程度存在差别，法院所处地域的经济发展程度、法院外部的整体司法环境状况以及法院内部整体的司法运行状况、法院内部的管理机制、不同地区法院的法官素质也存在着差异，如果将法官的性格特征考虑进去，这种差异性体现在办案过程中就更为明显。因此，在开展司法改革的过程中，在原则性之外还应考虑到每个法院的差异性，允许不同法院在改革中进行大胆地探索。

就全国范围内的法院而言，实际上存在两种情形：一种是人案均衡态势；另一种则是人案非均衡态势，即真正意义上的“案多人少”问题。“案多人少”到目前为止似乎仍是一个模糊的概念，“案多人少”的标准应该有一个准确的数据来界定，否则很容易泛化，导致每个法院都在说自己存在“案多人少”的问题，但是彼此的内涵却相差很远。最高人民法院曾专门就存在“案多人少”的北京、上海、广东等地法院开展了调研，并提出了初步的建议。[1]课题组认为，解决这一问题既需要进一步加强人民法院思想政治建设、司法能力建设、司法作风建设，坚持能动司法，最大限度发挥人民法院化解社会矛盾的功能；也需要坚持司法体制和工作机制改革，从完善有关法官制度、诉讼程序、审判管理等方面多管齐下，建立适应社会新形势，尤其是适应社会主义法律体系已经形成这一形势要求的司法工作机制。部分法院中的“案多人少”问题需要采取提高司法效

〔1〕 参见最高人民法院课题组撰写的《关于部分法院“案多人少”的调研分析报告》（未刊稿）。

率的改革措施，这是必要的。不过，从人民法院科学发展的角度来看，“案多人少”问题仅仅是开展司法效率改革有效探索的一个方面，我们还需要基于适应全国法院的现代化转型、适应社会发展带来的司法挑战方面，提出人民法院司法效率改革的有效途径。

人案均衡态势可以描绘为：人案比例基本一致、司法供需关系相当、司法效率得到最大提升、司法环境整体趋于平衡的状态。人案均衡态势中的人案比例相一致，是指审判工作中法官的数量与受理案件的数量保持在合理的比例状态。在此状态下，法院受理的所有案件能够在合理的期限内以合理的方式妥善处理，而法官也能够保持井然有序的工作状态。当然，这种人案均衡绝非简单地对应于法官审理案件数量，而更应从实质意义上加以理解，比如审理案件数不仅要考虑案件本身的特性，还要考虑审理法官的具体情况。[1]

对全国法院而言，人案均衡态势其实提供了一个分析模型。过去的5年（2008－2012年），对全国法院而言，是案件数量急剧上升的一个时期；不过就各省、市、区、县而言，应有一个区分度，即在案多人少的大背景下明确不同地区的法院大体可以区分为“非均衡”、“均衡”两种态势。分析表明，全国大部

〔1〕 江苏省南京市玄武区人民法院通过以南京市5个基层法院民事审判第一庭的相关数据为分析样本，并对南京市玄武区人民法院民事法官办案时间进行了相应的问卷调查，根据判决数与调解数和撤诉数的比例，以及不同结案形式所大概花费的时间，并考虑法官可持续发展所需的学习和休息时间，认为基层法院民事法官一年合理的结案数为138－214件。这是笔者目前看到的最为直观的人案均衡模型。参见江苏省南京市玄武区法院周迅、李伟撰写的研究报告：《关于基层法院民事法官年合理结案数量的实证研究——以南京市五家基层法院民一庭相关数据为分析样本》（未刊稿）。

分法院都可以通过提高司法效率的措施来实现人案均衡态势。因此，针对目前法院尤其是基层法院面临的两种不同的态势，应该因地制宜、因院制宜地提出提高司法效率的有效途径。

就实现人案均衡态势而言，在法院外部，可以通过增加法院编制、增加法院经费投入、增强诉讼外纠纷解决机制（如人民调解、仲裁等）的运用等办法实现；在法院内部，则可侧重于通过优化司法资源配置解决法院内部的结构性矛盾，通过加强审判管理提高司法效率。其中，立足于法院自身，充分整合现有司法资源和加强审判管理是上述基层法院应对案多人少、保持人案均衡态势的关键因素。尽管各地基层法院受理的案件数量呈快速上升的趋势，基层法院办案的压力越来越大，但是通过解决法院内部审判资源的结构性矛盾，多数基层法院的司法资源能够应对上升的案件数量。

需要提及的是，法院院长的个人角色在基层法院的改革探索中发挥着重要的作用。一个基层法院的发展、改革往往带有该院院长个人的风格。那些了解基层法院实际、从基层中来的法院领导，对于如何领导基层法院有着很深刻的体会与感受。因此，司法改革应重视对基层法院领导层的培训，让有思想、懂基层、爱基层的法官脱颖而出，使基层法院的效能得到更大的提升。

最后要强调的是，提高司法效率的改革实际上渗透在法院工作的每一个领域、审判工作的每一个步骤和诉讼程序的每一个环节中。因此，如何从整体上实现基层法院的最佳运行方式，是提高司法效率、实现法院现代化转型的重要内容。

# 第三章 现代化转型背景下的司法效率改革

## 引 言

如前所述，基于当前我国许多法院出现的“案多人少”问题，每个法院提出了包括提高司法效率在内的诸多改革措施。这些措施确实在很大程度上优化了人民法院内部的司法资源，也在一定程度上借助了社会力量来化解矛盾纠纷，不少法院的改革都获得了当地政府人、财、物方面的重要支持，有效破解了“案多人少”问题，为其他法院提供了有益的经验借鉴。但是在这个“改革”成为关键词的时代，并不是所有的改革都是基于解决“案多人少”的问题。有许多法院，尤其是我国中西部法院，并不是都面临东部经济发达地区和大中城市法院所出现的“案多人少”问题，或者是出于引起政府关注、便于宣传的考虑，不少法院在改革过程中仍然采用了“案多人少”的用语。

然而，影响我国司法效率的因素还有不少，当前许多法院的“案多人少”问题只是我国在现代化社会转型过程中出现的阶段性问题。20 世纪末以来，我国选择了建立和发展市场经济作为实现社会全面现代化的契机，顺应了人类社会进步的基本规律。社会主义市场经济的建立和发展，不仅仅是完善经济领域中诸如产权、企业制度、资源分配、税收信贷等具体经济制度，而且将引发整个国家治理模式、中国共产党执政方式、政治体制各领域深刻的、结构性的全面变革。在我国市场经济的建立和发展过程中，目前的法院体制及其司法权运行机制必须进行适应性变革。探索一套公正、高效、权威的中国特色社会主义司法制度已经成为不可逆转的趋势，而变革的内容之一就是提高人民法院的司法效率。从影响司法效率的因素来看，除了客观上进入法院的案件数量激增以及疑难案件增多外，还存在审而不判、案终不结、层层负责、层层都不负责，以及法院外各种机制的干预，等等。在这个过程中，对于人民法院而言，至少需要做好两个方面的工作：首先，是主动改革不适应现代化转型的司法制度中的“老”问题；其次，是采取有效措施应对社会发展过程中出现的新问题。与基层法院相比，最高人民法院因职责使然，在探索中国特色社会主义司法制度的过程中更具自觉性，也更加系统。本章主要阐述了在现代化转型的背景下最高人民法院近年来开展的改革探索，可以发现人民法院在现代化转型过程中为提高司法效率所做的不懈努力，尽管有些改革尝试出现了反复甚至为各地法院所诟病，但是也不乏成功的例证，通过反复磨合逐步寻找共识、推进改革仍是主流和发展方向。

## 一、社会转型

“社会转型”（social transformation）最早出现在社会学家大卫·哈利森的《现代化与发展社会学》一书中，用来论述现代化和社会发展。[1]尽管中外关于社会转型的理论观点各不相同，

---

〔1〕 参见《简明大不列颠百科全书》第9册，中国大百科全书出版社1986年版，第544页。

但总的说来，所谓社会转型是指从传统的农业社会向现代工业社会的转变，从专制向民主的转变，从人治社会向法治社会的转变，从贫困社会向富裕社会的转变，从封闭单一社会向开放多元社会的转变。

关于我国的社会转型，学者多有探究。唐德刚先生在《晚清七十年》[1]一书中认为，我国历史上经历了两次大的社会转型：第一次大转型是第一个封建王朝——秦朝建立的时候，“废封建，建郡县；废井田，开阡陌”。中国从此由分封制转变为封建制国家，用了二三百年时间。第二次大转型是以鸦片战争为起点的我国传统制度在西方现代文明冲击下的痛苦转型。唐德刚先生称之为“历史三峡”。这次大转型，既有不同历史形态的转型，也有同一历史形态中不同阶段的转型，大致需要两百多年时间：从鸦片战争到新中国成立，经历了一百多年时间；“从20世纪中叶社会主义改造基本完成到21世纪中叶基本实现现代化，至少一百年时间，都是社会主义初级阶段”。大部分学者认为整个转型时期可分三个阶段：1840年鸦片战争至1949年新中国成立为第一阶段，是慢速发展阶段；从新中国成立到1978年十一届三中全会为第二阶段，是中速发展阶段；1978年至今为第三阶段，是快速发展阶段。第一阶段的目标是建立资本主义工业化社会，这在当时的社会历史条件下是不可能实现的；第二阶段的目标是从半封建、半殖民的社会走向社会主义现代化社会，但受苏联模式影响，在路径选择上出现了偏差。从改革开放至今进入第三阶段，中国才开始了真正意义上的社会转型，是高速转型期或加速转型阶段，其特点是社会的流动性不断增

---

〔1〕 参见唐德刚：《晚清七十年》，岳麓书社1999年版。

加，社会更加多元化和更快的分化，更有开放性。所以，中国社会转型包括了从传统计划经济体制向社会主义市场经济体制转变，从农业社会向工业社会转变，从乡村社会向城镇社会转变，从封闭半封闭社会向开放社会转变，从伦理社会向法理社会转变，从同质的单一性社会向异质的多样性社会转变，从“以阶级斗争为纲”的社会向“以经济建设为中心”的社会转变等。[1]据此判断，我国仍然处在社会转型的过程中，包括司法制度在内的各项制度都需要不断探索和完善。

**二、国家现代化社会转型背景下的司法改革脉络**

1978年，我国的司法体系得以恢复和重建。在此后的三十多年间，我国进行了大量的改革实践，从司法体系的重建、审判队伍的充实、法院的建设、法官和律师的培训到提高司法能力及提升审判质量、规范诉讼程序、建立健全多元纠纷解决机制等。随着司法改革逐渐深入，改革需要平衡不同群体的意见，制定司法改革政策不仅越来越重要，而且也存在不少困难。自1978年以来，人民法院的发展和变革大致经历了以下三个阶段：

第一阶段是1978年至1982年，人民法院工作经拨乱反正之后，重新回到了法治的发展轨道。全国各级人民法院联系实际，深入揭批林彪、江青反革命集团的罪行，清除极“左”路线的流毒和影响，促使各项审判工作逐步步入正轨。以1982年宪法颁布为标志，政法机关相继恢复和重建，检察院于1978年恢复，司法部于1979年重建，律师制度也随之恢复。1980年《刑法》、《刑事诉讼法》等7部重要法律付诸实施，我国开始有法

〔1〕参见唐德纲：《晚清七十年》，岳麓书社1999年版，第6页；胡鞍钢：“中国社会转型中的四大新特点”，载《学习月刊》2005年第10期。

可依。1982年以后，原由司法部主管的审批地方各级人民法院、各专门人民法院的设置、变更、撤销，拟定人民法院的办公机构、人员编制，协同法院建立各项审判制度，任免助理审判员以及管理人民法院的物资装备（如囚车、司法人员服装等）、司法业务经费等有关的司法行政工作事项，均交由最高人民法院和最高人民检察院、地方各级人民法院和人民检察院及专门人民法院负责办理。法院的司法行政事务大部分由法院自行负责，司法机关的独立性大为增强。

第二阶段是1983年至1997年，人民法院为维护社会治安，保障社会主义建设的顺利进行，开始贯彻实施“严打”政策，法治理想重新回到了社会现实。这一时期人民法院高度重视刑事审判工作，坚决贯彻依法从重、从快的方针，坚持依法办事，严厉打击严重危害社会治安的犯罪活动，维护社会治安，严厉打击严重经济犯罪活动，保障社会主义经济体制改革和建设的顺利进行。随着社会主义市场经济体制的逐步建立以及法律的完善，特别是《法院组织法》的修改、《民事诉讼法》的正式颁布、《刑事诉讼法》的修改、《行政诉讼法》的实施，经济案件大幅度增加，当时的司法已经不能适应需要，由此引发了法院系统内部沿着递进轨迹进行改革：强调当事人举证责任——庭审方式的改变——审判制度改革——诉讼体制改革——司法制度改革。以庭审改革为核心的审判方式改革发展到以权力制约为核心的法院内部机构改革，实现了立审分立、审执分立、审监分立；进行了以强化合议庭审判职能为核心的审判组织改革，努力实现审理与判决的有机统一；进行了以公开审判为核心的审判方式改革，强化了庭审功能，实现了由纠问式审判方式向抗辩式审判方式的转变，使法庭真正成为审判的中心。审判组织趋于合理，以强化和落实合议庭的职权为中心，建立符合审判工作规律的审判组织和工作机制；审判机构得到了发展与完善，先后成立了经济审判庭、行政审判庭。随着《法官法》、《检察官法》的颁布，法官职业化建设得到重视和加强。这一时期的司法改革主要是在法院系统内部进行。

第三阶段是1998年至今，人民法院打开大门，吸收借鉴西方有益的司法改革经验，同时注重与中国国情相结合，构建公正、高效、权威的社会主义司法制度。1999年，我国通过修改《宪法》，确立了依法治国的基本方略，司法在经济社会发展中的独特作用显得越来越重要。最高人民法院先后于1999年、2005年、2009年和2014年发布了四个人民法院改革纲要，系统地阐述了司法改革的任务和目标。这一阶段开展的司法改革与我国社会发展的大背景基本是吻合的，它以满足社会转型期公众、社会、政府对司法公正的需求为目的。司法在保障公民权利、促进发展经济、维护社会秩序等方面的作用得到了更充分的发挥。

1997年中共十五大明确将“依法治国，建设社会主义法治国家”作为治理国家的基本方略，同时提出“维护宪法和法律的尊严，坚持法律面前人人平等，任何人、任何组织都没有超越法律的特权。一切政府机关都必须依法行政，切实保障公民权利，实行执法责任制和评议考核制。推进司法改革，从制度上保证司法机关依法独立公正地行使审判权和检察权，建立冤案、错案责任追究制度。加强执法和司法队伍建设”。这标志着我国司法改革进入了统一规划、全面推进的历史新阶段。

为了贯彻落实中央部署的司法改革任务，1999年10月，最高人民法院发布了《人民法院五年改革纲要（1999－2003）》，从深化审判方式改革、完善审判组织形式、科学设置内部机构、深化人事管理制度改革、提高司法效率和管理水平、健全监督机制、探索深层次改革等7个方面[1]，对人民法院司法改革工作进行了部署。改革纲要实施后，各级人民法院通过推行立审、审执、审监“三个分立”的工作机制，强化合议庭职能，强化庭审功能，推行案件繁简分流，改革裁判文书，推进法庭设置改革。这次改革的内容丰富、具体，在审判制度、法官制度、司法运行机制等方面取得了明显成效，为深化改革积累了宝贵的经验。

2002年中共十六大提出“推进司法体制改革”，将司法体制改革作为贯彻落实依法治国基本方略的重大举措和政治体制改革的重要组成部分，对司法改革做出具体部署，要求“社会主义司法制度必须保障在全社会实现公平和正义。按照公正司法和严格执法的要求，完善司法机关的机构设置、职权划分和管理制度，进一步健全权责明确、相互配合、相互制约、高效运行的司法体制。从制度上保证审判机关和检察机关依法独立公正地行使审判权和检察权。完善诉讼程序，保障公民和法人的合法权益。切实解决执行难问题。改革司法机关的工作机制和人财物管理体制，逐步实现司法审判和检察同司法行政事务相分离。加强对司法工作的监督，惩治司法领域中的腐败。建设一支政治坚定、业务精通、作风优良、执法公正的司法队伍。”

2003年我国成立了中央司法体制改革领导小组，标志着主导司法改革进程的核心机构的出现以及一种全新的、自上而下

[1] 参见《人民法院五年改革纲要（1999－2003）》。

的改革策略和模式的最终确立。

从2004年开始，中国启动了统一规划部署和组织实施的大规模司法改革，从民众反映强烈的突出问题和影响司法公正的关键环节入手。司法改革工作走向整体统筹、有序推进的阶段。2004年中共中央转发了《中央司法改革领导小组关于司法体制和工作机制改革的初步意见》，提出了改革和完善诉讼制度、诉讼收费制度、检察监督体制等10个方面的35项改革任务。

为落实中央司法改革的工作部署，2005年10月最高人民法院发布了《人民法院第二个五年改革纲要（2004－2008）》。这份改革纲要涉及的改革领域包括诉讼程序制度、法律适用机制、执行体制与工作机制、审判组织与审判机构、司法审判管理与司法政务管理制度、司法人事管理制度、内外部监督制度、探索法院体制改革等8个方面50项具体改革任务，几乎覆盖了法院工作的每个领域。《二五改革纲要》实施后，我国法院在改革完善案件管辖制度、死刑核准制度、未成年人审判制度、再审制度、执行制度、法官制度、人民陪审员制度、审判委员会制度、法院管理制度、人民法庭工作机制等方面取得了较好效果。这次改革积极回应社会对司法改革的基本要求，从满足人民群众的司法需求出发，以完善诉讼制度为重点，切实解决人民群众反映强烈的“立案难”、“诉讼难”、“申诉难”、“执行难”、超期羁押、刑讯逼供等突出问题，在方便群众诉讼、提高司法效率、促进公正文明执法等方面取得了明显进步。

2007年中共十七大提出“深化司法体制改革”，提出要扩大社会主义民主，更好地保障人民权益和社会公平正义；加强宪法和法律实施，坚持公民在法律面前一律平等，维护社会公平正义，维护社会主义法制统一、尊严、权威。深化司法体制改革，优化司法职权配置，规范司法行为，建设公正、高效、权威的社会主义司法制度，保证审判机关、检察机关依法独立公正地行使审判权和检察权。加强政法队伍建设，做到严格、公正、文明执法。

从2008年开始，司法改革进入重点深化、系统推进的新阶段。2008年中共中央转发了《中央政法委员会关于深化司法体制和工作机制改革若干问题的意见》，改革从民众的司法需求出发，以维护人民共同利益为根本，以促进社会和谐为主线，以加强权力监督制约为重点，抓住影响司法公正、制约司法能力的关键环节，解决体制性、机制性、保障性障碍，从优化司法职权配置、落实宽严相济的刑事政策、加强司法队伍建设、加强司法经费保障等4个方面提出60项具体改革任务。

2009年3月，最高人民法院发布了《人民法院第三个五年改革纲要（2009－2013）》，包括优化人民法院职权配置、落实宽严相济的刑事政策、加强人民法院队伍建设、加强人民法院经费保障、健全司法为民工作机制等5个方面30项改革任务。绝大部分改革出台了相应的改革措施，并取得了良好的效果。

2012年中共十八大提出要全面推进依法治国，“进一步深化司法体制改革，坚持和完善中国特色社会主义司法制度，确保审判机关、检察机关依法独立公正行使审判权、检察权”。2013年中共十八届三中全会审议通过的《中共中央关于全面深化改革若干重大问题的决定》提出要“推进法治中国建设，深化司法体制改革，加快建设公正、高效、权威的社会主义司法制度，维护人民权益，让人民群众在每一个司法案件中都感受到公平正义”。《决定》提出改革司法管理体制，推动省以下地方法院、检察院人财物统一管理，探索建立与行政区划适当分离的司法管辖制度，建立符合职业特点的司法人员管理制度，健全司法权力运行机制，改革审判委员会制度，完善人权司法保障制度等改革内容。

2014 年中共十八届四中全会审议通过的《中共中央关于全面推进依法治国若干重大问题的决定》提出要“保证公正司法，提高司法公信力”，建立领导干部干预司法活动、插手具体案件处理的记录、通报和责任追究制度、健全行政机关依法出庭应诉、支持法院受理行政案件、尊重并执行法院生效裁判的制度、优化司法职权配置、推动实行审判权和执行权相分离的体制改革试点、最高人民法院设立巡回法庭、改革法院案件受理制度、变立案审查制为立案登记制、完善审级制度、推进以审判为中心的诉讼制度改革，以及构建开放、动态、透明、便民的阳光司法机制、加强人权司法保障等多项重要的改革。

为贯彻中央提出的司法改革目标和任务，最高人民法院于 2014 年 7 月发布了《人民法院第四个五年改革纲要》，围绕建立具有中国特色的社会主义审判权力运行体系这一关键目标，《四五改革纲要》针对 8 个重点领域，提出了 45 项改革举措。改革重点包括深化法院人事管理改革、探索建立与行政区划适当分离的司法管辖制度、健全审判权力运行机制等 8 个方面的核心内容。针对十八届四中全会审议通过的《中共中央关于全面推进依法治国若干重大问题的决定》中提出的司法改革任务，最高人民法院于 2015 年 2 月 26 日发布《最高人民法院关于全面深化人民法院改革的意见》（法发［2015］3 号），并将之作为修订后的《人民法院第四个五年改革纲要（2014－2018）》，及时就司法改革涉及的重点问题提出工作方案，支持地方法院解决改革中遇到的难题，确保改革部署落到实处。

**表 3.1　人民法院四个五年改革纲要基本情况比较**

| | 发布时间 | 改革任务 | 主要领域 |
|---|---|---|---|
| 一五改革纲要 | 1999 年 10 月 | 39 项 | 7 大领域（深化审判方式改革、完善审判组织形式、科学设置内部机构、深化人事管理制度改革、提高司法效率和管理水平、健全监督机制、探索深层次改革） |
| 二五改革纲要 | 2005 年 10 月 | 50 项 | 8 大领域（诉讼程序制度、法律适用机制、执行体制与工作机制、审判组织与审判机构、司法审判管理与司法政务管理制度、司法人事管理制度、内外部监督制度、探索法院体制改革） |
| 三五改革纲要 | 2009 年 3 月 | 30 项 | 5 大领域（优化人民法院职权配置、落实宽严相济的刑事政策、加强人民法院队伍建设、加强人民法院经费保障、健全司法为民工作机制） |
| 四五改革纲要 | 2014 年 7 月（2015 年 2 月修订） | 65 项 | 7 大领域（建立与行政区划适当分离的司法管辖制度，建立以审判为中心的诉讼制度，优化人民法院内部职权配置，健全审判权力运行机制，构建开放、动态、透明、便民的阳光司法机制，推进法院人员的正规化、专业化、职业化建设，确保人民法院依法独立公正行使审判权。） |

## 三、法院现代化转型背景下的司法效率改革

探索提高司法效率的改革正是在上述司法改革的大背景下展开的。20 世纪八九十年代，我国的诉讼法等基本法律中对

司法效率的规定主要是通过审限得以明确的。尽管如此，在实际操作中仍存在不少问题，影响到审判效率。首先，法律和司法解释关于审限的规定不够完善。比如影响社会稳定的案件由党委、政府组织协调，重大、复杂案件报请审判委员会讨论，案件向上级法院请示，危害国家安全类的敏感案件报上级法院内审，这些时间在法律和司法解释中都没有明确的规定，必然造成一些案件超审限。其次，存在审限管理不规范的问题。有些法院在实践操作中对扣除和延长审限的审查不严格，只要递交申请就批准，也有少数办案人员将扣除和延长审限作为拖延审判时间的手段，案件临近审限找理由扣除审限或者匆匆申请延长。由于停止计算审限的案件动态管理不到位，有些案件裁定中止或申请扣除审限后，就处于长期搁置状态，鉴定、评估长时间没有结论，阅卷或者补充侦查长时间没有结果，办案人员不积极催办，也不主动协调，造成案件停滞。再次，部分民事案件调解、行政案件协调和解的难度比较大，因而拖延了审理期限。尤其是一些当事人矛盾比较尖锐的民事案件、社会影响比较大的行政案件，不宜匆忙作出判决，需要反复多次进行调解，相应地会影响到办案时间。有些民事、行政、执行案件多次进行鉴定、审计、评估、拍卖等，客观上影响了审判、执行的期限和效率，也不易区分是否超过法定审限。最后，执行案件没有财产线索或无财产可供执行造成案件积压的情况仍然存在。尽管有终结执行的相关规定，但在实践中无财产可供执行的案件较多，部分申请执行人对终结执行的规定不够理解，坚决不同意终结执行，造成一些执行案件受到积压。

如果说基本法律中侧重从审限的角度体现司法效率，那么最高人民法院则通过司法政策的方式，体现对司法效率问题的重视。在建设中国特色社会主义法治国家的进程中提出司法政策的命题，既是对我国社会发展阶段的科学认识，也是对国家治理模式的深刻认识。[1]就我国社会发展阶段而言，尽管国家建设取得了举世瞩目的成就，但我国仍将长期处于社会主义初级阶段。这一社会发展阶段的基本判断表明，我国的各项事业包括制度建设都处在发展完善的转型期，因此社会转型期应确立有别于法治高度发达完善的规则治理方式，司法政策本身的灵活性可以弥补法律规则相对原则化的不足。最高人民法院通过规定、讲话、意见、通知等形式体现提高司法效率的司法政策。下面两个表格主要梳理了最高人民法院自 1999 年以来发布的与司法效率改革相关的规范性文件和领导讲话。

**表 3.2　最高人民法院发布的与提高司法效率相关的主要规范性文件（1999－2012 年）**

| 序号 | 名称 | 发布或通过时间 |
|---|---|---|
| 法发［2012］19 号 | 《最高人民法院关于加强均衡结案的意见》 | 2012 年 9 月 18 日 |
| 法发［2012］21 号 | 《最高人民法院关于建立人民法院经费保障和财务管理长效工作机制的若干意见》 | 2012 年 10 月 31 日 |

〔1〕作为革命和治国理念的毛泽东思想中对政策问题就有较为精辟的论述，这集中体现在毛泽东的《论政策》、《关于目前党的政策中的几个重要问题》、《一个极其重要的政策》等文章中，比如毛泽东论证了革命斗争中政策和策略问题的极端重要性，指出政策、策略是党的生命，是革命政党一切实际行动的出发点和归宿，必须根据政治形势、阶级关系和实际情况及其变化制定党的政策，把原则性和灵活性结合起来。参见《毛泽东选集》（第 2 卷），人民出版社 1991 年版。

续表

| 序号 | 名称 | 发布或通过时间 |
| --- | --- | --- |
| 法发［2012］7号 | 《最高人民法院关于在审判执行工作中切实规范自由裁量权行使保障法律统一适用的指导意见》 | 2012年2月28日 |
| 法［2011］55号 | 《最高人民法院关于开展案件质量评估工作的指导意见》 | 2011年3月9日 |
| 法发［2011］2号 | 《最高人民法院关于加强人民法院审判管理工作的若干意见》 | 2011年1月6日 |
| 法［2011］129号 | 《最高人民法院关于部分基层人民法院开展小额速裁试点工作的指导意见》 | 2011年3月17日 |
| 法发［2011］15号 | 《最高人民法院关于执行权合理配置和科学运行的若干意见》 | 2011年10月19日 |
| 法发［2010］51号 | 《最高人民法院关于案例指导工作的规定》 | 2010年11月26日 |
| 法［2010］227号 | 《最高人民法院关于贯彻落实〈关于切实解决法官、检察官提前离岗、离职问题的通知〉的意见》 | 2010年6月21日 |
| 法［2010］446号 | 《最高人民法院关于开展行政诉讼简易程序试点工作的通知》 | 2010年11月17日 |
| 法发［2010］56号 | 《最高人民法院关于加强基层人民法院审判质量管理工作的指导意见》 | 2010年12月9日 |
| 法办发［2010］16号 | 《最高人民法院审判流程管理暂行规定》 | 2010年9月29日 |

续表

| 序号 | 名称 | 发布或通过时间 |
| --- | --- | --- |
| 法发［2010］16号 | 《最高人民法院关于进一步贯彻“调解优先、调判结合”工作原则的若干意见》 | 2010年6月7日 |
| 法发［2010］3号 | 《最高人民法院关于改革和完善人民法院审判委员会制度的实施意见》 | 2010年1月11日 |
| 法发［2010］59号 | 《最高人民法院关于大力推广巡回审判方便人民群众诉讼的意见》 | 2010年12月22日 |
| 法发［2009］43号 | 《最高人民法院关于进一步加强和规范执行工作的若干意见》 | 2009年7月17日 |
| 法发［2009］27号 | 《最高人民法院关于从源头上减少涉诉信访的若干意见》 | 2009年5月11日 |
| 法发［2009］6号 | 《最高人民法院关于进一步加强司法便民工作的若干意见》 | 2009年2月13日 |
| 法发［2009］45号 | 《最高人民法院关于建立健全诉讼与非诉讼相衔接的矛盾纠纷解决机制的若干意见》 | 2009年7月24日 |
| 法发［2008］28号 | 《人民法院审判法庭信息化建设规范（试行）》 | 2008年9月5日 |
| 法发［2008］6号 | 《最高人民法院关于开展案件质量评估工作的指导意见（试行）》 | 2008年1月11日 |
| 法发［2007］42号 | 《最高人民法院关于人民法院执行工作考核的意见》 | 2007年12月21日 |
| 法发［2007］21号 | 《最高人民法院关于全面加强人民法院信息化工作的决定》 | 2007年6月20日 |

续表

| 序号 | 名称 | 发布或通过时间 |
|---|---|---|
| 法发［2006］35 号 | 《最高人民法院关于人民法院办理执行案件若干期限的规定》 | 2006 年 12 月 23 日 |
| 法发［2006］32 号 | 《全国法院执行案件信息管理系统运行管理办法（试行）》 | 2006 年 11 月 29 日 |
| 法发（2005）16 号 | 《最高人民法院关于全面加强人民法庭工作的决定》 | 2005 年 9 月 23 日 |
| 法发［2005］4 号 | 《最高人民法院关于增强司法能力、提高司法水平的若干意见》 | 2005 年 4 月 1 日 |
| 法发［2005］25 号 | 《国家“十一五”规划期间人民法院物质建设规划》 | 2005 年 12 月 8 日 |
| 法发［2004］21 号 | 《最高人民法院关于进一步加强人民法院基层建设的决定》 | 2004 年 10 月 21 日 |
| 法释［2004］12 号 | 《关于人民法院民事调解工作若干问题的规定》 | 2004 年 8 月 18 日 |
| 法［2004］1 号 | 《最高人民法院审判长管理若干问题规定（试行）》 | 2004 年 1 月 2 日 |
| 法［2004］2 号 | 《最高人民法院庭长副庭长岗位职责（试行）》 | 2004 年 1 月 2 日 |
| 法发［2003］20 号 | 《最高人民法院关于落实 23 项司法为民具体措施的指导意见》 | 2003 年 12 月 2 日 |
| 法发［2003］9 号 | 《最高人民法院关于开展“公正与效率”司法大检查的意见》 | 2003 年 6 月 2 日 |
| 法释［2003］15 号 | 《最高人民法院关于适用简易程序审理民事案件的若干规定》 | 2003 年 7 月 4 日 |

续表

| 序号 | 名称 | 发布或通过时间 |
| --- | --- | --- |
| 法发［2003］6号 | 最高人民法院、最高人民检察院、司法部《关于适用普通程序审理“被告人认罪案件”的若干意见（试行）》和《关于适用简易程序审理公诉案件的若干意见》 | 2003年3月14日 |
| 法［2001］164号 | 《最高人民法院案件审限管理规定》 | 2001年11月5日 |
| 法发［2002］12号 | 《最高人民法院关于加强法官队伍职业化建设的若干意见》 | 2002年7月18日 |
| 法发［2001］15号 | 《国家“十五”计划期间人民法院物质建设计划》 | 2001年8月27日 |
| 法释［2000］29号 | 《最高人民法院关于严格执行案件审理期限制度的若干规定》 | 2000年9月22日 |
| 法发［2000］3号 | 《最高人民法院关于高级人民法院统一管理执行工作若干问题的规定》 | 2000年1月14日 |
| 法发［1999］22号 | 《最高人民法院关于贯彻中共中央〈关于进一步加强政法干部队伍建设的决定〉建设一支高素质法官队伍的若干意见》 | 1999年7月29日 |
| 法发［1999］4号 | 《最高人民法院关于开展“审判质量年”活动的通知》 | 1999年2月10日 |
| 法发［1999］2号 | 《最高人民法院审判委员会工作规则》 | 1999年3月2日 |

**表 3.3　最高人民法院与司法效率相关的领导讲话统计表（2000－2011 年）**

| 时间 | 标题 | 最高法院领导 |
|---|---|---|
| 2011 年 6 月 2 日 | 在上海市高级人民法院考察信息化建设时的讲话 | 王胜俊院长 |
| 2011 年 4 月 8 日 | 在小额速裁试点工作座谈会上的讲话 | 奚晓明<br>副院长 |
| 2011 年 3 月 22 日 | 在全国法院案件质量评估工作电视电话会议上的讲话 | 沈德咏<br>常务副院长 |
| 2011 年 3 月 22 日 | 在全国法院案件质量评估工作电视电话会议上的讲话 | 张军副院长 |
| 2011 年 1 月 12 日 | 以均衡结案促进司法公正高效——在最高人民法院党组会议上的讲话 | 王胜俊院长 |
| 2010 年 11 月 2 日 | 在全国法院审判管理工作座谈会上的讲话 | 沈德咏<br>常务副院长 |
| 2010 年 9 月 25 日 | 在“审判管理理论与实务”论坛上的讲话 | 沈德咏<br>常务副院长 |
| 2010 年 8 月 10 日 | 创新和加强审判管理推动人民法院工作科学发展——在全国大法官专题研讨班上的讲话 | 王胜俊院长 |
| 2010 年 3 月 30 日 | 在全国法院行政审判绩效考评经验交流视频会上的讲话 | 江必新<br>副院长 |
| 2009 年 8 月 28 日 | 坚持能动司法切实服务大局——在江苏省高级人民法院调研座谈会上的讲话 | 王胜俊院长 |
| 2009 年 5 月 7 日 | 在应对国际金融危机民事审判工作座谈会上的讲话 | 奚晓明<br>副院长 |
| 2009 年 4 月 8 日 | 在全国集中清理执行积案活动第二次电视电话会议上的讲话 | 王胜俊院长 |

续表

| 时间 | 标题 | 最高法院领导 |
| --- | --- | --- |
| 2009 年 4 月 29 日 | 在全国人民法院队伍建设工作会议上的讲话 | 王胜俊院长 |
| 2009 年 4 月 28 日 | 在最高人民法院信息化建设领导小组扩大会议上的讲话 | 沈德咏常务副院长 |
| 2007 年 8 月 2 日 | 在全国法院信息化工作会议上的讲话 | 姜兴长副院长 |
| 2007 年 5 月 29 日 | 在全国部分基层法院审判质量监督管理经验交流会上的讲话 | 苏泽林副院长 |
| 2004 年 2 月 10 日 | 在全国法院队伍建设座谈会上的讲话 | 曹建明副院长 |
| 2003 年 10 月 10 日 | 在全国法院清理超审限刑事案件电视电话会议上的讲话 | 肖扬院长 |
| 2003 年 9 月 12 日 | 在加快院机关办公信息化建设动员大会上的讲话 | 曹建明副院长 |
| 2002 年 10 月 21 日 | 在全国法院信息化建设工作会议上的讲话 | 肖扬院长 |
| 2002 年 7 月 24 日 | 在全国法院执行队伍建设工作会议上的讲话 | 沈德咏副院长 |
| 2000 年 4 月 7 日 | 在全国法院加强基层建设电视电话会议上的讲话 | 肖扬院长 |
| 2000 年 9 月 27 日 | 在全国法院进一步清理超审限案件电视电话会议上的讲话 | 祝铭山副院长 |

通过对最高人民法院发布的意见、通知和领导讲话可以看出，最高人民法院的司法政策中非常注重提高司法效率问题，既有迫切需要解决的问题，也有人员素质、物质保障等长远性问题，特别是审判效率问题受到了重点关注。也能从侧面发现

司法效率的问题存在于法院审判的哪些具体环节。

第一，诉讼程序的改革受到了重点关注。尤其体现在民商事审判领域，呈几何级增长的案件数量让许多法院的法官都感到“压力山大”，如果在确保公正的前提下不对现有的程序“门槛”做适当的调整，仅仅依靠审限的规定对法官进行强制管理，而没有相应的配套改革跟进，法官审判效率会呈现递减的结果[1]。在扩大现有简易程序的基础上，还有必要根据实际需要探索更为简化的程序，以及探索借助社会各方面力量化解矛盾纠纷的办法。在扩大简易程序适用范围方面，减少适用普通程序审理案件的数量。审理民事案件时，除司法解释明确规定不得适用的情形外，只要符合事实清楚、权利义务关系明确、争议不大的案件，就可以适用简易程序进行审理。[2]对于司法解释规定的可以适用刑事简易程序的刑事案件，则尽可能适用简易程序审理。[3]在开展行政诉讼简易程序试点工作的通知中，明确规定了行政案件适用简易程序的范围、举证期限、送达方式、审理方式、简化审理环节以及审理期限。[4]在扩大适用简

〔1〕 基于我国许多法院出现的“案多人少”问题，有不少法院在探索人案均衡的问题，即在考虑不同案件类型、难易程度等因素的前提下法官年均审理案件的数量，在此范围内则属人案均衡范围，超出此范围则属人案失衡，此状态下法官审理案件不仅效率递减，而且可能影响案件审理质量。笔者在和不少基层法院（尤其是东部地区和大中城市所在地的基层法院）法官交流的过程中，他们也反映，晚上或周末经常把案卷带回家去看，在办公室根本看不完。

〔2〕 参见《最高人民法院关于适用简易程序审理民事案件的若干规定》。

〔3〕 参见最高人民法院、最高人民检察院、司法部联合制定的《关于适用简易程序审理公诉案件的若干规定》。

〔4〕 参见《最高人民法院关于开展行政诉讼简易程序试点工作的通知》，法〔2010〕446号。

易程序的基础上，最高人民法院适时开展小额诉讼的试点探索[1]，这些探索与新《民事诉讼法》的规定[2]是相吻合的。在利用社会力量化解矛盾纠纷方面，最高人民法院发布了《关于建立健全诉讼与非诉讼相衔接的矛盾纠纷解决机制的若干意见》。该《意见》明确其任务就是充分发挥审判权的规范、引导和监督作用，完善诉讼与仲裁、行政调处、人民调解、商事调解、行业调解以及其他非诉讼纠纷解决方式之间的衔接机制，推动各种纠纷解决机制的组织和程序制度建设，促使非诉讼纠纷解决方式更加便捷、灵活、高效，[3]为人民群众提供更多可供选择的纠纷解决方式。在调解领域，“调解优先、调判结合”[4]的司法政策得到了充分的体现，从化解矛盾的角度来看，调解确实有其独特的优势，不过过于强调调解率，将调解用指标来衡量的效果并不好，尤其是实践中出现的“强”调、“压”调，导致人们对调解出现了较为负面的评价。而判决作为使人民法院的审判职能得以发挥其裁判规范、指引作用的一种纠纷解决方式，在强调调解的大背景下则受到了忽视。当然还有诉讼程序中的审限问题，尽管我国的诉讼法对审限有明确规定，不过考虑到实际的可操作性，最高人民法院先后通过发布两个

---

〔1〕 参见《最高人民法院关于部分基层人民法院开展小额速裁试点工作的指导意见》，法［2011］129号。

〔2〕 2012年修改的《民事诉讼法》第162条：“基层人民法院和它派出的法庭审理符合本法第157条第1款规定的简单的民事案件，标的额为各省、自治区、直辖市上年度就业人员年平均工资30%以下的，实行一审终审。”

〔3〕 参见《最高人民法院关于建立健全诉讼与非诉讼相衔接的矛盾纠纷解决机制的若干意见》，法发［2009］45号。

〔4〕 参见《最高人民法院关于进一步贯彻“调解优先、调判结合”工作原则的若干意见》，法发［2010］16号。

审限的规定加以明确。[1]尽管如此，超审限的案件仍有出现，最典型的就是积案清理的问题，这个话题在不同时期的最高人民法院领导讲话中都出现过[2]。这表明这个时期的案件数量增长速度在不断挑战法官审理案件的能力极限。2012 年最高人民法院发布的《关于加强均衡结案的意见》[3]，将案件审理过分拖延和过度积压问题作为首先要解决的问题。

第二，司法资源的合理配置在提高司法效率方面具有基础性的作用[4]，它主要是考察司法资源如何才能科学合理地分配到司法活动中去。司法资源配置既包括外部司法资源的投入增长，也包括内部司法资源的优化配置；既包括人力资源的配置，也包括财力资源的配置以及审判职权的合理配置。在法院经费保障方面，最高人民法院先后发布了《最高人民法院关于建立

---

〔1〕 参见《最高人民法院关于严格执行案件审理期限制度的若干规定》，法释［2000］29 号；《最高人民法院案件审限管理规定》，法［2001］164 号。

〔2〕 参见祝铭山："在全国法院进一步清理超审限案件电视电话会议上的讲话"，2000 年 9 月 27 日；肖扬："在全国法院清理超审限刑事案件电视电话会议上的讲话"，2003 年 10 月 10 日；黄松有："在全国法院第二届执行理论与实务研讨暨集中清理执行案件工作总结会议上的讲话"，2006 年 9 月 20 日；《最高人民法院关于人民法院办理执行案件若干期限的规定》，法发［2006］35 号；王胜俊："在全国集中清理执行积案活动第二次电视电话会议上的讲话"，2009 年 4 月 8 日。

〔3〕 参见《最高人民法院关于加强均衡结案的意见》，法发［2012］19 号；"均衡结案评估参考指标体系"。

〔4〕 目前已有多篇文章从不同角度论及司法资源的合理配置在提高司法效率中的重要作用。可参见李杰："司法成本结构优化初论——一种寻求纠纷与纠纷解决途径相适应的司法资源配置思路"；蒋飞："资源配置视野下的司法效率"；刘滨海等："从新疆法院设置看司法资源配置"；汪海鹏、刘本荣："司法效率与司法资源的合理配置"；汪明华："优化职权配置、提高司法效率"；林振明、赵元松："司法制度创新与司法效率的衡平——基层法院司法职权与资源优化配置的法经济学分析"；郁云："优化民商事审判资源和职权配置，促进审判质量和效率提高——云南省昆明市中级人民法院关于优化民商事审判资源的实践与操作"等。以上论文均载于景汉朝主编：《司法成本与司法效率实证研究》，中国政法大学出版社 2010 年版。

人民法院经费保障和财务管理长效工作机制的若干意见》以及国家“十五”、“十一五”建设期间人民法院物质建设方面的司法文件，以探索人民法院经费保障和财务管理的长效机制。在审判资源合理配置方面，强调对案件受理、审判人员配置情况进行动态分析，适时分流案件或调整审判力量，确保审判资源向审判工作一线倾斜，向案件较多、压力较大的部门倾斜，并合理配备审判人员和审判辅助人员，确保审判部门与其他部门的人员比例合理。〔1〕近年来最高人民法院在司法资源配置方面既有全面的考虑，又在重点领域有所侧重，比如2011年最高人民法院发布了《关于执行权合理配置和科学运行的若干意见》，〔2〕该意见的目的就是为了促进执行权的公正、高效、规范、廉洁运行，实现立案、审判、执行等机构之间的协调配合，完善执行工作的统一管理。

第三，加强审判管理工作。审判管理是法院管理体系的核心，加强和改进审判管理是提高法院审判和执行工作效率和效果的关键，其目标是为公正、高效、权威的审判活动创造良好的内部环境。最高人民法院发布了多个有关审判管理的文件和领导讲话。2010年，时任最高人民法院院长王胜俊在全国大法官专题研讨班上，将审判管理概括为人民法院通过组织、领导、指导、评价、监督、制约等方法，对审判工作进行合理安排，对司法过程进行严格规范，对审判质效进行科学考评，对司法

---

〔1〕参见《最高人民法院关于加强均衡结案的意见》，法发［2012］19号。

〔2〕参见《最高人民法院关于执行权合理配置和科学运行的若干意见》，法发［2011］15号。

资源进行有效整合，确保司法公正、廉洁、高效。[1]讲话精神集中体现在2011年最高人民法院发布的《关于加强人民法院审判管理工作的若干意见》中。随着各地法院审判管理专门机构的成立，2013年又成立了中国审判理论研究会审判管理专业委员会，有利于今后更好地开展审判管理问题的交流、促进审判管理的科学化水平。

第四，注重发挥司法评估制度的作用。一套科学的司法评价标准和司法评估体系能够全面客观地反映人民法院的审判质量和效率，能够通过规范法院的各项行为激励法院全体人员的工作积极性。2000年以来，经过各级人民法院的不懈探索和积极实践，案件质量监督管理工作有了显著的发展。2002年，最高人民法院提出建立审判质量与效率综合评估体系，在经过若干轮的调研、征求意见和专家论证、测试后，最高人民法院于2008年发布了《关于开展案件质量评估工作的指导意见（试行）》，[2]作为法院系统内部的一套司法评价体系，该指导意见从公正、效率、效果三个方面设定评价指标33个。其中评价审判效率指标共有11个，即法定期限内立案率、法院年人均结案数、法官年人均结案数、结案率、结案均衡度、一审简易程序适用率、当庭裁判率、平均审理时间与审限比、平均执行时间与执行期限比、平均未审结持续时间与审限比、平均未执结持

---

〔1〕 参见王胜俊："创新和加强审判管理——在全国大法官专题研讨班上的讲话"，2010年8月10日。讲话中指出要重点抓好五项工作：一是创新和加强审判质量管理，确保司法公正；二是创新和加强审判效率管理，促进司法高效；三是创新和加强审判流程管理，强化监督制约；四是创新和加强审判层级管理，提高整体水平；五是创新和加强审判绩效管理，发挥导向作用。

〔2〕 参见《最高人民法院关于开展案件质量评估工作的指导意见（试行）》，法发［2008］6号。

续时间与执行期限比指标等。2011年最高人民法院在增加、取消的基础上将案件质量评估指标修正为31个。[1]这些对审判效率的评估指标和评估方法既代表着目前的主流评价模式，也为司法效率研究提供了丰富的素材。当然，法官审理案件不是在工厂流水线上生产产品，案件质量最终要接受社会公众的评判。因此，社会公众和中立的第三方就构成了外部评价法官的主体。直言之，司法评估机制应是内部评价和外部评价的有机结合。就法院自身的评估机制来说，因法院是负有实现司法公正责任的社会公共部门，法院评估制度当然也就区别于企业内部实行的基于盈利目的的绩效评估。对于法院来说，司法评估最终的目的是为法院的决策提供参考，提升法院的公信力、执行力和社会对法院的认同，而不是要因考核对法官的审判工作造成不利影响，或者因考核影响到法官的积极性而使其选择离开审判业务部门，显然这样的考评制度是背离初衷的。

因此，在设计考核指标时，科学性、可行性、合目的性是首先应考虑的因素。比如将年审结案件的数量作为考核指标的结果，可能导致法官倾向于选择审理简单案件而回避复杂疑难案件，或者为了追求审结案件而草率地压缩审理时间，最终违背审理案件本身的目的。需要明确的是，单纯的案件量化比较并不科学，每个案件本身并非一个比较单位，因为案件本身存在差异，审理时间自然也会呈现差异。此外，在法官业绩考核中对法官业绩进行排名，在一定程度上会激发法官的工作积极性；不过也可能会因考核指标的科学性与否，引起法官对排名

---

〔1〕参见张军："在全国法院案件质量评估工作电视电话会议上的讲话"，2011年3月22日。

不公的质疑，尤其是将法官业绩考核作为法院评优奖先的重要参考时，必然会引发法院内部的争议，并牵扯法官的工作精力，甚至导致法院内部的不和谐。换言之，法院业绩考评等评估制度应朝着促进法院形成良好的工作氛围、促进法官工作的积极性、促进社会公众对法院产生良好的评价、促进司法公正的方向发展。因此，随着司法实践的不断变化，司法评估机制仍有很大的完善空间。

第五，提高人民法院的信息化建设水平，是实现公正高效审判的可靠保障。在“科技强院”工作方针的指导下，各级法院经历了一次信息化建设在审判工作中的“大覆盖”。2002 年，肖扬院长在当年举行的全国法院信息化建设工作会议上就指出，全国法院要积极推进信息化建设，充分运用以计算机网络技术为中心的现代科技手段，尽快提高审判工作和法院其他工作的现代化水平。无论是各级法院的局域网建设、法院系统的广域网建设，还是全国统一的司法数据库的建设，都必须坚持以审判工作为中心，为实现“公正与效率”的工作主题服务。〔1〕人民法院信息化建设是一个渐进的过程，不仅因为信息化本身就是一个不断发展的过程，而且也在于法院工作人员掌握、运用信息技术也需要一个很长的过程。

## 四、司法效率改革衍生的问题

### （一）审判合法性问题

自 20 世纪 80 年代中后期以来，随着改革开放和商品经济的发展，以民事权利争议为主要内容的民事、经济纠纷大量涌现。

〔1〕 参见肖扬：“在全国法院信息化建设工作会议上的讲话”，2002 年 10 月 21 日。

以“走群众路线”为本质特征的马锡五审判方式，经过四十多年的司法实践，在中国广大老百姓心中确立了根深蒂固的位置与印象。但是马锡五审判方式因其具有审判周期长、审判成本高、法官权力大而没有制约的弱点，自然成为了当时提高司法效率改革的主要对象。审判方式改革的第一步就是提高审判效率，缩短诉讼周期，减轻法官的工作压力，并在试点的基础上确立在法律中。比如，在1991年《民事诉讼法》中确立了以判决为主，调解必须遵循自愿、合法的原则，调解不成应及时判决；在证据的搜集与提供上，虽然保留了法院依职权调查收集证据的权力，但是把“谁主张、谁举证”规定为证据来源的主要渠道，确定了当事人的举证责任等。

这是一次大胆而冒险的改革尝试。强调当事人举证自然减轻了法官的工作负担，缩短了审判周期。但随之而来的问题是，过去的审判结果因法官的调查取证和情理法并用的劝说获得当事人的接受和社会认同。而现在改由当事人举证，法官作出非黑即白的判决，凭什么获得当事人和社会的认同呢？尤其是在当事人提供的证据不足以认定案件事实，或者案件事实处于真伪不明状态时，法官的裁判如何获得当事人和社会的认同与信任呢？2006年6月，笔者在河北旁听了一个案件，至今依然印象深刻。虽然新证据规则已经实施了好几年，但当事人的困惑依然存在。这个案件的案情比较简单，原告诉被告借款1万元，并出示了证据，但被告认为自己从来就没有向原告借过钱，因此要求对借条进行鉴定。在鉴定机构的鉴定下，得出了借条上的字据确是被告所写的鉴定结论。在法庭查明这些事实的基础上，法官依照法院强调调解的原则，征询原告是否愿意调解，原告坚持不愿意，法官最终依据法律作出了判决，要求被告向原告支付欠款1万元。被告表示不服，希望对借条重新进行鉴定，而被告的妻子则在法庭上破口骂了原告，指称原告是骗子。法官劝阻说在法庭上要言语文明，法庭查明的事实和实际上发生的事实无法做到完全吻合，法庭上是讲求证据的，在没有证据证明的情况下，即使自己认为没有做错什么，只要对方能够拿出充分的证据来，也得承担相应的法律责任。审判结束之后，法官还对双方当事人进行了一定的法律教育，希望被告在以后的诉讼中要强调证据，法庭是一个严肃的地方，即使认为自己有理也不能随意骂人。看得出来，虽然被告对此结果比较生气，但这主要不是针对法庭判决的结果，而是针对原告，但又苦于拿不出证据来，也就只好认了。事后笔者和法官交流，他告诉笔者：原告在当地口碑不太好，而被告是当地的老实人，借条上虽然有被告的签字，但也许背后存在欺诈的行为。可是他又认为，人品是一回事，到了法庭上还是要用证据说话。可是，单凭一张欠条而缺乏充分的调查就作出判决，让他也觉得内心很纠结。正如费孝通先生所指出的，“法治秩序的建立不能单靠制定若干法律条文和设立若干法庭”，重要的是“在社会结构和思想观念上还得先有一番改革”。[1]

（二）制度创新问题

尽管正式的法律、相应的司法解释和大量的程序规定以及操作办法为提高司法效率改革提供了依据，但是法官在司法实践中还是会感觉到程序“没有规定”、“可操作性不强”、“不实用”。为解决实际问题，法官往往会在法律规定之外自行创造新

〔1〕 费孝通：《乡土中国》，上海人民出版社2013年版，第363页。

程序。[1]比如有的法官为了多办案、快办案，自己动脑筋把同类案件安排到一天开庭，有时一天安排开八个庭。这样可以要求当事人在第一时间到庭，召集他们一并交代权利义务、解释回避等程序知识；后开庭的人可以旁听前面的庭审。这样，当事人很快就适应了，开庭时就很配合，效率比较高。

北京市海淀区法院针对民事案件数量逐年快速递增、审判人员少、任务重的矛盾，对民事案件在内部分工和审判结构上实行“繁简分流”：

第一，减少简单民事案件的周转环节，做到即收、即调、即结、即执。

第二，简化程序，变陈述式询问方式为核对式询问方式，做到快审快结。

2008 年 10 月，广州市中级人民法院速裁调解中心成立。其唯一的目的就是“快”，快审快判。该中心受理的案件一般都是案情比较简单、事实比较清楚、争议不大的案件，或者涉及民生的案件，以及部分应当快速处理的督办案件和一审裁定驳回起诉的案件等。案件受理后，调解员会根据不同案件采取不同的调解方式，可以在法庭内调解、通过电话调解、联系社区工作人员上门调解、两级法院共同调解、在庭审开始前进行调解，等等。对于两个星期内调解不成进入审判程序的案件，法院原则上在一个月内作出裁决，最快办结的案件时间为 4 天。

山东省青岛市市南区法院根据近年来医疗纠纷呈现出的收案数量多、服判息诉少，医患双方对立性强、矛盾尖锐，医疗

---

〔1〕 吴英姿：《法官角色与司法行为》，中国大百科全书出版社 2008 年版，第 338 页。

纠纷案件调解率低、申诉上访率高等特点，通过人大常委会任命的区政协委员中的医学专家担任人民陪审员，使其在立案前、审理中和判决后三个环节向双方当事人提供专家意见和答疑，或者作为陪审员参与医疗纠纷案件的审理，切实提高法院审理医疗纠纷案件的质量和效率，从而建立起政协、法院、专家三方参与的“三位一体”医疗纠纷调处新机制。由于医学专家的参与，大大提高了审判效率和调解率，办案周期由原来平均一年多缩短至不到3个月。[1]

从中我们能看到各种改革措施的雏形，法官扮演了制度创新者的角色，诉讼过程成为新制度的“实验田”。[2]

## 结　语

2001年，最高人民法院提出“公正与效率是21世纪人民法院的工作主题”，也是人民法院系统开展改革的主要内容。提高司法效率作为其中的重要组成部分，不仅是基于人民法院解决“案多人少”的现实需要，也是现代司法制度的重要特征，[3]是我国现代化转型对司法制度提出的必然要求，更是人民群众对人民法院工作的迫切要求。本章的分析表明，司法效率改革是我国司法改革的重要组成部分，而我国的诉讼法等基本法律和

---

〔1〕 最高人民法院中国应用法学研究所编：《人民法院审判经验集萃》（司法为民篇），人民法院出版社2009年版，第123－124页、第321－323页。

〔2〕 吴英姿：《法官角色与司法行为》，中国大百科全书出版社2008年版，第242页。

〔3〕 参见肖扬：“在‘公正与效率世纪主题论坛’上的致辞”，载曹建明主编：《公正与效率的法理研究》，人民法院出版社2002年版，第9页。

体现司法政策的司法解释以及规范性司法文件则为提高司法效率提供了规范性的依据[1]。但与之相关的重要问题是，笔者分别在两个不同的层面提到了司法效率改革的问题：第一个层面是基于基层法院“案多人少”的现实情况而采取的提高司法效率的改革；第二个层面是基于社会现代化转型的需要而采取的提高司法效率的改革。事实上这两个层面所提出的改革措施不仅存在交叉重合，而且在某些情况下甚至可能存在矛盾冲突，如何协调融合二者，并在不断试点的基础上允许一种改革方案“竞争上岗”，应该是更具现实可行性的选择。

---

〔1〕关于各国宪法和基本法律以及国际人权公约、我国台湾地区法律中对及时审判等提高司法效率内容的规范依据，可参见刘练军：《司法要论》，中国政法大学出版社2013年版，第136－140页。

# 第四章　优化司法资源配置的改革探索

## 引　言

司法资源配置在提高司法效率方面具有基础性的作用，它主要是考察司法资源如何才能科学合理地分配到司法活动中去。司法资源配置是一个内涵非常丰富的概念，既包括外部司法资源的投入增长，也包括内部司法资源的优化配置；既包括人力资源的配置，也包括财力资源的配置以及审判职权的合理配置。在合理配置司法资源方面，人民法院大致采取了以下三种方式：一是做“加法”，增加资源投入，扩大司法资源总量；二是做“减法”，在司法资源相对不变的前提下，通过降低部分个案的成本，使现有司法资源可以解决更多的案件；三是在内部挖掘“潜力”，提高司法效益，在司法资源不可能过分投入的情况下，实现效益的最大化。如果说第一种方式通过人民法院经费保障体制改革，是在说服“外部”支持人民法院的工作，那么后两种方式则都是各级人民法院通过法院内部的运作方式的改革，寻求某种“集约型”的资源配置优化方案，从内部探寻司法资源的合理配置。

### 一、法院经费保障体制改革探索

法院经费保障作为履行法院审判职能的一项基础性工作，

为了适应社会发展的需要，在过去的三十多年中进行了相应的体制性调整，而且仍在调整过程中。尽管如此，法院经费保障的整体情况仍不容乐观，东、西部地区法院的经费保障差异比较大，科学的经费保障体制尚未完全建立起来。在最高人民法院每年的工作报告中，法院经费保障都是一个需要不断协调解决的问题。针对这些问题，从《一五改革纲要》开始，最高人民法院就提出了一套颇有见地的改革思路。《一五改革纲要》提出要建立保障人民法院充分履行审判职能的经费管理体制，提出在全面落实“收支两条线”规定的基础上，探索建立法院经费保障体系，保障履行审判职能所必需的经费。《二五改革纲要》提出要改革和完善人民法院经费保障体制，探索建立人民法院的业务经费由国家财政统一保障、分别列入中央财政和省级财政的体制。研究制定基层人民法院的经费基本保障标准。可以说最高人民法院提出的改革思路牢牢抓住了法院经费保障问题的核心——作为审判机关的法院有别于行政机关的工作特点，这是国家在财政上提供经费保障时应考虑的重要因素。同时，最高人民法院的改革也非常务实，既面对现实中存在的“以收定支”现象，又不好高骛远，而是主张建立切实可行的中央和省级财政保障体制，同时制定基层法院的经费基本保障标准。这种务实的改革主张不仅符合国家财政体制改革的方向，而且对于保障法院依法独立行使审判权，构建公正、高效、权威的社会主义司法制度都具有重要的意义。

### （一）法院经费保障的变迁

1954 年《人民法院组织法》颁布后，人民法院的经费由中央和同级财政共同负担。其中，人员经费和公务费用由同级财政负担，业务经费列入中央财政预算，由中央财政拨到司法部，再通过司法部拨到各高级法院，再由各高级法院拨到中级法院和基层法院。“文革”期间，人民法院被军事管制，法院工作停止，法院经费保障体制也随之终止。可以说，真正意义上的法院经费保障改革是从1978年以后开始的。

1. 政法经费保障单列

1979年后，各级法院相继恢复工作，但经费问题仍显得格外突出。当时担任最高人民法院院长的江华同志在工作报告中就提到人民法院“在设备、经费方面还存在不少困难。对这些缺点和问题，必须采取有效措施，切实加以纠正和解决”[1]。如果说江华院长的工作报告仅仅是侧重于基本建设经费的问题，那么1983年最高人民法院在提交给中央的报告中则考虑到新形势下法院存在的更多困难，“文化大革命中砸烂公检法，人民法院的办公用房和各种设施亦被占用。人民法院机构恢复以后，办公用房和各种设备都很缺乏。近几年来，各种案件大量增加，调进了大批干部，同时要求严格依照法律制度和程序办案，所需经费和设备更多了。因此，行政经费和司法业务费更加不足”[2]。这些问题的存在都直接影响到法院工作的开展。从中至少可以看出，法院经费不仅包括设备等基建费用，还包括行政经费和司法业务经费。法院工作的特点决定了其所需各种经费区别于行政机关的办公经费。

正是意识到上述问题，中央开始重视法院经费保障问题，并尝试采取单列户头等新的体制调整政法经费保障问题。这首

---

〔1〕《最高人民法院工作报告》(1983年)。

〔2〕参见《最高人民法院关于人民法院队伍建设、机构设置和财务管理的几点意见》，1983年3月16日。

先体现在中央【1982】36号文件中：政法各部门的事业费、业务费、设备添置费、教育训练费和技术装备费、基本建设投资，要给予保障。从1983年起，政法经费列入国家计划和国家、地方财政预算，单列户头；有计划地逐步建设法庭；逐步改善政法机关的办公用房和政法干警的居住条件；逐步改善政法机关和政法干警的装备。为了配合中央的规定，在财政部（82）财预字第119号通知中制发了“1983年国家预算收支科目”，在“基本建设拨款类”中列入了“公安司法部门基建拨款”项目；在“行政管理费类”中单列出“司法检察支出”项目，其中包括法院机关经费、司法业务费、法院干部训练费和其他法院经费四项。上述规定是法院经费和基建管理工作的依据，必须协同有关部门认真贯彻执行。财政部的通知将中央的精神更加具体化。

2. 法院业务经费单列

财政部将政法经费在国家财政预算中单列后，法院经费成为司法检察支出项目的组成部分。不过，这与真正意义上将法院经费单列入国家财政预算尚有距离。尽管改革在不断地进行中，但成效与困难并存，现实状况迫使法院经费保障必须再往前迈一步。1988年，中共十三大提出政治体制改革的构想。通过实际的调查研究和论证，中央最终采纳了法院经费在国家财政预算中单列的改革建议，在《关于加强公检法部门罚没收入管理和保证办案经费的通知》[1]中提到，财政部规定从1991年开始，法院业务经费将在国家预算收支科目中单列，并要求各

〔1〕《关于加强公、检、法部门罚没收入管理和保证办案经费的通知》，法（司）发【1990】22号。

级法院在编报1990年年度决算时，应将正常的人员经费、行政费、办公费、业务费（其中的办案费）分开计算，分别填入决算，为编报1991年年度支出预算打下基础。《通知》同时规定，遇有特殊或重大案件，开支数额较大，如“严打”、大型公判大会、耗费巨大的疑难案件等，办案经费确实不足时，应据实向同级财政提出专项申请，追加支出预算。此外，为了改善基本的办案条件，需逐步配备交通、通讯、文秘、办公现代化等设备，各级人民法院应在年初预算中专项申请，列入业务设备购置科目中，不要混入办案经费中的开支。

3. 法院经费保障管理机制的变化

在法院经费保障管理机制方面，主要表现为管理机构和诉讼费管理的变化。1954年《人民法院组织法》颁布后，法院经费由中央财政拨到司法部，再通过司法部拨到各高级法院，再由各高级法院拨到中级法院和基层法院。除“文革”期间“砸烂公检法”外，一直到1982年前，法院经费都是通过司法部来管理的。1982年，法院的司法行政工作从司法行政机关剥离，交由法院自行管理。2000年最高人民法院在原有部门的基础上组建司法行政装备局，负责对人民法院财务、装备、诉讼费和司法科学技术建设情况进行调查研究，协同国家有关部门提出政策性意见，制定有关规范性文件；指导下级法院财务、装备、诉讼费、司法科学技术等方面的工作；管理最高人民法院各项经费和国有资产，负责最高人民法院机关的行政事务管理，监管直属事业单位的财务和国有资产的管理。[1]与之前相比，司法行政装备局的职能更为综合，为指导全国法院系统的经费管

〔1〕 姜兴长：“在全国法院司法行政工作座谈会上的讲话”，2000年11月7日。

理工作奠定了基础。

（二）法院经费保障体制的问题与改革探索

按照现行财政管理体制和财权与事权相匹配原则，各级人民法院的经费主要由同级政府财政予以保障，中央、省级财政予以专款补助，适当给予帮助支持。我国财政对于法院收取的诉讼费实行“收支两条线”，即法院收缴的诉讼费作为行政性收费收入全额缴入国库，财政部门根据财力状况与法院的部门预算核定指标，以行政事业性补助，拨给法院作为行政运行、案件审理与执行、“两庭”建设等项使用。不过在全国范围内，由于现行法院经费体制存在先天性缺陷，收支挂钩、以收定支现象在许多地方照样实行，即使是纳入了预算管理，一些地方政府为了财政收入不受影响，也是“名脱钩，暗挂钩”。

为贯彻落实中共十七大关于深化司法体制改革的战略部署，《人民法院第三个五年改革纲要》中明确提出改革人民法院经费保障体制。这是我国政法经费体制改革的组成部分，被认为是改革开放以来，我国在政法经费保障工作方面最大的一次体制调整，是建设社会主义法治国家的重大举措。[1]改革主要包括完善明确的投入责任机制、合理的分类保障机制、严格的收支脱钩机制、规范的按标准保障机制、科学精细的管理机制。

在投入责任机制方面，改革在强调增强中央财政对地方支持责任的同时，特别强调了省级财政和市、县级财政的责任。即中央和省级政府在做好本级政法机关经费保障工作的同时，

〔1〕参见《中央政法委员会〈关于深化司法体制和工作机制改革若干问题的意见〉的通知》（中发［2008］19号）；《中央办公厅、国务院办公厅印发〈关于加强政法经费保障工作的意见〉的通知》（厅字［2009］32号）；《财政部关于印发〈政法经费分类保障办法（试行）〉的通知》（财行［2009］286号）。

通过加大转移支付资金，对基层特别是经济困难的县级政法机关办案（业务）费和业务装备费给予较大比例的支持；市、县级政府切实承担起本级政法机关人员经费和日常运行公用经费的保障责任，本级支出不能比没有改革时减少，并要根据财力情况逐年予以增加。

在分类保障机制方面，具体又细分为分项目、分区域、分部门保障政策。在分项目保障中，将政法经费划分为人员经费、日常运行公用经费、办案（业务）经费、业务装备经费和基础设施建设经费，进一步明确了各级政府对政法部门经费保障的责任。分区域的保障政策中，充分考虑了各地不同的经济与财力状况，实行了有区别的经费分担政策。明确对中西部县级、地区以及经济困难地区的市（地、州）级政法机关的办案（业务）费和业务装备费，中央和省级政府通过增加转移支付资金和投资补助，承担比例平均达到50%以上，最高可达90%以上，对中西部基层政法机关来说，中央和省级财政拿了“大头”；对东部地区，中央政府实行“以奖代补”政策，视其工作情况予以奖励性补助。在分部门的保障政策中体现的是各政法机关在工作职责、业务特点、工作量和现有基础等方面的差异，目的是使财政资金的分配更加科学规范，符合各政法机关不同职责的实际情况，尽可能保证各政法机关履行职责的需要。

在建立严格的“收支脱钩”机制方面，为了使政法部门实现彻底的“收支两条线”，在行政性收费和罚没收入的收缴方面提出了改革目标，政法机关取得的行政性收费和罚没收入应按预算级次全部上缴国库，各省级政府可实行将行政性收费和罚没收入上缴省级财政管理及其他行之有效的措施和办法。同时强调，行政性收费和罚没收入是国家财政收入的组成部分，要求各级政法机关应建立内控机制，制定切实可行的制约措施和监督考核办法，防止出现因“收支脱钩”可能产生的执法不严、应收不收、应罚不罚等问题。

在建立规范的按标准保障机制方面，政法部门的办案经费、装备经费和业务基础设施建设经费需求量大，在政法经费支出总额中的比重高，这也是政法机关区别于一般行政机关的明显特点。为此改革明确提出，要制定、完善和调整公用经费保障标准；办案（业务）经费标准要随着办案（业务）量和办案（业务）成本的变动适时进行调整；要制定和完善业务装备配备和基础设施建设标准。

在建立科学精细的管理机制方面，改革意见从建立健全适应政法经费保障体制改革需要的专门管理制度、切实加强政法机关内部的财务管理、建立经费分配与经费使用效益和管理水平相联系的激励约束机制、采取有效措施努力降低司法成本、健全政法经费管理机构及充实财务管理人员五个方面提出了加强管理的要求。目的就是要在增加对政法机关经费投入的同时，加强对政法经费的科学化、精细化管理，切实提高政法经费的使用效益。

从建立独立的法院经费预算制度、统一的财政经费发放制度、完整的收支双向通道制度以及透明的财政经费监督制度等衡量尺度来看，我国法院经费保障体制改革至少迈出了重要的一步。中共十八届三中全会后，2014 年 6 月 6 日，中共中央全面深化改革领导小组第三次会议审议通过的《关于司法体制改革试点若干问题的框架意见》中提出，地方各级法院经费上受省级统一管理，保证办公经费、办案经费和人员经费不低于现有水平，并明确提出建立省以下地方法院经费由省级政府财政部门统一管理的机制。《四五改革纲要》中提出，要完善人民法院预算保障体系、国库收付体系和财务管理体系，推进人民法院经费管理长效机制建设。需强调的是，法院经费保障体制的改革并不是通过法院内部的改革就能完成的，它与我国社会的发展、法治国家的建设都是密切相关的。目前来看，法院经费保障的落实情况仍与各地经济发展程度及财政收支状况紧密相连。因此，逐步建立国家统一的司法预决算制度应是改革的方向。

## 二、人民法院审判职权配置的改革探索

目前我国有19.8万余法官，但在法院的领导岗位以及综合行政部门仍有不少没有从事审判业务的法官。[1]因法院的实际工作需要，或者因审判工作压力大等主观和客观的原因，一些法官并没有从事审判工作，这无疑加剧了人案之间的矛盾。即便是在业务庭工作的法官也并非专司审判，由于我国法院长期以来形成的行政管理模式，分管副院长、庭长以及审判长更多地因管理职责牵扯了过多精力。据一项调查显示，某省法院审判资源配置存在的普遍问题是审判业务部门法官人数在法官实有人数中所占比重偏低。[2]从整体而言，一线办案法官的绝对数量过少，法官资源不充分、利用率低、行政化使用问题突出。一是“空编”问题，法官编制不充分使用。2010－2012年三年间，某省法院空编率分别为11.72%、17.60%、11.75%。某中

〔1〕 截止到2013年底，据初步的估计，约有8.6万名法官在院、庭长岗位从事管理工作，约有2.8万名法官在综合行政部门从事行政管理工作，一线办案法官实际数量约为8.5万名。

〔2〕 罗大乐、朱峰：“当前审判人力资源配置存在的问题与建议”，载最高人民法院中国应用法学研究所编：《司法决策参考》2014年第2期。

级法院2010年至2012年三年间的空编率分别高达19.69%、20.33%和19.51%。二是“占编”问题，法官编制利用率低。根据实地调研，50岁离岗占编人员占地方法官编制的10%左右。由于“退岗不退编”，导致占编法官资源浪费。三是“行政性调动”问题，法官编制行政化使用。调研显示，我国法官资源流失的主要途径并不是外部流失，而是法院内部的行政性调动，使大量审判岗位的法官转向非审判岗位。截止到2012年10月31日，某省三级法院工作人员总数为21 290人，其中法官实有人数为13 240人，一线办案法官（含正副庭长、审判员、助理审判员）只有9336人。出现这种情况与法院审判资源配置没有体现以审判为中心、缺乏法官办案的激励机制和有效的人案调配机制不无关系。有的法院以自身为单位开展审判资源的有效配置，比如将法院审判资源分为全院层面、专业归口、审判庭室、审判单元四个层面进行配置[1]。

如前所述，笔者对曾调研过的L县法院也进行了审判资源配置改革的探索。L县法院和其他法院配置审判资源的做法至少提供了以下改革经验：

第一，以法院审判工作为中心配置司法资源。让法官回到核心的审判工作中，形成以审理案件为中心的氛围。院长、庭长每年应承办或参加合议庭审理一定数量的案件，非审判、执行部门的法官在完成本职工作外，可以到审判、执行部门参与办理、执行案件。L县法院非审判岗位挂庭办案，事务性工作交由辅助人员完成，法官从事务性工作中解脱出来，这都体现了

〔1〕北京市海淀区人民法院课题组：“优化基层法院审判资源配置的调研报告”，载《人民司法》2011年第19期。

以审判为中心配置审判资源的原则。

第二，审判职权配置与纠纷的特点和解决纠纷的途径相适应，这要求针对不同案件应投入不同的司法资源，应分清具体案件的不同类型和复杂程度，“该合则合，当分则分”。L县法院分别实行的类案专业化审理和大民事审判机制就体现出审判工作中的“分”与“合”的灵活结合。

第三，需要科学地测算法官年均审理案件的能力。这种测算不能单纯地用案件数量来衡量，而应综合地考虑案件的具体因素，包括案件的类型、案件的难易程度以及法官实际的业务素质。这种符合实际的测算既可以督促法官及时有效地审理案件，又能明确判断法官是否真正超出了案件审理的承受能力。

第四，建立一套审判职权优化的长效机制。每一名法官都工作于具体的制度环境中，与短期不确定的激励机制相比，长期稳定的制度激励机制对运用制度的个体来说非常关键。这种制度性的激励机制必须遵循司法本身的运行规律并具有现实可操作性。比如，对于法院系统来说，80%以上的案件都在基层法院，东西部法院案件数量差别很大，不同类型案件审理的时间不尽相同，不同级别法院在审理案件时的职能不尽相同，这些都是形成一套健全的制度激励机制应考虑的因素。比如，为夯实基层法院的基础地位，保证基层法院有人可用、人尽其才，应通过初任法官到基层法院任职等方式，使法官人数向基层法院倾斜，上级法院应尽量从下级法院选拔干部，充分发挥基层法院退居二线和退休的资深法官的作用。比如，为更有效地审理案件，可以通过设立房地产、婚姻家庭、劳动争议、交通事故损害赔偿纠纷专业合议庭实现类型化审理。

## 三、从法官员额制改革看审判资源的有效配置

### （一）法官员额制改革探索

实行法官员额制改革的根本目的，一是要确保法官数量与案件数量相匹配，避免案多人少、忙闲不均；二是要确保审判辅助人员数量与法官数量相对应，减少法官的事务性工作负担；三是要确保优秀法官集中在审判一线，压缩“不办案的法官”比例。说到底，是通过提高法官准入门槛，提升法官的素质，挖掘审判资源潜力，推动建立以法官为中心、以服务审判工作为重心的法院人员配置模式。[1]解决“办不办案一个样，办多办少一个样、办好办坏一个样”的问题，提高司法效率，确保司法公正，而不是以单纯减少法官数量为目的。

自人民法院《一五改革纲要》发布以来，法官员额制改革都是司法改革的一项重要内容。《一五改革纲要》明确提出了法官编制问题，强调要通过定编，将具有较高素质、真正符合条件的审判人员确定为法官，对于不符合条件的人员，只能做其他工作，如作为法官助理，协助法官进行工作；《二五改革纲要》提出，要根据人民法院的管辖级别、管辖地域、案件数量、保障条件等因素，研究制定各级人民法院的法官员额比例方案，逐步落实；《三五改革纲要》提出，要配合有关部门制定与人民法院工作性质和地区特点相适应的政法专项编制标准，研究建立适应性更强的编制制度，逐步实施法官员额制度。《四五改革纲要》提出要建立法官员额制度。根据法院辖区经济社会发展状况、人口数量（含暂住人口）、案件数量、案件类型等基础数

〔1〕何帆：“做好法官员额制的‘加减法’”，载《人民法院报》2014年7月17日，第2版。

据，结合法院审级职能、法官工作量、审判辅助人员配置、办案保障条件等因素，科学确定四级法院的法官员额。

《一五改革纲要》发布以来各地法院改革的实践表明，法院员额制并不是单纯的法官编制问题，而是深化司法改革的重要基础性工作。它不仅受到人口、案件数量等基本因素的影响，还与法院设置以及法官选任、管理、保障等制度机制密切相关。法官员额制度涉及司法体制机制的所有层面，法官员额制改革的目标应该是朝着法官专业化、职业化方向发展，逐步实现“让审理者裁判，由裁判者负责”。这个目标的实现是一个较长的过程，应进行充分调研论证，提出合理可行的改革方案，确定当前改革工作的重点，设立改革过渡期，让能够审理的人审理，让能够担当的人负责，建立起使法官能够逐步提高能力、负起责任的通道，在确保审判队伍稳定、审判工作正常运行的前提下逐步实现改革的平稳过渡。

中共十八届三中全会后，司法改革受到了空前的重视。其中，建立法官员额制，实现司法人员分类管理是司法改革试点工作的重要内容。为落实中央司法改革任务，2014 年 7 月 9 日，最高人民法院发布的《人民法院第四个五年改革纲要（2014 - 2018）》中也提出要建立法官员额制度。目前中央确定的六个司法改革试点法院已经在开展包括法官员额制改革在内的各项试点工作。比如中央批准的《上海市司法改革试点工作方案》设 3 - 5 年的过渡期，将法官、司法辅助人员、司法行政人员的员额比例控制在 33%、52%、15%。[1] 吉林等地提出按 38% - 40% 设定法官员额的意见。由于各地所定法官员额大幅度精简

〔1〕“上海启动司法改革试点”，载《人民法院报》2014 年 7 月 13 日，第 1 版。

了试点法院的法官岗位，必然涉及试点法院队伍的结构性调整，这会带来很多新的问题，包括：一是目前全国许多法院存在的案多人少、法官紧缺问题会更突出；二是在全国审判辅助人员普遍不足的情况下，法官仍要从事大量事务性工作，员额制改革的目标难以实现；三是法官队伍思想波动较大，青年法官担心实行员额制后晋升空间将更小，会更不安心工作。从目前情况看，尽管试点地区都设置了一定的过渡期，但由于改革的目标较高，队伍的结构性调整涉及面广且十分复杂，在5－10年内很难达到比较理想的结果。

建立法官员额制是一项系统工程，从法院系统外部来看，既要考虑辖区经济社会发展情况，又要考虑辖区人口（含暂住人口）数量，还要考虑区域大小；从法院系统内部来看，既要考虑不同审级法院的差异，又要考虑到不同地区法院的差异；既要考虑案件数量的情况，又要考虑到案件类型的差异，还要考虑到案件难易程度的差异；既要考虑法官的工作量，又要考虑法院内部的人案均衡情况，甚至还要考虑法官自身审判经验和审判能力方面的差异。因此，法官员额制改革既是司法体制改革的基础，也是当前改革的焦点和难点，是个长期探索、论证、实践的过程，不可能一步到位、一蹴而就，更不能作简单化、理想化处理。鉴于此，改革试点工作既要立足于我国法院人员的结构现状，又要以科学严谨的分析论证为依据。

### （二）改革可能面临的问题

法官员额制以法官专业化、职业化为目标，自然会提高法官的任职门槛，淘汰不胜任法官职位的人员。从目前各地法院试点工作的实际来看，推行法官员额制可能会遇到以下具体而现实的问题：

第一，如何科学确定法官员额比例。科学确定法官员额比例需要对法院人员结构和法官工作量开展整体评估和科学测算，充分考虑地区、人口、审级差异等因素，最终转化为可量化的统计数据作为法官员额比例的支撑依据。

第二，如何确定法官与审判辅助人员的比例。在法院人员分类管理改革中，如果忽视审判辅助人员的配套设计，势必会影响改革措施落地的实际效果，等将来法官员额全部到位后，审判辅助人员配备不到位，可能会导致改革启动后审判权难以运行。

第三，如何设置改革过渡期的操作性办法。在涉及与法院工作人员切身利益的改革过程中，应避免操之过急和简单的“一刀切”做法，应通过改革过渡期[1]使人员分类管理、法官员额精简、各类人员待遇差别等逐步落实。比如在东部许多存在“案多人少”问题的法院，就不能简单地为了落实改革方案而一味地对法官员额做减法，而应该从法院的工作实际出发对法官员额做加法。

第四，助理审判员的存废问题。有的地方将近5年任命的助理审判员“就地卧倒”转化为法官助理，过于迁就现状，不仅让一些不适任者留在员额内，还挫伤了部分法官的积极性，加速了法官队伍的流失，对助理审判员的改革缺乏合理可操作

[1] 有人指出改革不是一道算术题，在缺乏成熟的法官遴选机制、法官人才结构不合理、审判权运行机制及审判辅助制度不成熟的情况下开展法官员额制改革的风险非常大，应采取由简到难、由宽到严、由上到下、由发达地区到欠发达地区循序渐进的办法推进。参见王圣杰：“激进变革下的隐忧：法官员额制运行的风险剖析与路径选择——从法官员额的设定谈起”，载《中国审判理论研究会2014年年会暨全面深化司法改革促进司法公正理论研讨会论文集》。

的方案。

第五，如何对待未能进入法官员额的法官。按照目前中央提出的法官门槛要提高的改革方案，必然有相当数量的审判人员不能进入法官序列，如何对待这些未进入法官序列的人员的法律职务、福利待遇以及岗位如何安置，都需要认真加以研究。

第六，明确法官员额的配置及其与审判辅助人员的职责范围。在配备相应审判辅助人员的前提下，应在充分调研的基础上明确法官员额配置在各审判业务部门中的具体比例，明确法官与审判辅助人员之间的职责，明确法官以审判为中心开展工作，避免法官陷入大量事务性工作，提高审判工作效率。

### （三）法官员额制改革的初步思路

笔者认为，法官员额制改革应坚持以法官为中心、以服务审判工作为重心，以实现法官岗位责任制和员额化管理为改革目标。把法院人员的结构性调整作为中长期任务，逐步探索确定科学的法官绩效评估指标，建立和完善符合审判规律的法官员额的动态管理机制，推动建立分类科学、结构合理、分工明确的法院人员管理制度，切实提升法官职业化水平，为深化司法体制改革打下良好的队伍基础。

第一，需要结合省以下地方法院人员编制统一改革，商请中央、省级编制管理部门，重新核定各级法院人员编制。人员编制重新核定后，高级人民法院可以在编制总量不变的前提下，对辖区内各法院人员编制进行合理调配，这是法官员额制改革的前提性工作。

第二，确定法官员额的比例。法官员额比例的确定不能简单地在现有各级法院的编制上考虑固定百分比，应根据各级法院的职能定位、司法需求、实际工作量、工作内容和案件难易程度等因素核定。[1]测算法官员额比例，原则上应当以法院的中央政法专项编制为测算基数。[2]高级人民法院可以建立三级法院人员、案件情况统计数据库，立足辖区地域、人口和案件实际情况，尤其是审级差异和人员结构，科学确定不同审级和东、中、西部不同地区法院的法官员额比例和测算基数。

比如可以根据经济发展状况，将我国（港、澳、台地区除外）分为东、中、西三类地区进行测算。法官员额比例可以借鉴我国台湾地区的做法，采取区间比例制和定额制相结合的方法确定，以区间比例制为主，定额制为辅。针对我国部分偏远地区基层法院人员少、案件量小的实际情况，以定额制确定法官员额。需要强调的是，案多人少地区不能简单设定员额限制，更不能因员额制改革影响正常的审判工作。

第三，应明确法官员额的配置范围和职责。比如应明确法官员额原则上配置在行使审判权的审判业务部门，立案、执行部门的法官员额仅配置于行使裁决权的岗位。法官审理案件的

---

〔1〕考虑到法院具体情况的差异，甚至有人专门研究基层法院的情况后提出应该对全国三千多个基层法院进行详细调研，让中级法院初步确定辖区内每一个基层法院的法官员额，调研过程中应收集掌握的数据包括：改革前该院有多少一线办案法官和执行员；最近三年的民事案件、刑事案件和执行案件数量，每个一线民事法官、刑事法官和执行员平均一年办多少案件、案件年均增长率。改革后该院细化到每个庭的每个法官究竟能办多少案件。改革前该院有多少法官和执行员，院领导符合条件留任法官的，其办理的案件数量是普通法官的几分之几。杨永清：“基层法院法官员额制若干问题探讨——以广西梧州市龙圩区法院为样本”，载《中国审判理论研究会2014年年会暨全面深化司法改革促进司法公正理论研讨会论文集》。

〔2〕目前在确定法官员额制测算基数的问题上不尽相同，比如上海法院的改革试点方案是以法院工作人员总数作为测算基数，也有观点认为应以法院审判一线法官数量为基础确定法官员额，参见前述杨永清：“基层法院法官员额制若干问题探讨——以广西梧州市龙圩区法院为样本”。

工作量应以开庭审理、合议定案、制作文书等核心审判工作为限，[1]其他环节的工作在过渡期配齐审判辅助人员的情况下均可以逐步交由审判辅助人员完成。

第四，核定法官与审判辅助人员的比例。法官与审判辅助人员比例的核定应考虑理想和现实的关系。在法院人员数量充足的理想情况下，法官数量低于审判辅助人员符合司法规律，法官在法院人员中的相对比例不高也不等于其在法院中数量就不多。但是，当法官和审判辅助人员人数相对案件数量而言都很紧张的情况时，在总人数不变的情况下进一步减少法官则很难实现改革的目标。我国法院的现实情况是，由于尚未形成以办案法官为中心的法院人员配置模式，法官与审判辅助人员数量呈“倒挂”状态，常常是多名法官或多个合议庭共用一个书记员，牵扯法官大量精力。例如江苏省高级人民法院法官与审判辅助人员的比例约为1∶0.33，南京市法官和审判辅助人员的比例为1∶0.29。因此，法官员额制改革必须与审判辅助人员制度改革协同推进，确保审判辅助人员逐步增补到位。

从世界范围来看，增加审判辅助人员的比例已经是国际趋势。例如，欧盟成员国法官与审判辅助人员比例平均在1∶3左右，其中有25个国家每位法官配备3－4位辅助人员，在爱尔兰、马耳他以及苏格兰甚至超过了5位（最高是马耳他，接近10位），比例较低的国家是卢森堡、摩纳哥和挪威（接近1∶

---

〔1〕王静、夏志阳：“多少法官才算够——基于民事审判核心工作量的实证研究”，载《中国审判理论研究会2014年年会暨全面深化司法改革促进司法公正理论研讨会论文集》。

1)。美国联邦上诉法院法官与审判辅助人员的比例近年来已经达到了1∶5，而根据经济合作与发展组织（OECD）2013年所做的统计，其成员国这一比例接近1∶1.6，其中普通法系国家接近1∶2.2。因此，我国只有着眼于未来，明确法官与审判辅助人员的比例关系，辅之以拓宽审判辅助人员来源渠道、建立审判辅助人员正常增补机制的改革措施，才有可能科学测算出法官未来的工作量，据此合理确定法官员额。

第五，实现法官员额制的过渡期政策。从设定改革过渡期的目标来看，应该让具有较高素质的审判人员进入法官员额队伍，同时通过个人自愿选择和组织安排相结合的方式确定岗位，以司法责任制倒逼淘汰不适应者等方式，逐步实现平稳过渡。

比如各高级法院应组织辖区内法院，对各级法院法官的年龄结构、岗位分布、工作意向、候任人数、编制状况进行调研确定改革过渡期。应设置合理的法官选任机制，不能是论资排辈，而应该让工作业绩突出的年轻法官脱颖而出。对入额法官强化审判责任制，增配审判辅助人员，提高岗位待遇、延迟退休年龄。对暂未入额的法官按照“老人老办法”，保留原法官职务和相应待遇不变，通过进入员额、转岗分流或到龄退休，实现平稳过渡。转入审判辅助人员岗位的，可保留法律职务和相应待遇不变。

**四、从流动性法官的设置看审判资源的配置**

目前，我国法院编制数量主要是以辖区经济社会发展情况、人口数量和案件数量为主要依据。[1]不过在实践中，由于人口的流动和部分法院受理案件数量的急剧上升，不同法院法官和案件的比例出现了不均衡的现象。当前部分法院出现的“案多人少”现象表明，不仅法院受理的案件数量在大幅度上升，而且司法资源配置的失衡还影响到了不少法院的案件审理工作。在实践中，不同地区的法官已经出现了流动的情况，据初步调查，江西、湖南等地的法官近年来逐渐向广东等经济发达地区的法院流动。因此，从内部更换或外部补充法官，都有利于缓解司法资源配置失衡对法院审判工作的影响。在当前和今后一个时期，全国范围内有不少法院都受到司法资源失衡的影响而出现“案多人少”的问题，如何通过建立保证司法权在特定时期有效运转的机制是其中的重要命题，而流动性法官则是规范不同法院审判资源合理配置的重要内容。以下是尝试通过对我国设置流动性法官所做的初步论证，以期从组织机制的角度保证审判资源在全国范围内的有效配置。[2]

第一，设立流动性法官的法律依据问题。我国目前的相关法律和司法解释对案件移送管辖和更换法官的问题都有相应的规定。例如，我国《法院组织法》第20条第2款规定：“基层人民法院对它所受理的刑事和民事案件，认为案情重大应当由

〔1〕2014年6月6日中央全面深化改革领导小组第三次会议审议通过的《关于司法体制改革试点若干问题的框架意见》中将确定法官、检察官员额的依据表述为“根据辖区经济社会发展、人口数量（含暂住人口）和案件数量等情况”。最高人民法院发布的《人民法院第四个五年改革纲要》中则进一步将确定法官员额的依据细化为“结合辖区人口、案件变化情况，综合考虑法院审级职能、一线办案法官工作量、院内人力资源配置等因素，科学测算法官员额”。

〔2〕黄斌：“我国设置流动性法官的思考”，载《人民法院报》2011年6月29日，第8版。

上级人民法院审判的时候，可以请求移送上级人民法院审判。”《最高人民法院关于人民法院合议庭工作的若干规定》第3条规定，“更换合议庭成员，应当报请院长或者庭长决定。合议庭成员的更换情况应当及时通知当事人。”有的国家对流动性法官的设置做出了直接的法律规定，比如在荷兰，根据《司法组织法》第40条、第58条的规定，任一法院的法官都可以被任命为其他所有法院的替代法官，挪威的《法院法》2001年修改时也做了相类似的规定。从更好地审理案件、化解纠纷方面来说，流动性法官的设置为法院及时审理案件提供了审判力量。因此，笔者建议对我国《法院组织法》的有关条文作出修改，增加流动性法官的条款，为流动性法官的设置提供法律依据。

第二，流动性法官的来源问题。流动性法官的重要来源就是从现任法官中确定。西欧各国的实践表明，这些法官可能来源于上级法院、其他法院，也可能来源于本法院。笔者认为，我国既可以考虑在省级或中级法院管辖范围内确定一定比例的法官进行流动，具体可由省高级法院协调，也可以考虑在法院内部以工作量为基础进行流动。因此，流动性法官的设置对于解决目前很多地区法院人案不均衡的问题或许是一种有益的尝试。在厘清人均审理案件的前提下，首先可以通过均衡高级或中级法院下属各基层法院之间的案件数量，从而实现法官人员之间的相对流动，达到人案之间的外部相对均衡；其次可以尝试在基层法院通过打破审判业务庭之间的严格区分，实现案件在法院内部的流动，达到人案之间在法院内部的相对均衡。当然，这种人案均衡绝非简单地对应于法官审理案件数量的比较，而更应从实质意义上加以理解，比如审理案件数不仅考虑案件本身的特性，还要考虑审理法官的具体情况。此外，如何吸纳律师、大学教授等社会资源成为流动性法官也是我们应思考的重要问题。

第三，流动性法官的数量问题。究竟应确定多少名流动性法官看似是一个单纯的技术问题，但实际上蕴含着更为深层次的问题。西欧各国和加拿大的实践表明，并不存在一个绝对确定的流动性法官数额。在确定流动性法官的数量方面，可能需要考虑以下因素：首先是现实需要，比如突发事件频发、处于社会转型期、社会发展不平衡的国家的需求就要大于其他国家；其次是案件的数量和法官比例不均衡的国家的需求可能要大于案件数量和法官数量相对比较均衡的国家；最后，司法管辖区域的大小可能会成为影响流动性法官数量的重要因素，尤其是在我国，各高级法院管辖区域大小不一，管辖范围内各法院受理的案件数量差别也比较大，我们可以在综合衡量案件数量和法官比例的基础上确定流动性法官的数量。

第四，流动性法官的设置问题。考虑到我国法院管辖的实际情况，笔者认为，可以以省级法院为单位设置流动性法官，同时将设置流动性法官的情况报最高人民法院。省高级法院可以建议省内各法院根据实际工作状况上报相应数额的法官作为流动性法官，最后由省高级法院来统筹协调省内各法院流动性法官的需求。法院系统内部被选为流动性法官的，只是被派往其他法院工作时才履行流动时期的职责，工作结束后仍回到自己所在的法院，所有人事关系仍在流动性法官原工作的法院。如涉及全国范围内的流动，则由最高人民法院进行统筹协调。在某种意义上说，这与我国目前存在的某些具有流动性的工作模式存在某些相似性，比如干部挂职锻炼，比如法官服务团等，对于某个接收法院而言，以上做法客观上都增加了法院的工作力量，尽管二者的初衷完全不同，不过法院组织人事部门对于干部挂职锻炼的做法已经形成了较为成熟的工作机制，这对流动性法官的设置应该具有很好的借鉴意义。

第五，流动性法官的组成和流动时间问题。实际需要决定人员构成。在确定流动性法官的组成人员方面，首先可以通过调查研究的方式分析哪些纠纷最需要流动性法官。当然这种需求性也会随时发生变化，这种变化可以通过适时调整流动性法官组成人员体现出来，也可以通过互补的方式确定组成人员。比如，基于民商事案件是数量最多的案件类型的判断，审理民商事案件法官的工作量总体上会大于审理其他类型案件的法官的工作量，那么，在确定流动性法官时，就可以更多地考虑从审理其他类型案件的法官中选择。可以在分析民商事不同类型案件的基础上，区分案件数量最多的类型，再由审理相对较少案件的法官来进行补充。特别要强调的一点是，必须参考被选为流动性法官的人员的实际工作能力，比如，该法官在过去几年审理案件的数量以及法律效果等方面。总之是要把工作能力最强的法官选出来，而不是将流动性法官作为一种福利待遇。在具体的组成结构上，可以由部分较为资深的法官和部分年轻的法官组成，这主要是考虑到工作需求的多样性和资源的合理利用。

流动性法官流动工作的时间同样要考虑各种具体的原因，比如，因地震等突发事件导致法院无法开展工作时，可能需要流动性法官工作的时间会相对比较长；如果是案件数量较多时，需由流动性法官提供工作支持，那么完成工作后即可回到原法院；如果是为了应对某些法官因故不能工作这种情况，那么流动性法官可以工作到原来的法官返回工作岗位，流动性法官也可以再替代其他人，直到该法院恢复到正常状态。

第六，流动性法官的配套机制问题。首先是流动性法官的日常工作与流动时期工作的衔接。流动性法官设置的目的是保证处于特殊时期的法院仍然可以正常运转，让处于特殊时期的公民能够获得司法救济，并保证国家司法权的完整性。其次是经费保障问题。流动性法官的工作大体可划分为平常时期和流动时期。平常时期流动性法官在原法院工作，组织人事关系也在原法院，所有工资福利待遇应由原法院负担，只有在流动时期增加的成本，比如交通、住宿、办公、办案成本等支出应由省级法院统筹，并可考虑将其列入专项支出。再次是组织人事问题，可由各高级法院组织人事部门对本辖区范围内的流动性法官建立档案资料，并定期更换人员档案，以利于合理配置流动性法官。最后是培训机制问题。针对流动性法官的培训，既可以是专门的集中培训，也可以是组织参加各种专项培训，或者是组织参与研讨活动，或者是组织开展相关交流活动，在培训内容方面，既可以有法律专业知识，也可以有较为全面的社会科学知识，比如心理学、管理学等方面的内容。

## 结 语

在优化配置司法资源方面，既包括法院外部的法院经费保障、法院编制的增加；也包括法院系统内部审判资源的合理配置，以及不同法院之间审判资源的配置。如何配置更为合理？至少从目前各地法院的实践来看，审判资源的合理配置在不同领域表现为不同的形式。对于人民法院来说，以审判为中心、以法官为主体、以公正为前提、以案件为基础应是优化配置审判资源的基本原则。

# 第五章　诉讼程序中的效率改革

## ——以南京市法院开展小额诉讼试点为例

## 引　言

2011年3月，最高人民法院《关于部分基层人民法院开展小额速裁试点工作指导意见》规定，自2011年5月1日起，在90个基层法院开展小额速裁试点工作。试点工作的广泛开展主要基于以下两个方面的考虑：一是现有司法制度设计在满足民众接近司法的需求方面存在缺陷。我国20世纪90年代的民事程序改革以构建适应市场经济的商事审判程序为目标，推动整个民事诉讼制度向专业性、规范性、对抗性方向发展。《民事诉讼法》规定的简易程序只是普通程序的简化形态，除审判组织和审理期限有明显差别外，其他并无明显界限。这种单一的专业化的诉讼程序制度设计在民众接近司法方面设置了巨大的障碍。特别是在城市所在的基层法院，律师介入诉讼成为常态[1]，导致当事人耗费巨大的经济成本和时间成本。因此，对于小额案件，高成本的诉讼程序设置显然并不符合理性人的司法需求。二是我国司法资源的供求失衡状况依然存在。我国的立法和制

〔1〕 在2011年南京市鼓楼区法院受理的6142件一审民事案件中，当事人一方或双方聘请律师代理的有3480件，占案件数的56.66%。

度设计一直沿循以扩大司法供给满足需求的思路。近年来，从道路交通事故纠纷到劳动争议的处理，都采取了向司法集中的制度设计，加之诉讼费改革的影响，造成“案多人少”呈全面蔓延态势。加之我国信访制度的积弊，大量司法资源被投入到涉诉信访案件的处理中，更加剧了司法资源的供求失衡。在这一现实情况下，“繁简分流”成为法院在实践中努力追求的案件处理方式。与此不协调的是，现行立法有关简易程序的规定愈发不能满足法院快速、便捷、低成本解决大量小额、简单纠纷的迫切要求，所谓“简而不简”的问题更加明显。[1]

笔者所选择的两个法院中的南京市玄武区人民法院是最高人民法院确定的试点法院之一，而南京市鼓楼区人民法院则是中国－欧盟/联合国开发计划署“公平发展、公共治理”项目确定的试点法院之一，两个同处一地的法院同时就小额诉讼开展试点工作，对其试点进行追踪和比较分析是一次难得的研究过程。

## 一、小额诉讼机制的基本理论

小额诉讼程序存在广义和狭义之分。广义上的小额诉讼程序与一般的简易程序并无严格区别，仅仅是诉讼标的额和简易程序有所不同而已。[2]而狭义上的小额诉讼程序通常是指，各国在民事司法改革中为改革传统民事诉讼的弊端，简化诉讼程序，防止诉讼拖延，降低诉讼费用而实行的一种有别于简易程序的新类型程序，目的是实现司法的平民化和大众化。[3]广义

〔1〕参见王亚新：“民事诉讼法修改中的程序分化”，载《中国法学》2011年第4期。

〔2〕范愉：“小额诉讼程序研究”，载《中国社会科学》2001年第3期。

〔3〕肖建华主编：《民事诉讼立法研讨与理论探索》，法律出版社2008年版，第296页。

概念否定了小额诉讼程序作为一项独立诉讼程序的特有价值，不能明确区分小额诉讼程序和简易程序的差异，相比而言，笔者更倾向于接受小额诉讼程序作为一种独立诉讼程序的狭义概念，小额诉讼程序的独立性最根本的体现就在于，其程序理念和价值是为了方便民众接近司法。

（一）小额诉讼机制的价值定位

小额诉讼程序作为各国民事诉讼司法改革的重要领域，其产生和兴盛的背后蕴藏着深厚的社会价值需求。

1. 当事人“接近正义”的机会平等

在现代法律话语体系中，在诉权作为“获得公正司法的权利”而成为一种宪法性基本权利的背景下，司法能有效地为所有人接近成为真正现代司法审判制度的基本特征之一。[1]为保障当事人“有效接近”司法的权利，国家有义务对纠纷解决机制予以改进和完善，减少民众借助纠纷解决机制的困难和障碍。小额诉讼程序正是为了解决正式司法在民众接近司法的需求方面存在的缺陷，特别是因诉讼的过度专业化、程式化、技术化和对抗性而产生的对正式民事诉讼制度的补充。其基本思路是，对于涉案金额不足以动用普通程序审判的案件，从程序利用者的立场出发，遵循“小额性—普通人—通人情的构造”这一制度逻辑，[2]对精密设计的、专业化程度较高的司法程序进行简化。

---

〔1〕［意］莫诺·卡佩莱蒂等：《当事人基本程序保障权与未来的民事诉讼》，徐昕译，法律出版社2000年版，第40页。

〔2〕参见［日］小岛武司：《诉讼制度改革的法理与实证》，陈刚、郭美松等译，法律出版社2001年版，第102页。

2. 实现程序效益最大化

毋庸置疑，公正是民事诉讼程序追求的核心价值。但如果因为程序的复杂和专业而导致诉讼成本过高，无论审判能够怎样完美地实现正义，人们也会放弃通过审判来实现正义的希望。[1]因此，在法治国家，诉讼程序保障需要具备两方面内容：一是有关追求达成慎重而正确裁判的程序保障，有助于发现真实以追求实体利益；二是有关追求达成迅速而经济裁判的程序保障，有助于促进诉讼，追求程序利益。对于小额案件而言，当事人一般不愿意忍受高昂的诉讼费用和漫长的诉讼周期，宁愿以最低诉讼成本支出尽快解决纠纷。对此类案件采取小额诉讼程序可以充分实现当事人所期待的程序利益，促进程序效益最大化。

3. 符合费用相当性原则

费用相当性原则是指，在当事人利用诉讼程序或法官运作审判制度的过程中，不应使法院（国家）或当事人（个人）遭受期待不可能之浪费或利益牺牲。[2]费用相当性原则对程序设置和运作提出了两方面的要求：从宏观上，要优化司法资源配置，民事诉讼制度应当按照纠纷的类型分化设置；从微观上，要对小额案件尽量降低诉讼成本，简化诉讼程序，缩短诉讼周期。

（二）小额诉讼机制的立法模式

1. 英国和美国

小额诉讼于20世纪初期起源于美国，设立的初衷是让民众

---

〔1〕 参见［日］棚濑孝雄：《纠纷的解决与审判制度》，王亚新译，中国政法大学出版社1994年版，第266页。

〔2〕 参见邱联恭：《司法之现代化与程序法》，三民书局1992年版，第272页。

直接参加小额案件的审理，降低诉讼成本，提高诉讼效率。马萨诸塞州率先于1920年在全州范围内采用小额诉讼程序，目前，该程序已经基本在全美得到了普及。〔1〕在英国，1973年有关郡法院民事诉讼程序法律的修改通常被视为引进小额诉讼的起点。2005年，英国公布了对新《英国民事诉讼规则》的第40次修订，其中对小额诉讼程序进行了大范围的增补和调整。尽管英、美两国具体的小额诉讼制度千差万别，但其各自的小额诉讼制度设计仍具有一些可以提炼的共同特征：包括对律师代理的排除或限制、程序设计及实际运作追求简易便捷、低廉、非形式性和非技术性、当事人享有程序选择的机会、严格限制上诉等。〔2〕概言之，英美国家小额诉讼程序是在区别于普通法庭的治安法庭所适用的一种独立程序，其职权性、非形式性及简易性与普通程序的高度对抗性、形式性与技术性形成鲜明的对比。

2. 德　国

根据德国《民事诉讼法》的规定，诉讼标的金额在600欧元以下的财产权及非财产权案件，无需当事人选择及申请，自根据原告的诉状确定诉额以后即自动交付小额诉讼程序处理。〔3〕该小额诉讼程序特征主要包括：法官可以自由裁量决定程序进行的样式、可以书面审理、可以通过书面回答或电话询

〔1〕 参见王亚新：《对抗与判定——日本民事诉讼的基本机构》，清华大学出版社2010年版，第289页。

〔2〕 参见王亚新：《对抗与判定——日本民事诉讼的基本机构》，清华大学出版社2010年版，第289－296页。

〔3〕 德国法院仅针对600欧元以下的财产案件可适用上诉权受限的小额诉讼程序。参见［德］罗森贝克、施瓦布、戈特瓦尔德：《德国民事诉讼法》，李大雪译，中国法制出版社2007年版，第803页。

问等灵活方式调取并审查证据、对判决书记载内容可以省略。[1]德国小额诉讼程序可以说是普通程序的简易形态，与普通程序并无质的区别。这种制度设计的理念基础是费用相当性原则，即为当事人提供的程序保障应当与可能得到实现的权利限度及付出的成本保持平衡。

3. 日 本

日本于1996年完成了对《民事诉讼法》的修改，此次修改最引人注目的地方就是用第六编专编规定了小额诉讼程序。[2]日本的小额诉讼制度设计的主要特征包括：事先给予当事人在小额程序和普通程序之间进行选择的充分机会、以开庭一次即告结案为原则、对当事人能够提出申请并要求审查的证据种类作出重大限制、口头辩论大幅度简化、禁止上诉等。从这些特点看，日本的小额诉讼程序更接近于英美法系把小额诉讼作为与普通程序相区别的另一种特殊程序的设计。但小额诉讼由审理普通一审案件的职业法官负责处理的方式又更接近于大陆法系的框架。因此，可以说日本的小额诉讼制度大致被定位在处于英美法和大陆法的制度设计之间某一个位置上。[3]

4. 比 较

综观上述各国的小额诉讼制度和运行模式，其共通点在于小额诉讼的价值和功能。这项制度的创设从根本上都是为了让

〔1〕 参见王亚新：《对抗与判定——日本民事诉讼的基本机构》，清华大学出版社2010年版，第297页。

〔2〕 参见王亚新：《对抗与判定——日本民事诉讼的基本机构》，清华大学出版社2010年版，第301页。

〔3〕 参见王亚新：《对抗与判定——日本民事诉讼的基本机构》，清华大学出版社2010年版，第305页。

民众更加便捷地接近司法，能够更加有效地在保障基本正义的前提下提高司法效率。而他们的差异在于对小额诉讼价值和功能的优先选择。英美国家由于具备程序保障水平较高的正式司法程序，其小额诉讼程序更侧重于追求简易、迅速、低廉地处理纠纷；德国的小额诉讼优先选择的是尽量维持程序保障的基本水准；日本的小额诉讼则试图在尽量维持程序保障的基本水准与最大限度地追求简易、迅速、低廉的纠纷处理之间保持平衡。这些制度设计都是在原有的司法传统和制度的基础上，根据现实状况和价值追求而作出的理性构建。从实际运行上看，英美两国的小额诉讼程序在司法效率和案件分流上更有优势，而德国的小额诉讼程序在民众得以接近司法上更具有说服力，毕竟，德国发达的非诉制度已经分流了案件总量的大半，小额诉讼更重要的反而是方便民众接近司法的政治意义或者符号价值。日本的小额诉讼程序由于施行时间不长，具体效果尚不明显。总体而言，小额诉讼的构建和具体制度设计不能脱离各国特定的现实背景和司法传统。

## 二、小额诉讼机制在南京法院的试点探索

### （一）试点探索

#### 1. 南京市玄武区人民法院的探索

南京市玄武区人民法院作为江苏省高级人民法院指定的试点单位之一，自 2011 年 5 月开始试点工作，目前已形成比较成熟的工作机制，取得了明显的工作成效。该院采用在主要业务庭设立诉讼法官的审判组织模式。在小额诉讼的制度方面，适用的是《江苏省高级人民法院关于适用小额速裁审理民事案件的意见》（以下简称《小额速裁意见》）。2011 年 5 月至 2012 年

3 月，该院新收民事一审案件中符合小额诉讼条件的案件共 343 件，占同期新收一审民事案件的 7.2%，其中当事人选择适用小额诉讼程序的案件有 330 件，占符合小额诉讼条件案件的 96%。小额诉讼的类型多样但不均匀，具体如下：

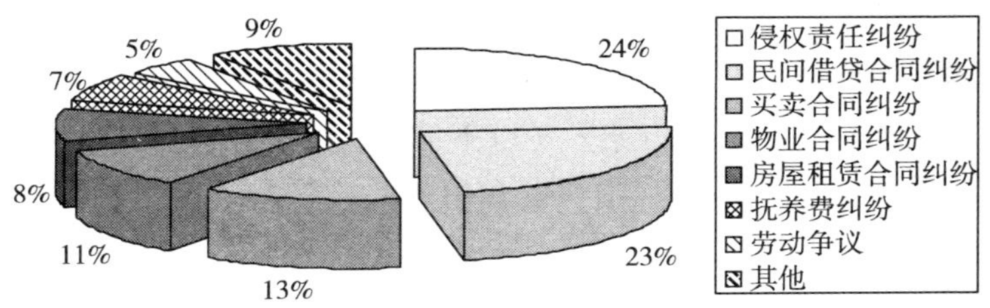


**图 1 南京市玄武区法院小额诉讼类型及其分布**

通过小额诉讼程序审结案件 319 件，其中调解 243 件，撤诉 73 件，判决 3 件。试点以来，小额诉讼案件的平均标的额为 18 729元。具体如下：

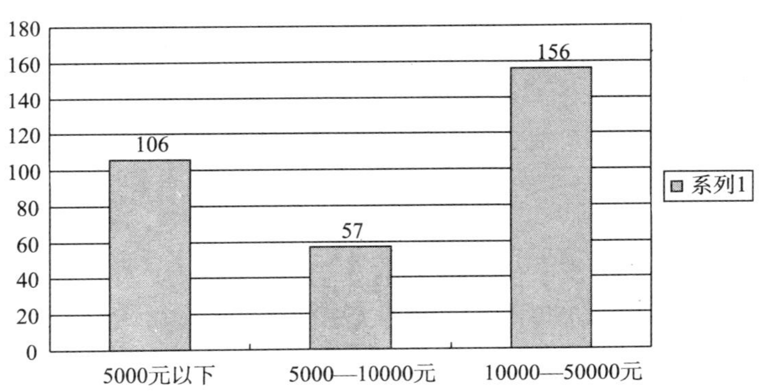


**南京市玄武区法院小额诉讼案件数量分布**

2. 南京市鼓楼区人民法院

南京市鼓楼区人民法院是最高人民法院与欧盟、联合国开发计划署合作的“公平发展、公共治理”项目下“司法成本与司法效率”子项目的试点法院。自 2010 年 11 月起，该院开始小额诉讼试点工作。该院同样采用在主要业务庭设立诉讼法官的审判组织模式，由 1 名法官、1 名法官助理和 2 名书记员驻扎在民一庭负责小额案件的审理工作。与玄武法院相比，该院的小额诉讼试点不受上级法院指导性文件的约束，因此，制度设计和具体运行方面更为灵活自由，拥有一定的自主权。该院制定了《小额诉讼运行方案》（以下简称《小额方案》），确立了小额诉讼程序的受案范围、审判组织、送达方式、审理方式和救济途径等。2010 年 11 月至 2012 年 3 月，该院新收民事一审案件中符合小额诉讼条件的案件共 1083 件，占同期新收一审民事案件的 10.85%，其中当事人选择适用小额诉讼程序的案件有 764 件，占符合小额诉讼条件案件的 70.5%。小额诉讼的类型多样，具体分布如下：

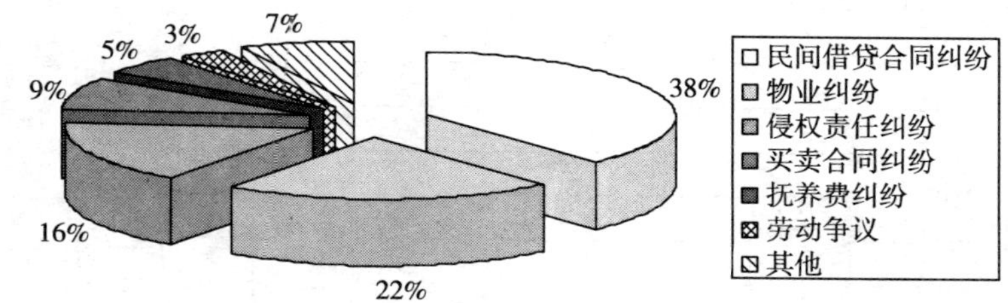


**图 2　南京市鼓楼区法院小额诉讼类型及其分布**

通过小额诉讼程序审结案件 752 件，其中调解 465 件，撤诉 273 件，判决 14 件。试点以来，小额诉讼案件的平均标的额为 14 382 元。具体分布如下：

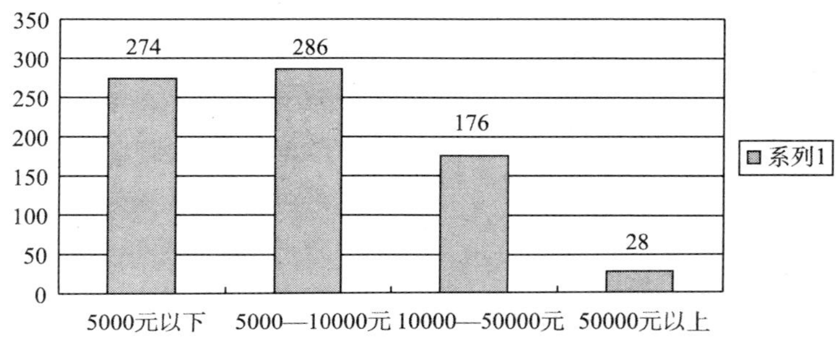


**南京市鼓楼区法院小额诉讼案件数量分布**

从试点情况看，小额诉讼个案的处理效率明显提升。在此，我们对该院两起相似案件分别适用小额诉讼程序和简易程序审理的情况作一简单对比。[1]两起案件均为民间借贷纠纷，案件标的额均为3万余元，案件事实都比较清楚，有直接证据证明。但案件的处理效率呈现明显差异：

**表1 小额诉讼程序与简易程序比较表**

| 程序 | 小额诉讼程序 | 简易程序 |
|---|---|---|
| 送达 | 立案后第二天送达 | 立案后第二天送达 |
| 答辩 | 告知被告当天提出答辩意见，被告未提异议而视为默示放弃答辩期权利 | 严格按照法律规定给予对方15天答辩期 |

〔1〕 案号分别为（2012）鼓民初字600号和（2012）鼓民初字第561号。2012年3月14日，中国－欧盟/联合国开发计划署“公平发展、公共治理”合作项目中“司法成本与司法效率研究”子项目专家组到鼓楼法院对该院的小额诉讼试点情况进行实地考察，分别旁听了这两起案件的庭审。

续表

| 程序 | 小额诉讼程序 | 简易程序 |
|---|---|---|
| 开庭 | 送达后第二天安排开庭，庭审中被告承认借款事实，省略了对借款的事实调查和辩论，仅就还款方式做双方工作，被告坚持称没钱还，最终直接判决。庭审过程约 20 分钟 | 答辩期满安排开庭。庭审中严格按照法律规定相关环节进行，庭审结束前法官在明确双方都有调解意愿的前提下，组织双方调解，最终达成一致。过程约 1 小时 |
| 结案 | 当庭制作并送达判决书，被告明确表示不上诉 | 当庭制作调解书 |

从上表可以看出，小额程序的效率优势集中体现在答辩期的缩短（默示放弃规则的适用）和庭审过程的简化。小额程序耗时 3 天，简易程序耗时 18 天。需要说明的是，该简易程序是当庭调解结案，较一般案件已经省去了庭审后的继续调解和制作送达法律文书的时间成本，在简易程序中已属“简易”。小额程序的效率性由此可见一斑。

（二）比　较

1. 制度设计比较

两家试点法院在小额诉讼制度设计上，呈现出明显差异，主要表现在以下几个方面：

**表2　小额诉讼试点法院情况比较表**

| 试点法院 | 玄武法院（《小额速裁意见》） | 鼓楼法院（《小额方案》） |
|---|---|---|
| 适用范围 | 对于法律关系单一、事实清楚、争议标的金额5万元以下的下列给付之诉的案件，可以适用小额速裁。包括：①权利义务关系明确的借贷、买卖、租赁和借用纠纷案件；②身份关系清楚，仅在给付的数额、时间上存在争议的抚养费、赡养费、扶养费纠纷案件；③责任明确、损失金额确定的道路交通事故损害赔偿和其他人身损害赔偿纠纷案件；④权利义务关系明确的拖欠水、电、暖、天然气费及物业管理费纠纷案件；⑤权利义务关系明确的欠款纠纷案件；⑥劳动关系明确，仅就劳动报酬、工伤医疗费、经济补偿或者赔偿金的给付存在争议的劳动争议纠纷案件；⑦其他可以适用小额速裁的案件 | 当事人请求给付金钱、有价证券或者特定物，其诉讼标的额在50 000元（或上年度法院所在地城镇职工年度平均工资）以下的；当事人请求给付金钱、有价证券或者特定物，其诉讼标的额在50 000元以上，但案件矛盾小，争议事实清楚，法律关系明确，当事人双方书面合意选择小额诉讼程序的。当事人请求给付金钱、有价证券或者特定物，其诉讼标的额在50 000元以下，但案件涉及离婚、收养、侵权等人身性质的，或者当事人对纠纷事实争议较大、法律适用存在困难的，一般不宜适用小额诉讼程序，当事人合意选择的除外 |
| 适用次数 |  | 为防止当事人滥用小额诉讼程序，同一原告在同一法院每年依据小额诉讼程序请求审理、裁判案件的次数不得超过5次 |

续表

| 试点法院 | 玄武法院（《小额速裁意见》） | 鼓楼法院（《小额方案》） |
| --- | --- | --- |
| 程序异议 | | 当事人就适用小额诉讼程序提出异议，人民法院认为异议成立的，或者人民法院在审理过程中发现不宜适用小额诉讼程序的，应当将案件转入其他程序审理。当事人提出适用小额诉讼程序异议的，应当在答辩期满前提出 |
| 审判组织 | 适用小额速裁审理的案件，由审判员一人独任审理 | 小额诉讼的主持可由法官进行，亦可由获得任命的法官助理进行 |
| 庭前准备 | | 强化法官或法官助理的职权主义，在正式开庭前，做好全面的释明工作，明确双方的争议及攻防要点以及庭审中需要准备的证据或证人 |
| 审理方式 | 在庭审时间方面，可以根据当事人的申请安排在晚间、休息日进行调解或开庭。在询问证人方面，可以灵活安排询问证人的时间和方式。在庭审中简化程序环节，法庭调查和法庭辩论可以结合进行，灵活掌握。适用小额 | 案件审理过程中，当事人应当庭提交全部的证据，申请出庭的证人必须到庭。当事人申请法院进行证据调查或者要求进行评估鉴定的，人民法院审查后认为时间费用与诉讼请求明显不相当的，可以不予准许。小额诉讼实 |

续表

| 试点法院 | 玄武法院（《小额速裁意见》） | 鼓楼法院（《小额方案》） |
| --- | --- | --- |
| 审理方式 | 速裁审理的案件，应当一次开庭审结，但人民法院认为确有必要再次开庭的除外 | 行一次言词辩论终结诉讼，并由当事人亲自到庭进行言词辩论。小额诉讼程序原则上一次开庭期日内审理终结。禁止当事人庭审过程中提起反诉。小额诉讼程序过程中，双方当事人同意以及人民法院认为适当的情形下，可采取书面审理的方式进行 |
| 程序转换 | 人民法院对具有下列情形之一的，应当终止适用小额速裁：经审查不符合本意见第3条规定的适用小额速裁案件范围的；当事人提出管辖权异议的；经审查不符合《民事诉讼法》第108条的规定，可能被驳回起诉的；当事人变更诉讼请求、追加当事人或者提出反诉的，但当事人双方同意继续适用小额速裁并经人民法院准许的除外；需要进行鉴定、审计、评估的；出现新事实、新证据导致案件疑难复杂的；其他不适宜继续适用小额速裁的情形 | 如当事人变更诉讼请求，变更后诉讼请求的标的如超出小额诉讼受案标的，应转入简易程序或普通程序审理 |

续表

| 试点法院 | 玄武法院（《小额速裁意见》） | 鼓楼法院（《小额方案》） |
| --- | --- | --- |
| 代理限制 | | 适用小额诉讼程序的案件，禁止律师或者其他法律工作者作为代理人，法律援助的情形除外 |
| 救济途径 | 当事人应当在判决书送达之日起十日内提出异议申请，未在十日内提出异议申请的，判决发生法律效力。当事人的异议申请应当向原审人民法院提出 | 小额诉讼程序的判决为终局判决，当事人不得上诉。当事人对判决结果确有异议的，可在宣判后 7 日之内向原审法院申请复核 |
| 执行 | 适用小额速裁审理的案件，应做到审执并重、审执结合，促使当事人即时履行判决和调解协议。对于适用小额速裁审理的案件，人民法院应当优先执行 | 适用小额诉讼程序的案件，判决时应告知被告不履行判决的义务时可能会被采取的强制措施。适用小额诉讼程序案件当事人判决后不履行的，可由原审判法官执行 |

2. 程序运行情况比较

从实际运行情况看，两家法院小额诉讼的适用范围大体一致，在分流案件数量上效果一般。主要原因在于二者都处于南京中心城区，经济较为发达，标的额为 5 万以下的案件数量比例不高。从小额诉讼效率上看，玄武法院平均审理天数为 7.1 天，鼓楼法院平均审理天数为 5.2 天，审判效率有少许差距。主要原因在于，鼓楼法院在小额诉讼中更加强调准备程序，确保主持者能够一次开庭审结，同时设计了更为便捷的表格化裁判文书，当庭制作裁判文书并当庭送达，从而减少了时间损耗。从程序转化上看，都不存在当事人在小额诉讼程序中主动申请转入其他程序处理的情形，但玄武法院有 3 件案件由于超过了一个月的审理期限而依法转入其他程序处理，鼓楼法院则没有因超期而转换程序的案件。这 3 件案件都存在律师代理现象，案件双方对抗性较强，在调查取证等方面耗费了大量时间，导致诉讼效率相对下降。

总体而言，两家试点法院在分流案件方面成效相对一致；但在诉讼效率的比较上，鼓楼法院由于其制度设计和运行的灵活自主性，具有一定的比较优势。

（三）困　境

在试点过程中，均发现存在一些共性问题：

第一，基于合法性的要求，小额诉讼的有关规则无法完全实施。小额诉讼制度便捷灵活的很多特性体现在其独特的制度设计上，但在试点过程中囿于现有法律的规定，这种便捷的制度特色难以适用。例如不得上诉的规定，在法律明确规定二审终审的情形下，即便当事人事先同意适用小额诉讼规则，事后也可以反悔，而法院更落下内部规定违反法律规定的口实。

第二，小额诉讼与诉前调解职能交叉，实际运作中的优势并不明显。试点工作开展以前，小额案件大多通过诉前调解程序解决。与诉前调解相比，小额诉讼程序在效率上并无明显优势，一定程度上也影响了对试点工作的积极性。

第三，部分试点做法有待进一步改进。试点中发现一些规定不够完善，甚至有些内容未予规定，如判决文书缺乏统一样式；小额诉讼案件的流程管理主要依赖于人工操作，案由的确定和案件数量的统计均不尽规范等。

### （四）展　望

在南京两家法院开展的小额诉讼程序试点工作都获得了最高人民法院的批准。从对二者的比较可以看出，鼓楼法院的小额诉讼程序试点更富有自主性、创新性和灵活性；而玄武法院的小额速裁试点更多是在最高人民法院设定的试点框架内开展工作。形象地说，玄武法院的小额速裁试点是完成最高人民法院的“规定动作”；而鼓楼法院的小额诉讼程序试点则是最高人民法院批准下的“自选动作”，被赋予了更多的灵活性和创新性。但可以肯定的是，同一地区两家法院同时开展小额诉讼程序的试点，确实能形成一种“竞争性试点”的格局。通过比较和对话，取长补短，不仅能丰富各自的试点工作，而且从整体来看，也能在推动我国小额诉讼程序尽快走向成熟方面做出贡献。

两家法院的试点工作取得了明显的成效，但由于各方面因素的制约，试点的案件数量、效果和影响还有进一步提升的空间。从现有做法的经验和存在的不足两方面出发，结合前瞻性、可操作性和实效性的考虑，有必要对民事诉讼程序予以区分，在简易、普通程序外单独设立具有自身特色的小额诉讼程序。在具体的制度设计上，先要明确小额诉讼的制度价值和功能定位。目前部分法院在小额诉讼的试点过程中认为纳入小额诉讼的案件数量过少，建议将小额的标准再予提高。小额诉讼的首要制度价值并不在于分流案件，而在于通过对小额案件设置专门的去专业化的程序，使民众自身就能够便捷、高效、低成本的接近司法，分流案件仅仅是小额诉讼制度附带实现的功能。小额诉讼程序的高效是通过限制当事人的一部分诉讼权利来实现的，因此，有人把小额诉讼贬为“二流司法”或“廉价正义”。[1]小额诉讼的标的额设定过高显然会违背程序设置的初衷。当然，目前司法资源供求失衡的现状更不应被漠视。所以，小额诉讼的制度设计应当着重对小额诉讼的适用范围作出更加灵活的规定，在案件处理过程上更加强调法官职权主义和便捷性，实现“简出效率”的目标。同时，在制度设计上要注重与调解机制有效衔接，促进纠纷向诉讼外解决机制分流，以充分发挥实效。概言之，小额诉讼程序设计的关键，是如何在维持程序保障的基本水准与最大限度地追求简易、迅速、低廉的纠纷处理之间保持平衡。

## 三、小额诉讼机制的制度构建

基于实践的总结与反思，小额诉讼机制存在如下完善建议：

### （一）适用范围

从各国的经验来看，小额诉讼的案件范围应当以标的额大小兼顾案件的类型为标准。

#### 1. “小额”的界定

各国通常根据符合本国经济发展水平的居民收入标准来确定小额案件的最高标准。美国加州法院规定所谓小额的标的额是每件2500美元，但可以将两个请求合并不超过5000美元，[2]2500美元不足居民平均月工资；《日本民事诉讼法》规定为30万日元以下[3]，30万日元约合居民平均月工资；我国台湾地区

[1] 范愉：“司法资源供求失衡的悖论与对策”，载《法律适用》2011年第3期。

[2] 参见范愉：“小额诉讼程序研究”，载《中国社会科学》2001年第3期。

[3] 参见王亚新：《对抗与判定——日本民事诉讼的基本机构》，清华大学出版社2010年版，第301页。

为新台币 10 万元，则高于居民月收入而不足年收入。将“小额”界定在月收入与年收入之间较为妥当，也更满足民众对“小额”的接受度和认可度。当前，玄武法院《小额速裁意见》和鼓楼法院《小额方案》确定的“小额”都是 5 万元，按前述界定标准来看偏高。即便在经济发达的东部地区，5 万元也明显高于居民的年收入水平〔1〕，不符合通常人所理解的“小额”。如果以 5 万元为标准，可以设想大量案件进入小额程序处理完毕后，一些当事人对于裁判结果不满就会以种种理由提起异议、申诉甚至引发信访，从而造成大量后续司法成本的增加。在鼓楼法院适用小额诉讼审理判决的案件中，已有 2 件案件由于对判决结果不服而上诉，并对小额诉讼程序的合法性提出质疑。

从理性人的行动策略分析，行为的成本总是要与其可以期待的利益相挂钩的，如果小额程序设计的标的数额过高，当事人不服裁判结果而求助于其他耗费大量时间、金钱、精力的救济方式方法也就不足为奇。因此，考虑到我国经济发展状况和地区发展不平衡的现实，建议由最高法院在全国范围内制定一个最高限额，再授权各地高级法院根据本省的具体情况和人民的收入水平确定本地的标准。借鉴国外立法例，以不超过受诉法院所在地（县市）人均年收入的 20%—30%（相当于两三个月工资）为宜，这也与通常人所理解的“小额”相适应。〔2〕从前述小额诉讼案件的标的额分析，5000 元以下案件比例达 40%

---

〔1〕 根据南京市统计局、国家统计局南京调查队发布的《南京市 2011 年国民经济和社会发展统计公报》，2011 年度，南京城市居民家庭人均总收入为 35 918 元。

〔2〕《民事诉讼法修正案（草案）》规定的标的额 5000 元以下的民事案件实行一审终审，这里的 5000 元正是一种对小额的理解，较为合理，但失之于过于统一，未考虑我国经济发展严重不平衡的现状。

左右，这种“小额”的界定能够在满足费用相当性原理的基础上最大限度满足分流案件的需要。

2. 案件类型

小额诉讼的案件类型应当限于金钱给付请求或者其他替代物、有价证券给付请求的案件。涉及离婚、收养等人身性质的案件不宜适用小额诉讼程序，主要是由于具有人身性质的案件不适宜以金钱价值来衡量，也无法衡量〔1〕，同时，此类案件有关人的身份关系，关系到社会的公序良俗，还是由法院依照正规程序进行审理为宜。〔2〕

（二）程序启动

1. 一般启动方式

小额诉讼程序是按照费用相当性原理针对小额案件的特点而设计的，从案件的快速便捷处理和司法资源的节约考虑，应当对小额案件强制启动小额诉讼程序。当前司法实践中，案件审理效率不高的一个重要原因就是当事人滥用诉讼权利，人为地造成案件审理的不当拖延。〔3〕可以想象在降低小额标准后，如果由当事人选择适用，部分案件当事人可能会出于拖延诉讼的考虑而不选择小额诉讼程序，使程序选择权成为当事人滥用权利的理由，也违背了小额诉讼程序设立的初衷。

2. 特殊启动方式

“民事程序选择权的精髓在于让当事人自己在发现案件真实

〔1〕肖锋：“小额诉讼程序的价值定位与制度分析”，载《法律适用》2011年第7期。

〔2〕肖建华主编：《民事诉讼立法研讨与理论探索》，法律出版社2008年版，第305页。

〔3〕肖锋：“小额诉讼程序的价值定位与制度分析”，载《法律适用》2011年第7期。

与促进诉讼二者之间权衡。"[1]基于当事人的程序选择权原理，对于争议金额在小额诉讼程序限额以上又在特定金额以下的财产案件，双方当事人可以合意选择。这一特定金额可以相对较高，这种合意选择依赖于诉讼费用制度、律师费补偿制度的规定给予小额程序选择者设定的明显优惠。合意的方式可以灵活多样。

3. 程序启动限制

小额诉讼程序主要是为了保证让更多的民众得以接近司法，让有限的司法资源得到合理分配。因此，必须防止小额诉讼程序被当事人滥用，沦为讨债公司、分期付款销售公司等的讨债工具。很多国外立法均对此作出明确限制，《日本民事诉讼法》规定，同一原告一年之内在同一简易裁判所提起的小额诉讼不得超过10次。[2]尽管试点过程中未发现滥用小额诉讼程序的情形，但从制度设计的前瞻性考虑，应当明确限制特定主体适用小额诉讼程序的次数。同一原告在同一法院每年依据小额诉讼程序请求审理、裁判案件的次数不得超过5次。

4. 管辖法院

从级别管辖来看，小额诉讼程序只能在基层法院适用。从地域管辖分析，同样应适用"原告就被告"原则，以防止原告滥用诉权，同时也方便法院传唤被告、调查取证和执行。

（三）主持者

小额诉讼程序可由实务经验丰富的法官主持，也可由经过

---

〔1〕 邱联恭：《民事程序选择权的法理》，三民书局1993年版。

〔2〕 参见王亚新：《对抗与判定——日本民事诉讼的基本机构》，清华大学出版社2010年版，第303页。

专门的法律培训、有一定的实务经验和调解能力的法官助理主持。由非职业法官承担小额诉讼事务，可以降低公共成本，节约司法资源。从鼓楼法院的试点情况看，法官助理在小额诉讼案件的处理上基本发挥了和法官同等的作用，处理的案件数量相当，效果良好，无当事人投诉。由具备一定司法职业素质的法官助理担任小额诉讼程序主持者不但可欲，而且可行。

（四）审　理

1. 审理前准备程序

小额诉讼程序的便捷高效很大程度上依赖于法院对相关事务的准备程序。小额诉讼的开始首先由书记员介入，因此书记员应当尽可能地向当事人提供相关程序方面的咨询，及时给当事人提供相关诉讼资料，保证当事人能够及时、迅速和全面了解小额诉讼相关程序。小额诉讼主持者要及时熟悉相关的法律、法规和政策，特别是涉及特定案件时，还应当熟悉相关的风俗习惯，对案情进行全面深入地了解，明确双方的争议及攻防要点，以及庭审中需要准备的证据或证人。为了保障小额程序的顺利进行，还要对小额诉讼的场所、设备进行周到的安排，应当制作图表、视频等能更好地进行展示的工具，以便当事人能更好地熟悉和了解案件的事实。

2. 审理过程的简化

小额诉讼程序完全适用诉讼法原理，无法实现小额诉讼所追求的司法效率价值，必须部分地适用非讼法律，强化法官或法官助理的职权主义。具体包括：其一，默示放弃规则。鼓楼法院在试点中规定了默示放弃规则，运行效果良好，较好地限制了当事人拖延诉讼的情形，未产生当事人异议或投诉。默示放弃规则是指当事人对于审判人员作出的程序限制未明确提出异议的，视为默示放弃。例如，对于答辩期除设置了7天答辩期的一般规定外，审判人员认为有必要时可以明确要求被告当天答辩，当事人不就答辩期提出异议的，视为当事人默示放弃答辩期。其二，小额诉讼实行一次言词辩论终结诉讼，并由当事人亲自到庭进行言词辩论。其三，放宽小额诉讼程序案件审理时间，可以在夜间、休息日甚至法定节假日进行。其四，限制调查取证范围，在案件审理过程中，当事人应当庭提交全部的证据。当事人申请法院进行证据调查或者要求进行评估鉴定的，人民法院审查后认为时间费用与诉讼请求明显不相当的，可以不予准许。其五，对于庭审中的直接言词原则予以一定限制。案件审理过程中，证人、鉴定人可以提交书面证言、鉴定结论。其六，增加可以进行书面审理方式的规定。在双方当事人要求并且法院认为适当的情形下，可以进行书面审理。

3. 文书的简化

小额诉讼可以书面起诉状的形式提出，也可以表格化诉状或口头的形式提出。以口头形式提出的，由法院书记员记明笔录。庭审结束后，当事人有特别要求制作裁判文书的，可使用表格化判决书，仅记载判决主文，在必要时记明判决理由要点。人民法院认为不需要制作裁判文书的，将判决内容记入笔录后，将笔录副本加盖法院公章后，送达当事人，该笔录具有与判决书同样的效力。

（五）救　济

1. 上诉权的限制

从各国小额诉讼程序的立法情况来看，几乎无一例外都对不服小额诉讼程序作出的裁判的救济加以限制，以避免降低小额诉讼程序解决纠纷的效率。因此，小额诉讼应当实行一审终审，不服小额诉讼裁判结果不能上诉，只能提出异议。异议成立时，诉讼恢复到口头辩论终结前的程度并依据普通程序复审。在提出异议和进行复审的制度设计上，应当体现出承担对方诉讼成本的风险负担。具体可包括如下内容：一是当事人双方明确表示放弃上诉或其他复审权，记入笔录即可生效；二是小额诉讼裁判一经作出即产生执行力，复审期间不停止执行；三是复审机制不适用上诉程序，而是向裁判法院申请由普通审判庭按照普通程序审理，但必须按照普通程序的收费标准重新缴纳诉讼费，普通程序裁判维持小额裁判的，败诉方要承担胜诉方的全部诉讼成本，包括诉讼费和律师费。

2. 小额诉讼程序转化

为弥补小额诉讼程序强制启动的弊端，设置程序转换通道实属必要。当事人就适用小额诉讼程序提出异议，人民法院认为异议成立的，或者人民法院在审理过程中发现不宜适用小额诉讼程序的，应当将案件转入其他程序审理。当事人提出适用小额诉讼程序异议的，应当在答辩期满前提出。当事人申请转换为简易或普通程序的，参考适用小额裁判复审程序的抑制机制，即申请方败诉的需要承担胜诉方当事人的全部诉讼成本；如果非申请方在普通程序中败诉，则不必承担对方的诉讼成本。

（六）配　套

小额诉讼程序的设计初衷是要让民众接近司法，而这种司法必须是能满足基本正义要求的。这种基本正义的评判标准更多地来自于小额诉讼适用群体的内心感受。要使小额诉讼程序的裁判结果真正获得民众的内心认同，必须从为当事人提供更多便民举措和司法服务的角度出发，在小额诉讼程序的配套方面进行相应的设计和落实。从某种意义上说，小额诉讼的配套比小额诉讼制度本身更为重要，这是避免合格的程序设计流于形式、无法发挥其功效的关键。

1. 与调解制度有效衔接

小额程序本身因其简便灵活的特性而更适合促进当事人之间的和解，小额案件由于其利害关系不大，当事人双方对抗性相对较小，调解作为“东方经验”在其中更有用武之地，司法实务中此类案件也大多能以调解方式结案。依照各国的经验，在小额诉讼程序中，调解往往是起诉前、审判中或裁判前的必经程序，此即所谓的强制调解。因此，可以对适用小额程序的案件设置诉前强制调解，目的在于通过法定前置减少启动调解的障碍，促进以和谐方式解决小额讼争，使产生裂痕的社会关系得以修复。

2. 限制律师代理

小额诉讼案件中聘请律师代理，会大大提高当事人的诉讼成本，同时也会加大诉讼的对抗性和专业性，与小额诉讼制度的设计初衷相背离。事实上，小额程序中对于法官和书记员的职权主义的设计已经在很大程度上替代了律师的功能。在各国的小额诉讼制度中，各种制度和便民措施都旨在鼓励和保障当事人本人诉讼，限制或抑制律师代理，主要原因在于：小额诉讼程序简单明了，完全按照常识化运作，当事人亲自诉讼不会遇到法律知识与专业上的障碍；便于节约当事人的诉讼费用，提高诉讼效益。

3. 主持者职业素质

小额程序的运行状态如何，很大程度上取决于小额诉讼主持人职业素养的高低。有的主持者可能会因为小额诉讼程序简单而缺乏责任感，随意性较大，让当事人感觉权益不受重视，进而对裁判结果产生不信任。还有的主持者可能会受职业理念和职业习惯的支配，在适用小额程序时也容易由简到繁、恢复到原有既定诉讼模式而忽视小额纠纷的特点和快速审理的要求。同时，主持者的态度和行为很关键，放松和耐心很重要，当有必要对当事人进行提问时，应当用非常中立的语言来表达，避免让当事人情绪更加对抗或将矛盾的矛头指向法院。因此，在小额程序的构建中，需要加强对主持者的职业培训与继续教育，增设监督与投诉机制。

4. 小额诉讼帮助程序

小额诉讼中，对聋哑人或者只掌握少数民族语言的当事人，应当提供翻译和相关听力辅助设备，方便法院获得真实的案件情况。由于禁止使用律师，对于特别需要法律援助的当事人，可以充分发挥法律援助工作者的作用，由法律援助工作者听取当事人陈述，对问题直接作出回答，帮助当事人完成诉讼材料，准备证据，提供给当事人能让其获得最大利益的信息和帮助。

5. 小额诉讼程序引导

民众对小额诉讼程序的认知是一个渐进的过程，必须强化对小额诉讼程序的引导。按照现有法院的试点经验，在内部可以通过制作“小额速裁”程序流程图、小额速裁知识问答等宣传材料，将宣传展板上墙公示，并通过制作宣传海报、发放诉讼指南等方式推广小额诉讼。此外，要积极借助传统主流媒体平台，通过对典型小额诉讼案例的报道，宣传程序优势，扩大程序外部影响力，促使当事人了解、信任、选择小额程序。通过加强引导，尽可能地扩大当事人合意选择适用小额程序的案件数量，实现分流案件、提高效率的目的。

## 结 语

正如棚濑孝雄先生所指出的：在讨论审判应有的作用时不能无视成本问题。[1]在我国当下的司法背景下，这一论断更具有现实意义。小额诉讼作为我国民事诉讼制度的改革目标，不仅需要制度设计，更需要理念梳理和实证分析。小额诉讼不应也不能承担过多的司法期待，强行给小额诉讼安置过多的价值和功能只会稀释其本质属性，最终不可避免地使其陷入困境或走向异化。在当前我国的法治环境下，如何既能尽可能满足司法接近群众的需求，又能维持司法的基本程序保障价值，是小额诉讼制度的宿命追寻，也是研究此问题所努力的方向。

〔1〕［日］棚濑孝雄：《纠纷的解决与审判制度》，王亚新译，中国政法大学出版社1994年版，第266页。

# 第六章　提高司法效率的法官视角

## 引　言

本章从两个角度来理解法官对司法效率的影响。首先，法官的司法行为都是在特定司法环境中展开的，法官的司法行为是否有效率与法官制度的规范和法官制度运转过程中形成的行为模式息息相关；其次，法官的来源、素养、年龄、性格甚至性别等个体因素也会对工作效率产生影响。因此，法官的工作效率会受到法官个体和司法环境外部因素的交织影响。只有置于具体的司法环境中，才能理解并解决法官所面临的效率问题。

### 一、基本认识

2009 年 8 月，笔者随中国法官代表团赴美国进行交流，当美国海关官员得知是来自中国的法官代表团时，他们不禁竖起了大拇指。这种对法官的尊重，笔者认为更多的是来自于美国法官在社会中所享有的崇高地位。代表团成员大部分来自我国基层法院，平均年龄应在 35 岁左右，这让他们感到很惊讶。在他们的印象中，美国法官可没有这么年轻的。各国法官职业的基本要求、法官职业受社会尊重的程度等方面的差异，实质上反映的是各国司法制度的差异。

平均年龄低于英美国家的法官是我国法官群体的一大特色，不仅如此，我国法官群体的工作普遍都比较忙碌，这种忙碌程度不仅仅是限于从事案件审理工作，还包括许多案件审理之外的工作。依照我国《宪法》规定，我国设立最高人民法院、地方各级人民法院和专门人民法院。据2010年统计，全国有32个高级人民法院，406个中级人民法院和3122个基层人民法院。全国共有法官19.8万余人，其中最高人民法院二百余人，高级人民法院共有0.7万人，中级人民法院共有3.9万人，基层人民法院共有15.2万人。其中，女法官4.9万人，约占法官总数的24%。与之相比，法院审结的案件数量则增长迅猛。最高人民法院工作报告显示，2013年受理的案件数量已超过1400万件，比上年上升7.4%。[1]这是近年来各级法院受理的案件数量不断增长后达到的新高，许多法院“案多人少”的矛盾进一步凸显。例如，浙江法院2012年全省人均结案125.8件，比2011年增加了13件，一线法官人均结案168件，比2011年增加20件，在全国各省区继续位居第一；北京市法院一线法官2008年以来人均结案160.2件，是全国平均水平的2.7倍，一线审判人员的工作量已经接近极限；福建法院2012年一线法官人均结案137.3件。似乎还不能仅仅简单地从案件和法官数量来判断法官的工作压力。事实上，与别国相比，我国尽管客观案件量在增长，但与人口基数相比，我国上千万的案件数量并不能算多，法官数量也不能算少。放在其他国家的司法制度背景下，法官年均

---

〔1〕 参见《最高人民法院工作报告》（2014年）。

审理案件的数量远高于我国的法官。[1]因此，只有把法官职业放在具体的司法环境中，才能对法官的工作压力获得全面的理解。[2]加班加点已经成为许多法院干警的常态。法院干警长期在超负荷和高压下办案和工作，没有空闲学习培训及休假，甚至连法定节假日的时间都难以保证，这些已经影响了法官的身心健康。如福建法院的体检结果显示，半数以上的法院干警身体处在亚健康状态，许多干警患有不同程度的神经衰弱、失眠、心脏病、腰颈椎突出等疾病。部分法官产生焦虑、不安、逃避等心理现象，严重影响了队伍的战斗力。

法官工作压力大并不代表就能够得到社会公众的理解并必然对法官有好感。现实的情况是，与新闻界宣传的法官形象相比[3]，社会公众尚未形成尊重法官的良好氛围。社会中持“打

---

〔1〕 2011年笔者随最高人民法院交流团赴英国考察司法效率问题，期间在伦敦威斯敏斯特地区治安法院旁听一名助理地区法官（Deputy District Judge Jenny）审理案件。在短短半天的时间内，在1名法庭书记员和2名法庭行政人员以及法警的共同协助下，珍妮法官大概审理了十多个案件，这些案件涉及犯罪嫌疑人申请精神鉴定问题、警察申请搜查令问题、社区矫正问题、盗窃案身份确认问题，等等。据笔者事后向珍妮法官了解，她本人事先并没有阅读过案件的详细材料，这些案件都由法庭书记员做好案件摘要提交给珍妮法官，她在了解基本情况的基础上再按照庭审做出判断。由于珍妮法官还是助理法官，威斯敏斯特治安法院的副院长也旁听了案件的审理过程，据说高效审理案件是考核助理法官能否胜任治安法官的主要标准。

〔2〕 林娜：“案多人少：法官的时间去哪了?”，载《人民法院报》2014年3月16日，第2版。文章总结了导致法官忙碌的原因，包括案件增长速度较快，传统工作方式难以适应；法院内部资源配置不尽合理，一线办案法官力量不足；司法辅助人员不足，法官事必躬亲；诉讼程序不够科学，司法效率受到影响；多元纠纷解决机制尚未成熟，法院的诉讼压力无法缓解；有些案件诉讼成本偏低，影响解纷渠道选择取向；法官自身能力不足以及法院和办案法官承担的社会功能偏多。

〔3〕 目前对法官的宣传充斥着大爱无疆、法官妈妈、带病坚持、深入厂矿、田间地头、握手言和等场景，一方面将法官塑造成一批不食人间烟火的道德完人，另一方面又将法官的工作平庸化甚至庸俗化，似乎法官处理的就是那么一些婆婆妈妈的小事。而对于司法的规则之治理念，对于司法本身的崇高感，则少有涉及。

官司就是打关系”观念的人仍占很大比例，打开公共网络，法官腐败事件[1]不断作为官员腐败的组成部分被爆料。近年来，司法环境持续恶化，缠诉闹访、哄闹法庭、暴力抗法事件屡有发生，裁判结果只要与当事人自身预期不一致，当事人即将矛头对准法官，对法官动辄辱骂投诉、恐吓威胁，有的甚至选择持械殴打、抛掷危险物品、长期跟踪寻机报复、对其家人进行威胁、长期在法院门口辱骂法官等较为极端的方式，对法官进行人身攻击。面对这些情况，法官一旦处理不慎，就可能因此被追究责任，使法官心有余悸，倍感疲惫。同时，当事人在论坛、微博、博客、微信等新媒体上随意谩骂、侮辱、诽谤、攻击法官的情况也逐渐增多，法官的人身安全受到极大的威胁。这种种问题实际上是我国司法公信力社会认知度不高的一个表现。

我国《法官法》实施以后，法官的进入“门槛”提高，任职条件要求严，但工资福利及职级保障却实行与公务员统一的标准，高要求与低保障形成鲜明的对比，法官职级待遇的落实并不理想。在许多基层法院，法官 35 岁之前很少能提到副科级，不少基层法官退休时仍然是个科员，年轻法官要想落实职级待遇就更是难上加难。而与此相对，基层派出所所长、司法所所长都已经明确为副科级，甚至 50% 的乡镇公务员工作三五年也能提到副科级。一些年轻法官，特别是 30 岁左右的法官，更愿意转往党政部门或是上级机关，以期取得更高的晋升空间。由于法官的工资纳入当地财政，与当地公务员工资相同。相比而言，法官的收入远低于工商、税务等机关人员的收入，更难

---

〔1〕 例如上海法官嫖娼事件、武汉法官开房事件、湖南株洲法官索贿事件等。

与电力、通讯等企业工作人员相比。同时，基层法院和省市机关、各地区法院之间的人员工资待遇存在较大差距。法官高门槛、高要求与低地位的困境造成了法院进人难、人才留住难、干部交流难的“三难”局面，导致人才留不住、引不进，法院对高素质人才的吸引力下降，这导致一些素质较高、年富力强的业务骨干向发达地区流动、向高收入职业流动，有的辞职去当律师或调入国有企事业单位，有的则通过公开招考进入上级党政机关或沿海发达地区的法院工作。目前，在一些地方实行不合理的“一刀切”的提前退休政策，即规定男性一般 52 岁左右，女性一般 48 岁左右即可提前退休或退养，法院也纳入其中，导致一些正值黄金审判年龄、审判经验丰富的法官流失。中组部、最高人民法院、最高人民检察院虽然于 2010 年联合下发了《关于切实解决法官、检察官提前离岗、离职问题的通知》，但因地方人事安排等多方面原因，这一问题并未得到有效解决。这些法官退养后基本上不再参与审判工作，致使本就缺乏一线办案力量的部分法院更加“捉襟见肘”。

更重要的是，在法院内部运行的背离司法规律的审判机制和管理制度，则导致法官的行政官僚化。依照我国的刑事、民事、行政诉讼法塑造的基本符合我国司法规律的诉讼框架，因诉讼活动过程中行政因素介入过多，行政主导的思维惯性渗透到诉讼程序的各个环节，指挥、管理、监督等行政化手段与诉讼程序混在一起，从而活生生地将原本科学的诉讼程序按照行政主导的原则进行了重新塑造。司法制度的设计将最高权威从程序正义转移到从科学的程序中长出的各种“异物”上，也滋生了“找庭长、找院长、找领导”的病态诉求。[1]当事人为说服法官而倾力举证、质证、辩理、论法，但决定当事人案件结果的或者对案件结果产生重大影响的却是那些未曾参与审判程序的法官或管理人员，这不仅在当事人那里没有说服力，而且司法权威也难以建立起来。

## 二、改变环境：从法官流失到法官职业保障制度的完善

法官队伍建设是人民法院工作的永恒主题，是公正司法的根本保证。中共十八届三中全会通过的《中共中央关于全面深化改革若干重大问题的决定》中有两项改革任务都与法官队伍建设密切相关：一是确保依法独立公正行使审判权检察权，建立符合职业特点的司法人员管理制度和职业保障；二是健全司法权力运行机制，改革审判委员会制度，完善主审法官、合议庭办案责任制，让审理者裁判、由裁判者负责。在某种意义上说，法院人员管理制度和职业保障最终将表现为审判权力的实际运行机制。因此，法院人员管理制度和职业保障的改革实际上反映了审判权运行机制改革的模式，将二者共同作为改革任务充分体现了党中央对于深化司法体制改革的系统性、整体性、协同性的深刻把握。

不过，任何改革都是在特定的社会环境中展开的。就目前的情况来看，许多人民法院既存在法官流失问题，又面临着“案多人少”问题；既面临审判权运行方面的行政化问题，又面临审判资源的配置不合理问题；既面临着提升法官司法能力的问题，又面临着法官职业保障问题。上述情况决定了我国法官

---

〔1〕 蒋惠岭：“审判权运行机制改革的背景与内容”，载《中国法律》2014年第2期。

队伍建设不可能是单兵突进式的，而是倾向于选择系统、综合的改革探索。正如2013年最高人民法院印发的《关于新形势下进一步加强人民法院队伍建设的若干意见》中所指出的，人民法院队伍建设既要坚持“三化”建设方向，全面加强正规化、专业化、职业化建设，推进人员分类管理制度改革，提升司法能力，完善职业保障；又要坚持内涵式发展路径，努力提高队伍建设科学化水平；还要坚持改革发展创新，从审判实践出发，着力破解影响司法公正、制约司法能力的深层次问题。因此，新形势下法官队伍建设需要进行多方面、系统、综合、立体式的探索和改革。需要强调的是，以法官为中心开展法院的各项改革已成为各国普遍的共识。

### （一）法官流失问题日益严重

从提高司法效率的角度来看，首先会想到的是如何激励法官的工作积极性，但许多法院面临的实践问题却是留不住法官的问题。这似乎已经成为讨论法官激励机制的前提性问题。近年来法官流失现象在全国各地法院普遍存在，这不仅仅影响法院的工作效率，而且影响到法官实现司法公正的基本职能。法官流失大体包括两种情况：一是法官向法院系统外的流失；二是法官在不同法院之间的流动，即法院内部的流失。通过对北京、天津、辽宁、浙江、河南、湖北、福建和广东八省市法院近五年来（2008－2012年）法官流失情况的调研，我们发现各地法院都存在不同程度的法官流失现象。从流失数量上看，各地法官流失的绝对数量较多。北京市法院流失人员总数达到348人，同期招录2053人，流失人员占同期招录数的16.96%；天津市法院自2009年以来共有100人流出；辽宁省法院共流失法官384人；湖北省法院流失法官共计628人；浙江省法院自

2009 年至 2013 年 10 月共有 995 名法官流失；河南省法院法官流失数量为 376 人；福建省法院法官流失数量为 1017 人；广东省法院自 2010 年至 2013 年 6 月流失人员达 1492 人。

有人认为法官流失影响法官队伍的稳定性，应采取措施甚至是限制性手段解决法官流失问题；有人则认为法官职业也是社会职业的一种，在市场经济条件下法官职业也应允许自由流动，应允许“双向选择”。确实，单纯从就业的角度来看，法官流失没有什么奇怪的，市场规律不仅适用于经济领域，也同样适用于人才领域。对于一般职业，比如经济领域中的生产、销售、管理职业，人员流动已经成为市场充分竞争的结果，其必然会促进人员素质的提高、职业水平的不断进步。但是法官职业的特性却决定了其人员流动产生了超出职业选择的意义。[1]

（二）法官职业保障的实践探索

在司法实践中，有的法院开展的改革探索已经取得了较好的效果。以安徽省滁州市中级人民法院（以下简称滁州中院）为例，2013 年以来该法院始终围绕着以法官为中心这条主线，在加强法官队伍的正规化、专业化、职业化建设以及加强基层基础建设等方面都进行了有益的探索[2]，有力提高了审判效率，维护了司法公信力。

首先，法官队伍的正规化建设强调以分类管理改革为基础，明确法官等法院工作人员的权责关系，积极探索建立符合审判

---

〔1〕 范明志：“法官流失：一个什么性质的问题”，载《人民法院报》2014 年 6 月 12 日，第 2 版。

〔2〕 关于滁州市法院的改革素材可参见周瑞平、冯春、王琼：“提升职业尊荣感、激发工作积极性——滁州中院加强法官队伍建设工作调查”，载《人民法院报》2014 年 7 月 10 日，第 5 版。

机关特点的人员管理机制。滁州中院制定的《审判长管理规定》不仅明确了审判长的职责，让德才兼备的法官成为合议庭的主持人，而且力图将合议庭建设成为一个符合审判规律、高效率、高质量的审判组织。在审判委员会改革方面，滁州市两级法院推行审判委员会委员庭审亲历制度，力图改变合议庭“审者不判”，审判委员会“判者不审”的弊端，从而促进案件质量的提升。同时，通过以办案论法官业绩的导向，将奖励法官的指标更多让给业务庭法官的方式，不断改进法官考评制度，促进法官办案的积极性。需要指出的是，滁州中院不仅在法院审判人员管理机制改革方面进行了探索，而且在不同审判人员的分工和衔接方面也进行了改革尝试。比如修订了《审判委员会工作规则》，合理划分合议庭和审判委员会的工作职责，既提高了合议庭及承办法官对案件的责任感，又规范了审判委员会讨论决定的案件类型。

其次，滁州中院改革探索的另一项重要内容是加强以提升司法能力为核心的法官专业化建设。法官教育培训是提高法官司法能力和素质、实现法官队伍专业化的基本途径，在法官队伍建设中具有基础性、先导性、战略性的重要地位。但是在信息化时代，如何探索一套既符合各地法院实际情况又充分有效地提升司法能力的培训机制，则是新时期各地法院面临的新课题。在加强法官专业化建设方面，滁州中院既坚持优良传统，又进行了大胆创新。一方面，优良传统得以传承，他们通过传、帮、带的方式，让青年法官与资深法官共同办案，使青年法官快速适应角色转变，增加工作经验，同时将老法官当作宝贵财富，发挥老法官的榜样作用；另一方面，通过创新法官教育培训载体，利用远程视频系统，开设“法官大讲堂”，让全市法院干警都能同步分享工作经验、学习了解司法动态和司法能力，并传播先进的司法理念。

再次，完善法官的职业保障则是滁州中院在加强职业化建设方面的重要改革探索。法官职业保障是法官队伍建设的重中之重，也是确保法官依法履行职责的基本保证。没有整个社会基于司法职业特点而提供的较高物质保障、身份保障和心理支持，就无法吸纳优秀人才成为法官，这对于法官队伍的稳定优化和审判事业的长远发展极为不利。因此，完善法官职业保障既需要对法官职业的特性有深刻的认识，更需要认识到法官职业保障是我国司法制度的一项重要内容，而不是将法官简单地视为一种社会职业。正是在这个意义上，滁州市委支持滁州中院解决了 27 位同志的副科、正科职级问题，以及帮助全市基层法院解决了基层法庭庭长科级职级待遇问题。这正是基于对法官职业特性的深刻把握，基于对法官职业制度作为我国司法制度重要内容的深刻认识所做出的正确决定，在全国深化司法改革的大背景下具有很好的示范作用。在法院内部则通过科学配置审判资源，尽量将具有审判资格的法官充实到审判一线，不断提高司法效率，在涉诉信访工作中确保依法依程序处置，维护司法公信力；同时，尽最大力量改善干警的生活待遇，尽最大努力创造一个令人心情舒畅的工作环境，通过法官职业保障制度的不断完善提高法官的职业归属感和尊荣感。

最后，需要特别关注的是滁州中院注重基层基础建设方面的改革探索。最高人民法院院长周强指出，法院队伍建设要坚持重心下移方针，进一步加强基层法院队伍建设，着力解决影响基层工作发展的突出问题。考虑到大部分的案件都在基层法院进行审理，大部分民众也是在基层法院感受公平正义的，因此，基层法院在化解社会纠纷、展示司法形象方面的作用非同小可。从这个意义上说，滁州中院在滁州市委支持下解决全市基层法院基层法庭庭长的科级职级待遇，以及在中、基层法院推进法官双向挂职和遴选的常态化探索，对全国基层法院都具有极好的示范效应。

（三）法官职业保障的改革建议

法官的主要职责是通过审判活动实现司法公正。在我国社会主义司法制度下，法官具有区别于西方国家法官的“独立性”、“精英性”、“高贵性”的职业特点。这些特点包括：一是职业性，即法官必须具备较高的职业素质来保证工作质量；二是权威性，让法官具备权威性，不是为了一种职业的光鲜，而是为了让他们担负起公正司法的艰巨责任；三是末端性，在所有司法职业中，法官职业应当在位阶上处于最后、最高的位置。司法对于国家长治久安、社会经济发展的重要作用不言而喻，所以世界各国都把法官职业保障当作一种重要的法律制度，甚至很多国家都把法官职业保障作为一项基本司法制度甚至宪法制度来对待。从这个角度看，法官的待遇等职业保障问题，不仅仅是一个劳动权利意义上的报酬问题，更是司法制度中的一项重要内容。[1]在我国司法体制下，也应当建立一种与我国司法体制相适应的法官职业保障制度。因此，从目前的现实情况

〔1〕 正如美国联邦最高法院首席大法官罗伯茨在《美国联邦法院2013年年终报告》中指出的，政府削减支出对联邦法院的影响远甚于对其他政府机构的影响，因为联邦法院所有的核心职能都是宪法和法律规定的。与大多数行政机构不同的是，联邦法院无权因财政削减支出而取消或拖延审判工作，不能因削减支出而对公正司法打折。罗伯茨：“美国联邦法院2013年年终报告”，黄斌、赵昕译，载《法制资讯》2014年第2期。

来看，法官职业保障可以从修改《法官法》入手，将法官的政治待遇、经济待遇、安全保障机制、法官的招录和流出机制、法官退休制度等内容，以法律的形式作出完善。

第一，规定法官职务应严格按照审判工作年限、审判能力和工作业绩定期核定和晋升。改变现行的按照行政序列核定法官职务的现状，使审判职务与行政级别脱钩，严格按照审判工作年限、审判能力和工作业绩定期核定和晋升法官职务，不以领导主观因素评定，只以客观条件考评确定。明确法官、审判辅助人员和司法行政人员的责权关系，科学确定职数比例和编制。进一步严格法官晋升条件，真正实现优胜劣汰，从而提升审判质量，促进司法公正。

第二，规定在任何场所，法官的人身、财产安全受法律保护。主要是考虑到近年来，司法环境不断恶化，缠诉闹访、哄闹法庭、暴力抗法事件屡有发生。扩大法官人身保护的范围，目的就是加强法院机关安全保卫工作和庭审安全保障工作，确保法官人身安全，加大法官保护力度，完善法官职业监督和职业安全保护制度，确保法官非因法定事由不可更换或者受处分。

第三，规定法官应当受社会尊重，对有损法官的言行，应确定相应的惩戒措施。主要是考虑到在法治比较完善的国家，大都形成了全社会尊重法官、自觉维护司法权威的良好的社会氛围。从影视、文学作品看，不乏大量的批评警察、攻击总统的作品，但很少出现谩骂法官的情形。这是因为，司法是社会公平正义的最后一道防线，一旦司法这个最后防线被突破，整个社会秩序和人们的信仰将被彻底冲垮。所以，法官出问题尽管在处理上十分严厉，但在作家和新闻工作者的笔下，仍然给予最大限度的保护。他山之石，可以攻玉。作此规定的目的就是促进有关部门加强新闻监管，尽量减少攻击法官的新闻报道，以推动形成尊重法官、维护司法权威的良好的社会氛围和司法环境。

第四，规定建立省级法院统一招录机制。主要目的是针对当前许多法院出现的招录补员十分困难的情况，尽快推动建立省级法院系统统一招录机制，由各高级人民法院按照全省法院系统空余编制和需求法官的情况，统一制定招录计划，采取或是单独招录或是与省级公务员招录合并进行的方式招录预备法官，统一分配至各用人法院，确保各级法院每年都能补充一定的新鲜血液，实现法官的良性循环。

第五，规定初任法官应有基层法院工作经验。主要目的是改变法官遴选办法，按照审判规律合理设置法官任职资格与审判职务晋升制度。保证所有法官都必须从基层法院开始入职，上一级法院的法官必须有下一级法院的任职经历，并且达到一定年限，从而畅通法官成长通道，为优秀法官提供良好的发展机遇，也保证上一级法院的法官具有更高的水平与能力。

第六，根据审判工作的特点，法官实行单独职务序列，制定单独的法官工资制度和工资标准。主要目的是实行法官单独职务序列，制定单独的、区别于公务员的法官工资制度和法官审判津贴及保险福利待遇制度，完善法官职业保障体系，提升法官职业的优越感和尊荣感，增强法官职业的吸引力，做到既能引进人才，又能够留住人才。同时落实基层法院经费保障，加大中央财政和地方财政对基层法院的经费保障力度，解决多年来一直困扰基层法院的经费保障不足问题，为法官减轻负担。努力提高基层法官的物质文化生活水平，积极帮助其解决工作、生活中的实际困难，为其履行职责解除后顾之忧。

第七，规定法官的退休制度应符合法官职业特点。审判是一项专业化职业，需要专门的法律知识、适当的社会阅历和丰富的司法经验。“资深法官”是法院的中坚力量和宝贵财富，现行“一刀切”的干部退休政策，不利于经验丰富的法官继续发挥作用。作此规定的目的就是建立与法官职业特点相符合的法官退休制度。在此之前，可将部分已达退休年龄、身体状况允许、业务水平和综合素质良好的资深法官，返聘回法院帮助工作，以缓解退休高峰，帮扶年轻法官。建议最高人民法院按照有关规定会同中组部、人力资源和社会保障部制定具体办法。各地法院也可通过加强与当地党委政府沟通协调，在当地党委政府的支持下严格执行中央有关精神，取消地方“一刀切”的土政策，避免法官的非正常性减员。

## 三、改变环境：创新激励法官的工作机制

### （一）从“管理法官”到“法官管理”的转变

针对我国许多法院存在的加班加点问题，近些年来，我国通过改革和完善诉讼程序、扩大简易程序的适用范围、完善庭审制度、设立审限制度、加强审判管理、提高诉讼调解水平、加强人民法院信息化建设以及建立健全审判质量监督体系等多项措施提高司法效率。必须承认的是，这些改革措施显然取得了很大的成效。不过，许多改革措施给人的一个印象是，法官在这些改革措施中似乎都处于被管理的地位，甚至有些提高司法效率的措施是超常规的。换句话说，我国在司法效率方面仍然缺乏一套科学、灵活的机制，结果导致提高司法效率的措施只能是短暂的、不稳定的。发挥法官的主观能动性在机制创新中具有重要作用。因此，一套科学提高司法效率的机制应该融

入法官的经验并被法官所认可。一套为社会所承认的规则会成为被有效遵守的规则。同样，一套为法官所认可的机制，很大程度上可以成为提高司法效率、实现司法公正的有效机制，实现从“管理法官”到“法官管理”的转变。

（二）科学测度法官的办案能力

审判效率是目前我国司法效率中的重要内容。由于我国各级法院对案件都不具有选择管辖权，法院自身无法决定进入法院的案件数量并对案件进行筛选。因此，大量纠纷进入法院是我国诉讼制度设计的必然结果。尽管“案多人少”已经成了法院的关键词，但是，到底什么情况下才属于“案多人少”，是否有一个具体的衡量指标，却是一个不容易说清的问题。因此，首先要科学地测度法官年均审理案件的能力。当然，这种测度不能单纯地用案件数量来衡量，而应综合地考虑案件的具体因素，包括案件的类型、案件的难易程度以及法官实际的业务素质。这种符合实际的测度既可以督促法官及时有效地审理案件，又能明确判断法官是否真正超出了案件审理的承受能力。

（三）优化法官职权

尽管我国目前有近20万法官，但在法院的领导岗位以及行政管理部门仍有不少没有从事审判业务的法官。因法院的实际工作需要，或者因审判工作压力大等主观和客观的原因，一些法官并没有从事审判工作，这无疑加剧了人案之间的矛盾。即便是在业务庭工作的法官也并非专司审判，由于我国法院长期以来形成的行政管理模式，分管副院长、庭长以及审判长更多地因管理职责被牵扯了过多精力。当然，从事审判工作的法官也不是“埋头”审理案件，而是必须运用政策考量、利益平衡、和谐司法等方式，全面履行职责，通过践行能动司法理念服务于大局，实现司法为民的宗旨。因此，法官们需要在新形势下创新实践，能动地参与社会综合治理等各项工作。

要提高法官的司法效率，在法院内部首先需要复位法官的职权，让法官回到核心的审判工作中。比如，法院应形成以审理案件为中心的氛围，院庭长每年应承办或参加合议庭审理一定数量的案件，非审判、执行部门的法官在完成本职工作外，可以到审判、执行部门参与办理、执行案件。通过更好地优化法官职权，发挥服务型司法的作用。

（四）内部优化法官资源

法官都工作于具体的制度环境中，与短期不确定的激励机制相比，长期稳定的制度激励机制对运用制度的个体来说非常关键。这种制度性的激励机制首先应实事求是，遵循司法本身的运行规律并具有现实可操作性。比如对于法院系统来说，80%以上的案件都在基层法院、东西部法院案件数量差别很大、不同类型案件审理的时间不尽相同、不同级别法院在审理案件时的职能不尽相同，等等，都是形成一套健全的制度激励机制应考虑的因素。

尤其需要强调的是，在一个能够实现司法公正的制度运行环境中，法官绝不应成为被管理的对象，法官应成为制度运行的主体。良好的机制可以发挥法官的积极性，运行不良的机制则可能严重挫伤法官的积极性并产生负面影响。比如为夯实基层法院的基础地位，保证基层法院有人可用、人尽其才，应通过初任法官到基层法院任职等方式，使法官人数向基层法院倾斜，上级法院应尽量从下级法院选拔干部，充分发挥基层法院退居二线和退休的资深法官的作用。比如为更有效地审理案件，可以通过发挥法官的专业优势设立房地产、婚姻家庭、劳动争议、交通事故损害赔偿纠纷专业合议庭实现类型化审理，通过更好地把握审判规律提高审判效率。

（五）从法官视角看司法评估机制的再创新

法官审理案件不是在工厂流水线上生产产品，他们最终要接受社会公众的评判。因此，社会公众和中立的第三方构成了外部评价法官的主体。就法院自身的评估机制来说，因法院是负有实现司法公正责任的社会公共部门，法院评估制度当然也就区别于企业内部实行的基于盈利目的的绩效评估。对于法院来说，司法评估最终的目的是为法院的决策提供参考，提升法院的公信力、执行力和社会对法院的认同，而不是要因考核对法官的审判工作造成不利影响，或者因考核影响到法官的积极性而致其选择离开审判业务部门，显然这样的考评制度是背离初衷的。

因此，在设计考核指标时，科学性、可行性、合目的性是首先应考虑的因素。比如将年审结案件的数量作为考核指标的结果，可能导致法官倾向于选择审理简单案件而回避复杂疑难案件，或者为了追求审结案件数量而草率地压缩审理时间，最终违背审理案件本身的目的。

此外，在法官业绩考核中对法官业绩进行排名在一定程度上会激发法官的工作积极性，不过也可能因考核指标的科学性与否引起法官对排名不公的质疑，尤其是将法官业绩考核作为法院评优奖先的重要参考时，必然会引发法院内部的争议，并牵扯法官的工作精力，甚至导致法院内部的不和谐。换言之，法院业绩考评等评估制度应朝着促进法院形成良好的工作氛围、促进法官的工作积极性、促进社会公众对法院产生良好的评价、促进司法公正的方向发展。

提高司法效率不是法院系统单独就能完成的，它还涉及体制性的改革，需要程序的简化、需要司法系统之间的相互配合、需要政府的财政保障和社会力量包括律师的参与和支持、需要及时地公开判决、需要完善法官审理案件的培训机制，而且还要适应社会发展对司法提出的新要求。当然，探索和创新提高司法效率的措施也不是越多越好，改还是不改、怎么改，这都需要有明确的价值取向，凸显法官在其中的主体作用，至少不能让法官背上沉重的负担。通过融合法官经验并尊重司法运行规律发挥法官的主观能动性，在法院内部应当能形成一个长期稳定的提高司法效率的有效机制。

## 四、完善自我：提升法官职业素养

法官的工作效率不仅与外在的司法环境和司法制度相关，而且与法官个人的素养也有很大关系。最高人民法院前院长肖扬曾说过：“只有造就一大批高素质的法官，才能保证司法的公正和高效。”如何才算高素质的法官？以往人们可能会认为，法官具备很高的专业水平就是高素质，而往往忽视了法官专业水平之外的素养。如果说法官的专业水平是硬实力的话，那么法官的综合素养则应该属于软实力的范畴。法官只有在“软”、“硬”实力兼备的情况下，才能在合理的庭审规范的指引下高效率、高质量地完成审判工作。美国司法学会在协助提名法官的过程中，其中很重要的一项评价标准就是法官的基本司法素养。

关于法官的司法素养，美国司法学会是这样进行描述的：法官在工作中需要与律师、社会公众和法院工作人员打交道，这就需要法官具备高尚而又完美的品性，即法官素养。法官素养包括许多高贵的品质，例如高贵尊严等；一个受人尊重的法官必须冷静智慧地处理各项事务，并保持相当坚定的信念；具备优良司法素养的法官应当能够娴熟地行使权力；司法品行也应具备敏感度和同情心，一个有同情心的法官会对法庭上当事人的情绪有敏感的观察，并且知道每一个案件对当事人而言都至关重要。此外，被提名的法官必须具备极大的耐心，耐心可以使人性情平和，并在案件审理中保持克制。法官的素养不是短时间能形成的，它需要法官在职业生涯中日积月累不断努力。

同时，在评价法官素养方面，以下 11 个问题常被提到：①他/她是一个很好的倾听者吗？②此人是否有爱发脾气的名声？③此人在和他人包括下属交往中，一向和蔼可亲吗？④此人曾经藐视过法庭吗？如果有，具体是什么背景？⑤此人经常以咄咄逼人的方式说话吗？⑥此人处事机敏得体吗？⑦此人容易与人相处吗？⑧此人在不同情形下对待不同的人能随机应变吗？⑨此人和律师事务所的合伙人能友好相处吗？⑩此人尊重下属吗？⑪此人是否具有包容心并且具有自我克制力吗？对于现任法官询问的问题还包括：①此人重视律师的论辩主张和证人的证词吗？②此人在法庭上是否尽可能避免情绪化的言行？③此人在主持开庭过程中是否独断专行、态度强硬？是否比其他人更加频繁地认定当事人或律师有藐视法庭的行为？④此人是否曾因司法素养问题受到过上诉（级）法院的批评？可以看出，美国司法学会对提名法官的要求非常严格，尤其是在法官素养方面，它能确保美国法官的素质，为司法公正奠定良好的基础。[1]

---

〔1〕 黄斌："美国对法官素养的具体要求"，载《人民法院报》2012 年 1 月 20 日，第 6 版。

在2000年前后，我国台湾地区“民间司法改革基金会”发起了一场“法庭观察”运动，组织大学生、律师、普通民众作为志愿者到各级法院旁听案件审理，记录法官在开庭期间的表现。基金会将志愿者了解的情况汇集在一起，形成“法庭观察报告”，并通过记者招待会的方式向社会发布。这一“法庭观察”运动一直持续了5年，对提升我国台湾地区法官的素养发挥了重要作用。[1]

在这些观察报告中，旁听志愿者既记载了法官们的优秀表现，也记载了一些法官的恶劣表现。旁听志愿者们并不评价案件的实体处理情况，而只是反映法官的司法素养。作为司法素养体现出来的，有的是职业道德问题，有的是程序问题，有的是脾气秉性问题，有的是性格问题。笔者认为，这些观察报告所获得的原始资料对于提升法官素养具有很强的操作性，因此摘录数条如下：

第一类是法官对当事人的态度普遍较好的情形。

比如“法官鼓励失业的当事人要加油。”“法官告诉当事人可以争取什么权利，犯了什么错误，并仔细听取当事人的陈述。”“法官问案仔细，非常注意每一个小细节，对于案中的疑点也立刻提出询问证人。”“法官关心被告有无投保，并三次提醒被告找银行帮忙。”“法官十分同情被告，一直劝他要找一些对自己有利的证据，也承诺会为他找公设辩护人。”“被告对控诉并没有辩解。由于被告表明自己的小家庭才成立不久，法官似乎有宽容之意，并且温和婉劝被告痛改前非，多为自己的家

〔1〕 蒋惠岭：“十年前台湾法官素养实录”，载《人民法院报》2012年1月20日，第6版。

庭、妻女着想。”“法官很尊重未被询问的当事人及辩护人。当时他们未被询问而同时又站着，法官则请他们坐下。”“法官对当事人、辩护人、证人等都相当尊重，有礼貌，措辞中常有‘好不好’、‘方不方便’等体贴的询问。”

第二类则是有些法官对当事人态度不佳的情形。

比如“法官好凶，好像很不屑吧！大概是职业病吧！法官一直在反驳律师和原告的陈述，好像快吵起来了，而且法官的卷宗还不完整呢。”“当事人欲辩论时，法官常说：‘检察官的笔录都这样写了，你为什么还乱说?’律师发言时，法官频频打断，继而发表自己的看法。”“法官在询问时频以自己的经验打断当事人的回答，还对当事人说：‘这方面我是内行，你不要说话。’”“二审法官一直用‘我看没有冤枉你’这句话打断当事人的陈述。法官似乎认为第一审判决无误，说‘地方法院是不会随便判你有罪的’。”“法官办案很认真，只是个性太急躁了，有时问案口气会不太好。民众也应该再受些法律教育，否则再来开庭，两手空空什么都没带，难怪法官会抓狂。”

尽管我国的《法官职业道德基本准则》对法官公正、廉洁、忠诚、为民提出了具体要求，而且许多法院也制定有规范法官礼仪的文件，但是近几年新闻媒体对法官开庭过程中的负面报道也反映了我国法官的素养不容乐观。比如法官在开庭时接手机、打瞌睡、抽烟、着便装，对当事人没有耐心、烦躁易怒、随意打断当事人陈述、态度粗鲁，这些都影响到当事人对法官是否公正司法的判断。正是法官的言谈举止、个人秉性、性格特征、人际交往方式、待人接物、为人处世等这些看起来微不足道，甚至与法律专业知识没有关系的“非法律”的能力、知识，却构成了承载司法规律的平台，形成了运送公平正义的渠道，表现了司法机关的形象。[1]在这个意义上，我国台湾地区在提升法官素养方面所做的努力对我们开展改革具有很好的参考价值。在提升法官素养方面我们还有很多工作要做，包括开展法庭观察调查、提高法官驾驭庭审的能力、增强法官运用裁判方法的能力、规范法官与律师之间的关系、合理引导法院与媒体形成良性互动关系等。

〔1〕 蒋惠岭：“法庭观察：了解和评判法官素养的重要渠道”，载《人民法院报》2012年3月2日，第6版。

# 第七章　司法效率评估制度的创新与完善

## 引　言

《人民法院第二个五年改革纲要》提出，要“建立科学、统一的审判质量和效率评估体系”。事实上，全国法院一直以来都在开展审判质量和效率评估的工作，只不过《二五改革纲要》更强调审判质量和效率评估体系的“科学”和“统一”。目前我国虽然没有建立统一的司法效率评估制度，不过在法院内部开展的案件质量评估改革以及法院外部开展的社会公众对法院审判工作满意度的调查等活动，都为我国司法效率评估制度的创新和完善进行了实践探索。但是在法院行政化的背景下，行政对效率的追求强加给了法院，并影响了对法院审判效率的评价，法院内部严格的行政化等级制度使得法官将审判效率指标内化为自身的追求目标；法院行政化的管理方式对考核的重视促使法院对审判效率指标进行考核；公众对司法满意度的调查完全复制了公众对政府满意度的调查。由于法院行政化管理方式的普遍存在，导致在追求符合审判规律的司法效率评价机制的过程中出现了反复和偏差。本章主要围绕法院的案件质量评估体系和社会公众对法院的满意度调查两个领域中涉及司法效率评价的内容展开，分析其中存在的问题和原因，并尝试在借鉴域外经验的基础上提出相应的完善建议。

## 一、司法效率评估制度的初步审视

### （一）案件质量评估体系中的审判效率

审判效率是指审判资源的投入与办结案件及质量之间的比例关系，具体包括三个方面的内涵：一是审判活动的迅速及时，防止诉讼迟延；二是审判活动的便捷性，避免诉讼程序的繁琐；三是以最小的司法资源消耗获得最大的司法公正。〔1〕审判效率指标是全面、综合地评估审判工作效率的标准和方法体系。法院内部对司法效率进行评价的主要指标体现在最高人民法院2011年公布的《最高人民法院关于开展案件质量评估工作的指导意见》中。该《意见》中的审判效率包括法定审限内结案率、平均审理时间指数、法定审限内立案率、一审简易程序适用率、当庭裁判率等11项指标。〔2〕这些指标不仅考虑从各类案件审执

---

〔1〕 最高人民法院编写组：《人民法院审判理念读本》，人民法院出版社2011年版，第145页。

〔2〕 最高人民法院2011年印发的《最高人民法院关于开展案件质量评估工作的指导意见》（法［2011］55号）中将评估指标体系划分为审判公正、审判效率和审判效果三大类指标，其中审判效率指标10个，由法定期限内立案率、一审简易程序适用率、当庭裁判率、法定（正常）审限内结案率、平均审理时间指数、平均执行时间指数、延长审限未结比、结案均衡度、法院年人均结案数、法官年人均结案数组成。而在最高人民法院2008年印发的《最高人民法院关于开展案件质量评估工作的指导意见（试行）》中，审判效率指标有11个，具体由法定期限内立案率、法院年人均结案数、法官年人均结案数、结案率、结案均衡度、一审简易程序适用率、当庭裁判率、平均审理时间与审限比、平均执行时间与执行期限比、平均未审结持续时间与审限比、平均未执结持续时间与执行期限比指标组成。新意见对审判效率指标的修改主要体现为：①新增“法定（正常）审限内结案率”，取代年结案率；②取消“平均未审结持续时间与审限比”和“平均未执结持续时间与执行期限比”，新增“延长审限未结比”；③新增“平均审理时间指数”和“平均执行时间指数”，取代原“平均审理时间与审限比”和“平均执行时间与执行期限比”。参见张军主编：《人民法院案件质量评估体系理解与适用》，人民法院出版社2011年版，第4页。

时间上去评价案件审理的效率状况，如平均审理时间指数、平均执行时间指数等指标，而且注意从一定期间内法院和法官审执案件数量的角度评判审判工作的效率状况，如法院年人均结案数、法官年人均结案数等指标，还考虑从审判资源配置角度进行评价，如一审简易程序适用率、当庭裁判率、结案均衡度等指标。[1]从整体上看，审判效率评估机制大致经历了以下发展阶段：

1. 单一指标：从结案率到法定审限内结案率的转变

结案率最初产生于计划经济时代。在那个年代，主要靠政府的指令性计划来管理社会公共事务，上级向下级下达工作指标、工作任务，下级向上级汇报工作也往往是计划完成多少、实际完成多少，与此相应，法院工作中也就出现了结案率的概念。结案率通常是指在一个统计周期内，审结的案件数占所有受理案件数的百分比。从 1980 年开始，最高人民法院的工作报告中尽管没有提出“结案率”这个概念，但“受理 X 件，办结 X 件”的表述实际上已将结案率暗含在其中，而且在历年的司法统计中，收、结案数量、结案率是最重要的统计数据。以 1950 年至 1998 年民事案件一览表为例，该表中主要对每年收案数和结案数进行了统计，并从一审、二审、审判监督的角度对收、结案情况进行划分。[2]

结案率正是对法院办理案件数量的最简洁表述，既有利于法院“报盘”，又能在一定程度上促进办案效率的提升，因此被

---

〔1〕 胡云腾：“正确认识案件质量评估指标体系的科学性”，载《人民法院报》2011 年 10 月 22 日，第 2 版。

〔2〕 参见最高人民法院研究室编：《全国人民法院司法统计历史资料汇编（1949 - 1998）》（民事部分），人民法院出版社 2000 年版。

法院系统内部广泛接受和认同。[1]但在司法实践中，法官为了追求高结案率往往采取一些损害当事人诉权的行为。比如，考虑到年底新收的案件大多难以在当年审结，法院为了减少未结案件数量，在年底收案时大多“百般挑剔”，采取年底不立案的做法。比如，年底劝当事人撤诉，一些法官为了降低“未结案数量”，对于一些年底无法审结的案件，竟然动员当事人先撤诉等第二年再来起诉；[2]法官为了加快审判流程、年底多结案，法院会压缩法定的程序；拖延疑难案件审理周期，相对于简单或者普通的案件，疑难案件需要法官花费大量的时间和精力，为了在年底前多结案件，法官往往倾向于先审理那些相对简单的案件，而疑难案件只能一拖再拖，甚至人为造成这些疑难案件“超审限”。

正是考虑到以上种种问题，最高人民法院在2004年3月10日的《最高人民法院工作报告》中第一次强调了更符合审判工作规律的“审限内结案率”：“2003年，各级人民法院落实司法为民的要求，注重提高司法效率，使当事人尽快获得公平裁判的结果。最高人民法院新收各类案件审限内结案率上升，地方各级人民法院审限内结案率97.39%。”自2007年起，最高人民法院在每年的工作报告中都会提到“法定审限内结案率”这一概念。[3]

2. 从单一指标向综合审判效率指标的转变

尽管2008年印发的《最高人民法院关于开展案件质量评估

---

〔1〕 江必新主编：《全国法院优秀司法统计分析文集》（下），法律出版社2013年版，第675－676页。

〔2〕 赵华军：“催人撤诉：年终的‘数字政绩’”，载《新京报》2006年12月21日。

〔3〕 参见《最高人民法院工作报告》（1980－2014）。

工作的指导意见（试行）》中仍将结案率作为衡量审判效率的主要指标之一，但在2011年印发的《最高人民法院关于开展案件质量评估工作的指导意见》中已被修正为法定（正常）审限内结案率，并且衡量法院工作效率的标准也增加了当庭裁判率、结案均衡度、一审简易程序适用率等其他9个指标，“结案率”不再是衡量审判效率的唯一指标。

（1）法定期限内立案率。该指标是指按照最高人民法院《严格执行案件审理期限制度的若干规定》中规定的立案时限内立案数占立案总数的百分比。本指标说明的是人民法院立案工作的效率。我国相关法律和司法解释对各类案件的立案期限都有较为明确的规定，[1]尤其是考虑到立案是人民法院受理案件的第一个环节，是人民法院面对人民群众的第一个窗口，确实有必要将法定期限立案率作为审判效率的重要指标，而且在修正后的2011年指导意见中，该指标的权重增加到9%。

（2）一审简易程序使用率。该指标是一审案件适用简易程序审结案件数占一审案件结案数的百分比，其中简易程序是指人民法院及其派出法庭在审理过程中，依照相关规定适用的一种简便易行的诉讼程序。一审结案数包括刑事一审结案数、民事一审结案数。在当前人民法院案多人少、审判资源相对不足

〔1〕以《最高人民法院关于严格执行案件审理期限制度的若干规定》为例，其中第6条规定，第一审人民法院收到起诉书（状）或者执行申请书后，经审查认为符合受理条件的应当在7日内立案；收到自诉人自诉状或者口头告诉的，经审查认为符合自诉案件受理条件的应当在15日内立案。改变管辖的刑事、民事、行政案件，应当在收到案卷材料后的3日内立案。第二审人民法院应当在收到第一审人民法院移送的上（抗）诉材料及案卷材料后的5日内立案。发回重审或指令再审的案件，应当在收到发回重审或指令再审裁定及案卷材料后的次日内立案。按照审判监督程序重新审判的案件，应当在作出提审、再审裁定（决定）的次日立案。

的条件下，对案件进行繁简分流，对一些法律关系清楚的一审案件适用简易程序，其目的在于以合乎理性的规范缓解司法资源与司法需求的剧烈冲突，从而使不同案件获得不同的程序保障，[1]而绝不是以缩短审理期限或提高结案率为唯一目标的效率指标，更不是在立案时繁简不分，一律适用简易程序。对于非简单民事案件简易审理，可能会导致最终解决该案的司法总成本的提高而降低审判效率。[2]

（3）当庭裁判率。该指标是指当庭裁判案件数占结案数的百分比。其中，当庭裁判是指人民法院在开庭审理案件的过程中，经过法庭调查、辩论质证、调解等庭审阶段后，合议庭当庭评议作出裁判，或者独任庭审理结束后当庭宣告裁判。当庭裁判案件包括当庭口头裁判和法官主持调解双方当庭签字的案件。当庭裁判体现的是即时审理、即时裁判的诉讼理念，是诉讼高效率的表现。设置该指标的目的在于鼓励和引导当庭裁判。

（4）平均审理时间指数。该指标是指已审结个案审理时间指数的平均数，是在克服原有的个案审理时间指数的基础上形成的，从而避免了单纯追求办案效率越快越好的做法。根据该指标的公式计算，当案件 A 的审理时间与审限之比 B 小于1/2时，如果审限是 6 个月，指标公式表示的是只要实际审理时间不足审限的一半，不管这个审理时间是 2 个月零 29 天，还是只有 1 天，案件 A 的审理时间指数赋值都是0.9。设定该指标的主

[1] 参见张军主编：《人民法院案件质量评估体系理解与适用》，人民法院出版社 2011 年版，第 130 页。

[2] 罗东川、黄斌："我国司法效率改革的实践探索——立足于当前人民法院'案多人少'问题的思考"，载《法律适用》2011 年第 3 期。

要目的之一就在于纠正有的法院将效率单纯理解为速度，追求案件审理天数越少越好的做法，防止因“缩水”的程序损害当事人的实体权利，出现案结事不了、涉诉信访的问题。[1]

（5）平均执行时间指数。该指标是指已执结个案执行时间指数的平均值。平均执行时间指数高，说明案件执行周期短，反映执行效率高。设置该指标的目的即在于促使法院缩短执行时间，提高执行效率。

（6）延长审限未结比。该指标是指批准延长审限未结数占未结数的百分比。审限制度是我国司法制度的一大特色。我国三大诉讼法和《最高人民法院关于严格执行案件审理期限制度的若干规定》以及《最高人民法院案件审限管理规定》中对各类案件的审理、执行期限，立案、结案时间及审理期限的计算，案件延长审理期限的报批，上诉、抗诉案件的移送期限，以及对案件审理期限的监督、检查等，都做了明确的规定。设置该指标的目的就是促使法院健全严格的审限管理制度，最大幅度地减少超过法定审理期限的案件数量。

（7）结案均衡度。均衡结案的提出源自最高人民法院于2008年发布的《全国案件质量评估体系（试行）》中的均衡结案指标，指的是法院工作量能达到一个平稳状态，每个月的结案数量维持在一个可接受的波动范围，使法院各项工作能得到合理安排，避免“年底突击结案”、“年初休闲年底劳累”的状态。均衡结案的核心就是合理配置审判时间和审判资源。[2]结

---

〔1〕 罗东川、黄斌：“我国司法效率改革的实践探索——立足于当前人民法院‘案多人少’问题的思考”，载《法律适用》2011年第3期。

〔2〕 江必新主编：《全国法院优秀司法统计分析文集》（下），法律出版社2013年版，第561页。

案均衡度高，反映法院审判工作良性运转的程度高。采用结案均衡度指标不仅可以有效杜绝年底不受理案件、年终突击办案等损害当事人诉权、破坏司法秩序的错误做法，而且可以促使审判人员在相对均衡的时间内完成审判工作任务，避免造成某些案件久拖不决、某些案件匆忙结案的被动局面。

（8）法院和法官年人均结案数。法院年人均结案数指标是指法院在编人员年人均办结案件数，考察的是法院各类人员平均分担的审判工作量，反映的是法院的整体审判工作实力和审判效率。法官年人均结案数指标是指具有审判职称的法官年人均办结案件数，考察的是法院实际办案的法官年度的实际审判工作量，反映的是法院法官的办案能力和效率。

以下各表反映的是2009年至2012年司法效率主要评价指标的统计情况：

**表1　部分法院年人均结案数（件/年·人）**

| 年份<br>省份 | 2009年 | 2010年 | 2011年 | 2012年 |
|---|---|---|---|---|
| 北京 | 148.61 | 155.58 | 129.44 | 126.95 |
| 江苏 | 99.35 | 100.86 | 103.49 | 104.83 |
| 河南 | 39.4 | 39.27 | 38.94 | 42.14 |
| 湖北 | 31.16 | 32.5 | 44.82 | 57.61 |
| 云南 | 45.83 | 46.07 | 43.83 | 47.32 |
| 甘肃 | 24.13 | 26.39 | 34.48 | 39.18 |
| 全国 | 56.25 | 58.61 | 59.86 | 64.61 |

**表 2　全国法院主要效率评价指标统计表（2009 – 2012 年）**

| 领域 | 指标 | 2009 年 | 2010 年 | 2011 年 | 2012 年 |
|---|---|---|---|---|---|
| 刑事 | 一审简易程序适用率 | 37.87 | 38.64 | 46.01 | 42.72 |
| | 法定（正常）审限内结案率 | 96.87 | 96.80 | 97.41 | 97.61 |
| | 当庭裁判率 | 23.41 | 25.10 | 29.68 | 38.28 |
| 民事 | 一审简易程序适用率 | 66.83 | 69.07 | 71.66 | 73.30 |
| | 法定（正常）审限内结案率 | 98.80 | 98.85 | 99.27 | 99.47 |
| | 一审案件当庭裁判率 | 11.71 | 20.89 | 31.70 | 47.10 |

**表 3　全国部分法院一审简易程序适用率统计表（2009 – 2012 年）**

| 年份<br>省份 | 2009 年 | 2010 年 | 2011 年 | 2012 年 |
|---|---|---|---|---|
| 北京 | 76.05 | 74.65 | 78.69 | 78.28 |
| 江苏 | 81 | 81.57 | 81.17 | 79.17 |
| 河北 | 41.85 | 41.76 | 42.25 | 51.97 |
| 湖北 | 55.45 | 63.06 | 74.49 | 80.15 |
| 云南 | 62.28 | 62.49 | 63.61 | 62.66 |
| 甘肃 | 70.31 | 71.19 | 72.07 | 73.99 |

**表 4　全国部分法院正常审限内结案率（2009 – 2012 年）**

| 年份<br>省份 | 2009 年 | 2010 年 | 2011 年 | 2012 年 |
|---|---|---|---|---|
| 北京 | 95.76% | 96.64% | 98.79% | 99.31% |
| 江苏 | 99.01% | 99.1% | 99.21% | 99.4% |

续表

| 年份<br>省份 | 2009 年 | 2010 年 | 2011 年 | 2012 年 |
|---|---|---|---|---|
| 河北 | 99.32% | 99.15% | 99.49% | 98.6% |
| 云南 | 97.97% | 97.52% | 96.2% | 96.35% |
| 甘肃 | 99.3% | 99.16% | 99.2% | 99.39% |

**表 5　全国部分法院当庭裁判率（2009－2012 年）**

| 年份<br>省份 | 2009 年 | 2010 年 | 2011 年 | 2012 年 |
|---|---|---|---|---|
| 北京 | 2.95% | 3.1% | 8.69% | 39.57% |
| 江苏 | 46.15% | 49.17% | 56.74% | 61.63% |
| 河北 | 0.83% | 0.46% | 3.23% | 33.5% |
| 湖北 | 0.84% | 40.39% | 61.14% | 73.47% |
| 云南 | 7% | 6.34% | 5.59% | 5.52% |
| 甘肃 | 3.05% | 2.24% | 2.32% | 16.78% |

3. 审判效率指标的科学运用

为进一步完善人民法院案件质量评估体系，并为案件质量评估工作提供更具操作性的文件，2013 年最高人民法院印发了《人民法院案件质量评估指数编制办法（试行）》（以下简称《办法》）。该办法的主要目的之一就是规范和引导各级法院树立正确的司法政绩观，形成科学的评估理念，合理运用评估指标，从而杜绝一些地方存在的“唯指标论”等不良现象。《办法》中有关指标满意区间、指标警示区间、指数区间等内容的规定，都体现着明显的约束和导向功能，使评估制度更具科学性。比如指标本身和满意区间可以构成一份较为完整的“体检表”，其中满意区间好比体检表中的正常值参考范围，这个参考范围是经过大量的观察分析后确定的。评估指标值落入满意区间，在一定程度上表明此项指标的运行是正常的。如果指标值超出了满意区间，则需要引起注意并进行相应的问题排查，分析是否是某些工作出现了异常。如果指标值超出了满意区间的情况能够得到合理的解释，即异常的指标值是与法院自身的特殊情况相符合的，应当认为是可接受的。〔1〕警示区间则是指在满意区间的基础上所设定的警示性的指标值范围。警示区间的范围一般处于满意区间之外，用于对指标的异常情况进行警示。警示区间的设定并不影响评估指数的编制，设置该区间的主要目的是为进一步明确“指标畸高畸低都不合理”这一态度。

（二）公众司法满意度中的司法效率

如果说案件质量评估体系主要是在法院内部开展的，那么公众司法满意度调查则是从外在的角度考察法院的各项工作，其中法院的司法效率是主要内容，以下分别选择了1个高级法院、1个中级法院和1个基层法院所开展的公众司法满意度调查进行说明。

1. 广东法院公众满意度调查

2011年8月下旬至9月，广东省高级法院委托广东省省情调查研究中心对广东全省法院工作的人民群众满意度进行了调查。调查内容涵盖立案与便民、审判与执行、司法作风与形象、廉政建设与监督、总体评价五大方面，具体包括司法便民、司

〔1〕严戈、马剑：“关于《人民法院案件质量评估指数编制办法（试行）》的理解与适用”，载《人民法院报》2013年6月22日，第3版。

法公正、司法效率、司法公开、审判效果、司法公信、司法廉洁、工作作风、司法形象、服务大局等25个问题。[1]

整体的调查结果表明：首先，人民群众对广东法院工作满意率比较高，人民群众对广东法院的整体工作给予了充分认可。其次，在各类受访群体中，与法院工作联系较为密切的相关从业人员对法院工作的满意率最高，其他依次为案件当事人及其近亲属、普通群众。再次，调查表明，人民群众对各地市中级法院的整体工作满意程度差异明显，但是与城市区位及其经济发展水平无明显的正相关关系。最后，从调查内容看，在调查的10项具体司法服务指标中，人民群众对“审判结果”的满意率最高，其他评价较高的指标依次是：主动执行、司法公正、“司法公开”、“司法廉洁”、“司法形象”。“司法效率”、“工作作风”、“服务大局”、“司法便民”的满意率相对较低。这表明群众对案件处理结果，也即实体公正的满意率较高。在三类调查对象对司法便民工作的评价中，相关从业人员满意率最高，其次为案件当事人，再次是普通群众，这表明越是与法院工作联系密切的群众对司法便民工作的感知越高，相应地满意率也越高。

具体到司法效率的评价，由于广东省开展的司法公众满意度调查并未对司法效率中的具体措施加以细分，因此只能得出总体上的判断。在调查中，公众对“司法效率”满意率为89.8%，位居司法服务10项测评指标的第7位。其中，16.7%的群众认为当地法院审理案件的“效率很高”，认为“效率较

---

〔1〕 广东省省情调查研究中心编：“2011广东法院工作人民群众满意度调查报告”，载《广东省情调查报告》2011年第8期。

高”的占30.5%，认为效率“一般”的占42.6%，认为“效率不太高”和“效率低下”的分别占5.3%、4.9%。这表明广东省法院在强化审判管理、确保办案效率方面的工作未被部分群众明显感知。在三类调查对象中，相关从业人员的满意率为95.1%，案件当事人群体的满意率为89.5%，而普通群众为84.2%。这表明越是与法院工作联系密切，越是了解法院工作的调查对象对司法效率的满意程度越高。而普通群众可能是对党政机关的总体工作效率不满意，因而对司法效率的评价也较低。另外，与其他公共管理过程相比，诉讼程序相对比较繁琐、复杂，与群众希望尽快解决纠纷的要求存在一定的矛盾，但是诉讼程序的设立本身就是为了确保司法公正，因此需要不断提高群众对必要诉讼程序的认同，而不能简单地理解为司法效率低。

2. 四川省成都市公众司法满意度调查

2009年，成都市中级人民法院委托国家统计局成都调查队开展了“成都市社会公众对法院及法官形象评价调查”。调查内容包括法官形象、法院形象、司法公信、司法公开、司法权威、司法执行力、司法廉洁等七个方面。[1]

该项调查形成了以下结论：其一，绝大多数受访者认为法院形象明显提升，法院和法官形象被基本认同。其二，对法院整体工作的评价与受访对象的年龄呈正相关。这表明随着年龄的增大，受访对象对法院的接触与认识增多，对法院的评价也

〔1〕四川省成都市中级人民法院：“公众的期盼与回应的路径——成都法院社会形象调查分析报告”，载四川省成都市中级人民法院编：《院领导参阅》，2009年第64期。

随之提高；由于与法院直接接触机会少而接受有关法院负面宣传信息的机率大，年轻群体对法院的评价较低。其三，对法院工作的评价与司法活动的参与经历呈正相关。此次测评包含四类被调查对象：农村居民、城市居民、基层法院诉讼参与人和中级人民法院诉讼参与人。其中，农村居民和城市居民受访者均没有过诉讼经历，统称为非诉讼参与人。四类受访者中，在法院及法官形象总评上，基层法院的得分高于中级法院的得分；农村居民的评分高于城市居民的评分。这表明具有司法活动参与经验的受访者对法院工作评价高，表明公众对法院司法实践的赞同，也表明法院对司法实践正面宣传的不足。虽然这项调查是成都市中级法院委托国家统计局成都调查队开展的，但是据成都市中级法院负责该项工作的人员介绍，调查内容基本上是由成都市中级法院设计的，最后的调查结果分析也是由成都市中级法院完成的，而调查方法、调查过程则是由国家统计局成都调查队完成的。这种发挥各自优势的联合调查不仅省时省力，而且调查效果也非常好。

成都法院的公众满意度调查并没有将司法效率单列出来进行调查，不过通过分析调查问卷可以发现，与司法效率相关的内容已包括在内了。比如办案效率问题关系到公众的时间和精力耗费，从而影响公众对法院司法权威的信任与认同。在公众对这个问题的评价上，成都地区法院系统在这个项目上的得分仅为 67. 28 分。调查发现，仅 9. 92% 的受访公众认为当地法院的办案效率很快，23. 48% 认为比较快。再如针对到法院打官司的感受问题，在公众调查的评价中成都法院系统的得分为 72. 01 分。调查中，仅 20. 65% 的受访者表示“手续简便明了，比较及时”，17. 85% 的认为“没有拖延，基本上还算顺利”，而 10%

以上的受访者则认为“手续仍然繁琐复杂，花费时间长”。又如优化办事程序，打破官僚作风，降低公众“打官司”的成本，是司法便民中较为重要的方面。但是调查结果表明，成都地区法院系统在这个项目上的得分仅为66.57分。认为居住地所在法院的办事程序“不繁琐”和“不太繁琐”的不到受访公众的30%，多达46.26%的受访者表示对法院办事程序根本不了解。

3. 成都市高新区法院行政效能社会评议调查

2009年起，成都市高新区管委会授权高新区监察局委托四川用户评价中心有限公司，按照有关标准和要求，对高新区行政、司法等部门进行行政效能社会评议调查，高新区法院连续四年参加了社会服务类的行政效能评议。一是关于受访对象。主要是接受法院服务的社区群众、企事业单位，以及高新区管委会机关工作人员、驻区各级人大代表、政协委员、专家学者、特邀监督员等。二是关于调查评议方式。调查评议采取调查问卷的方式进行，按照国际通用的CSM期冀分置区间标准计算：90－100代表很满意水平、80－89.99代表满意水平、70－79.99代表较满意水平、60－69.99代表一般水平、50－59.99代表不太满意水平、30－49.99代表不满意水平、1－29.99代表很不满意水平。三是关于调查内容。评议内容包括依法行政、政务信息公开、廉洁从政、工作作风、重点工作绩效等五个方面。从总体上看，2009年至2012年连续四年的评查结果显示：成都高新区人民法院的行政效能和服务质量保持了群众满意水平。不过，不同受访对象的满意度不同。2012年的调查问卷统计结果显示：机关人员对人民法院行政效能的满意度最高（87.5），普通群众满意度次之（87.07），企业满意度最低（82.13）。同时，连续四年的测评显示：各项测评指标满意度并未随着时间呈现上升趋势。

尽管成都高新区法院在该项社会评议中获得的满意度不低，但是将法院和其他政府机构放在一起开展社会调查是否妥当，调查中所设计的问题是否与法院工作相匹配，调查基于提高行政效率、改进行政效能的目标是否能够对促进法院工作有所帮助，这都是成都高新区法院的法官提出的质疑。确实，行政效率与司法效率是完全不同的两个概念，基于提高行政效率的理念设计的问题是否适合于判断法院工作的效率、司法满意度调查基于的主要目的、调查主体的专业性、问题的设计应契合司法运行的规律等领域都值得做进一步的探索。在调查过程中，成都高新区法院的法官确实也在不断与调查机构进行沟通，以期从改进法院工作的角度不断修正、完善社会评议调查的内容，当然，其最终的目标还是期望开展单独的公众司法调查，而不是与政府机构调查混同。

**二、司法效率评估的实践困惑**

目前全国法院的案件质量评估体系主要是在以下几种评估类型的基础上形成的：第一种类型是个别指标评估。这种评估方法是建立由若干评估指标组成的指标体系，但不对各个指标进行任何综合，而是通过对个别指标的把握实现对评估对象和客体的评估。第二种类型是打分综合评估法。该种方法选取若干评估指标，先确定各项指标的基本分，再确定该指标的目标值，然后按各指标的实际得分计算出总分，最后用总分高低确定评估结果的好坏。第三种类型是 ISO 质量体系认证。2004 年 1 月 5 日，山东省东营市中级人民法院成为第一家通过 ISO 质量体系认证的法院。第四种类型是以最高人民法院为代表的多指标综合评估，即运用多指标综合评估技术，建立案件质量评估量化模型，赋予每个指标不同的权重，通过同度量方法，使因为量纲和数量级不同而不能相加的指标转化为量纲和数量级相同的指标，再依一定的规定合成为综合指数，用综合指数对案件质量和效率进行整体评估。比如，最高人民法院案件质量评估指标体系的综合指数为100%，下设公正、效率、效果3个二级指标，权数分别为40%，30%，30%。二级指标下再设31个三级指标。应该说，最高人民法院目前采取的多指标综合评估法是在克服上述几种评估方法不足的基础上形成的，代表着法院案件质量评估工作的发展方向。[1]

案件质量评估体系多年的运行实践表明，反映全国法院案件质量的关键指标和评估指数都呈现良好势态，审判质效进一步提高[2]。公众对司法的满意度调查也已陆续在各地开展，各项调查数据所反映的指标也表明法院审判工作质量整体上运行良好。但是在制定评价指标的过程中，由于过分强调指标的表面作用，致使评价体系这个强化审判管理的“指挥棒”和评价案件审判执行工作的“体检表”[3]中的部分指标背离了审判规律，在司法实践中产生了“唯数字、唯名次”甚至数据造假等诸多问题。

### （一）司法效率评价指数不能合理反映司法工作实际

首先，按照正常的逻辑推理，只有审判工作水平提高了，

---

〔1〕曾华：“关于开展案件质量与效率评估的理性思考”，载景汉朝主编：《司法成本与司法效率实证研究》，中国政法大学出版社2010年版，第318页。

〔2〕严戈、袁春湘：“2012年全国法院案件质量评估分析报告”，载《法制资讯》2013年第Z1期。

〔3〕本报评论员：“用好案件质量评估体系这张‘体检表’”，载《人民法院报》2013年6月22日，第1版。

案件质量评估体系设定的指数才会提升，但在司法实践中并非如此。以结案均衡度指数为例，其设立初衷是为了形成在总体上达到收、结案动态平衡的良性办案机制，所以，无须追求微观、绝对的均衡。然而，一些法院指数接近于零甚至为零。达到这样的均衡度，收案和结案都必须绝对均衡，可能伴随牺牲当事人诉权或违背司法规律的隐患。其次，案件质量评估体系分别从案件的公正、效率、效果三个方面展开，但是在实践中，为了评估总分的提高，很多法院会优先选择容易提升的指标开展工作。相比较而言，效率指标的提升远远快于公正和效果指标。[1]因此就会出现评估体系中哪部分指数提升快就侧重于提高哪部分的情况，而不是从法院存在问题的领域着手改进。最后，由于案件质量评估体系是通过指数进行点与点之间的比较，即使有的法院所获指数已经符合该法院的工作实际，但也可能在与其他法院的比较中落后而获得不良评价。

### （二）许多法院将案件质量评估指标误作“成绩单”而非“体检表”

案件质量评估体系是就法院审判工作整体而设计的，主要功能是用于评估分析，是一张“体检表”。实践中，一些法院误把评估体系当作一张“成绩单”，不加选择、不加区别地将一些评估指标简单“移植”，直接作为审判业绩的考核指标，对审判工作和法官的积极性带来了消极影响，产生“唯数据论”、“形而上”等负面倾向，进而引发违背审判规律甚至弄虚作假等错误做法。比如对数据重新进行制作，即在不影响相关指标的前

〔1〕 郭俭、王保林：“案件质量评估指数的合理区间研究”，载《人民法院报》2013年9月11日，第8版。

提下，通过重新组织合议庭、重新填报结案时间等对指标值进行处理。如在核定一定的结案均衡度波动范围的基础上，测算各季度结案数的谷值和峰值，结案数未达谷值的，则突击结案；结案数已超峰值的，则在确保不影响相关指标的前提下，退回部分已结案件，作未结处理。第二种方式是对指标数据进行“变通处理”，即在确保不影响相关指标的前提下，通过变通案件审理时间、宣布裁判结果的方式、审判程序等对指标值进行处理。如为了提高当庭裁判率，部分法院对于已经开庭审理完毕，并未当庭裁判的案件，及时制作裁判文书，并通知当事人再次开庭，开庭期间仅宣告判决内容，并将此案计入当庭裁判案件的总数。又如为了提高一审简易程序适用率，部分法院在研究该指标的计算公式中，在当事人申请调解的期间不计入审限的基础上，其处理方式是在立案环节将绝大多数民事案件以简易程序立案，立案后，对于3个月内无法审结的案件，动员当事人申请调解，以延长实际审理时间，又不必将案件转入普通程序。对于尚未开庭审理，且在3个月内无法审结的民事案件，还可动员原告申请撤诉并承诺再次起诉的，不收取诉讼费。第三种处理数据的方式是多报、少报、虚报或漏报。比如为缩短平均审理时间，法院对于符合立案条件的民事案件暂缓立案，先行调解。调解成功的，则以普通程序立案，并在立案当日或第二日调解结案。调解不成的，则以简易程序立案。如此一来，调解结案的案件，其名义审理时间远短于实际审理时间。

数据造假的做法实际上掩盖了审判工作的真实情况，使某些审判质量、效率和效果低下，但擅长数据投机的法院在评估指数的排名序列中脱颖而出。长此以往，大部分法院将不再专注审判，而将主要精力转向数据投机，最终导致最高人民法院无法识别被评估者地方各级法院的真实情况，形成“逆淘汰”[1]，结果是出现所有法院都争相进行数据投机的恶果。

（三）司法效率评估机制与审判绩效考核的衔接问题

1999 年以来，最高人民法院在先后发布的三个《人民法院改革纲要》中均提出建立健全人民法院审判管理工作机制的要求，强调了审判管理活动通过组织、指导、评价、监督、制约等方法对审判执行工作进行合理安排、对司法过程进行严格规范、对审判质效进行科学考评、对司法资源进行有效整合，确保促进公正、廉洁、高效司法。在此背景下，各地法院大力加强了审判管理，积极探索审判管理的新机制和新方法。以最高人民法院为例，最高人民法院研究室一直以来都在开展全国法院系统的案件质量评估工作，2010 年 10 月，最高人民法院成立了审判管理办公室，主要承担案件流程管理、质量评查、监督检查法定审限执行情况、督办重要案件、督促各审判部门提高审判质量效率、承担审判委员会会务、案例编纂等职能。这标志着最高人民法院基本形成了以专门审判管理机构为平台、中介和枢纽，齐抓共管、人人参与的有组织、有系统的审判管理工作格局。各地法院在短时期内也相继设立审判管理机构，截至 2010 年 12 月，全国已有 25 家高级法院，900 家中级和基层人民法院成立了专门的审判管理机构。[2]

---

〔1〕 陈璐、乐巍：“案件质量评估中的功利主义倾向及其规制”，载钱锋主编：《审判管理的理论与实践》，法律出版社 2012 年版，第 159－160 页。

〔2〕 最高人民法院：《人民法院工作年度报告》（2010 年），人民法院出版社 2011 年版，第 60－61 页。

**表 6　各地人民法院专门审判管理机构统计表（截至 2010 年 12 月）**

| 地区 | 机构数量 | 地区 | 机构数量 | 地区 | 机构数量 |
| --- | --- | --- | --- | --- | --- |
| 北京 | 22 | 江苏 | 123 | 湖北 | 16 |
| 上海 | 4 | 安徽 | 31 | 陕西 | 31 |
| 天津 | 4 | 江西 | 6 | 甘肃 | 1 |
| 重庆 | 46 | 浙江 | 69 | 青海 | 1 |
| 辽宁 | 47 | 福建 | 17 | 内蒙古 | 1 |
| 吉林 | 55 | 广东 | 75 | 西藏 | 1 |
| 黑龙江 | 11 | 海南 | 9 | 新疆 | 3 |
| 河北 | 58 | 贵州 | 1 | 广西 | 10 |
| 山西 | 19 | 云南 | 13 | 宁夏 | 3 |
| 河南 | 8 | 四川 | 59 | 兵团分院 | 1 |
| 山东 | 49 | 湖南 | 131 | 总计 | 925 |

从宏观上说，审判管理应包括案件质量评估和审判绩效管理在内，涵括了审判质量管理、审判流程管理、审判运行态势分析等各项审判管理工作。从提高效率的角度来看，似乎二者并不存在冲突，但由于案件质量评估和审判绩效管理二者本身职能定位的差异，在实践运行中许多法院存在两种不同的倾向，一种是案件质量评估和审判绩效考核各自为政，各自独立，两项工作分属法院中不同的部门承担，彼此不存在资源的共享与合作，结果导致在提高司法效率的目标下反而降低了工作效率。另一种倾向是将案件质量评估体系与审判绩效管理进行简单的衔接，把案件质量评估的“体检表”当成了审判绩效考核的“成绩单”。将案件质量评估的结果运用于审判绩效排名评比，将二者简单地等同起来，而忽视了二者的差异性。

这种简单机械的衔接方式颠倒了审判管理的逻辑顺序，本应通过案件质量的改善来实现案件质量评估指数的提升，变成从案件质量评估指数提升推论案件质量实效改善，审判实质管理演变成“数据管理”、“形式管理”，不问案件质量究竟如何，不管当事人和社会满意度怎样，只追求尽可能高的评估指数，这显然就是对案件质量评估的误用和夸大。[1]结果往往是“办案越多，质量评估风险越大，负担越重，绩效考评越容易差”，这导致法院绩效考核不仅不能激励法官的主观能动性、激励法官的工作积极性，各项繁复的考核指标似乎都将法官置于被管理的位置，法官在超负荷的审判工作的同时有种被“考焦”的感觉。更为严重的是，部分法院在“唯数据至上”的驱使下采用前文所述的数据造假的做法，采用纯粹从数据上优化案件质量的各种“技巧”。不容否定的是，案件质量评估和审判绩效管理的不当衔接是导致审判绩效考核对法官不当激励的重要原因。

（四）司法效率评估指标本身存在的问题及实践障碍

当然，司法效率评估指标本身设计是否科学、完善，是否符合审判工作规律，会直接影响到对审判工作的正确评价，而设计的指标在实践中获取的难易程度也会影响指标结果的实践指导性。案件质量评估体系是一份“体检表”，既然如此，就应该通过各项指标保证体检结果的全面性，发现审判权运行过程中存在的问题，但事实上部分指标却达不到预定目的。

1. 法定（正常）审限内结案率指标存在的问题

在审判实践中，各地法院法定（正常）审限内结案率都达

〔1〕 陈忠、吴美来：“案件质量评估与审判绩效考核衔接机制研究——以重庆法院实践为样本”，载《法律适用》2014 年第 3 期。

到98%以上，考虑到法律对延长审限的“特殊情况”规定不明确，实践中不易把握，延期的随意性比较大。另外，根据最高人民法院的司法解释，有些诉讼活动是不记入审限的，如处理管辖权异议的时间、鉴定的时间、部分调解的时间等。[1]此外在审限管理上也不规范。一些法院对扣除和延长审限的审查不严格，只要递交申请就批准，少数办案人员将扣除和延长审限作为拖延审判时间的手段，案件临近审限找理由扣除审限或者匆匆申请延长。最终的结果是，从形式上看似乎延长审限的案件都符合法定审限的规定，但是事实上在审判实践中却存在许多实质性超审限、违反法定审限的案件，更不必说从审限的统计数据中了解那些超审限的案件究竟用了多长时间。

2. 案件平均审理时间指数存在的问题

平均审理时间指数主要是从个案的审理时间为基础进行测算的，反映了处理案件所需要的总体时间。但是平均审理时间指数却不能发现各种不同类型案件审理所需的时间，无法发现哪些诉讼阶段花费的时间长、哪些诉讼阶段用去的时间短。在

---

〔1〕如《最高人民法院关于适用〈中华人民共和国民事诉讼法〉若干问题的意见》第164条规定“民事诉讼法第135条规定的审限，是指从立案的次日起至裁判宣告、调解书送达之日止的期间，但公告期间、鉴定期间、审理当事人提出的管辖权异议以及处理人民法院之间的管辖争议期间不应计算在内”。又如《最高人民法院关于人民法院办理执行案件若干期限的规定》第13条规定“下列期间不计入办案期限：①公告送达执行法律文书的期间；②暂缓执行的期间；③中止执行的期间；④就法律适用问题向上级法院请示的期间；⑤与其他法院发生执行争议报请共同的上级法院协调处理的期间”。

这方面，日本对案件平均审理期间的统计值得借鉴。[1]因此，在对案件平均审理时间指数进行设计时，仍需作更精细的考虑。

3. 当庭裁判率存在的问题

虽然当庭裁判体现的是即时审理、即时裁判的诉讼理念，是诉讼高效率的表现。但是在实践中，除基层法院审理的简易程序案件外，其他案件（尤其是二审和再审案件）受审理程序制约（需要合议），很难进行当庭裁判。

除上述已设定的评估指标本身存在问题外，目前的司法效率评估指标尚不能全面涵盖所有的审判执行工作。比如备受社会诟病的送达情况就没有专门指标予以评价，而因送达不能导致诉讼迟延、效率低下是困扰我国法院（特别是基层法院）的主要问题之一。又比如案件评估体系中设置了对诉讼案件延长审限的指标即延长审限未结比，却未设置有关执行案件延长期限的指标，因此无法通过案件质量评估体系掌握延长执行期限案件的情况。

还需要提醒的是，各评估指标在评估体系中的权重问题。比如结案均衡度指标的目的是防止结案大起大落，但其受到案件受理数和结案数两个因素的影响。结案数相对是可以通过人

〔1〕 日本的《审判的迅速化的调查报告》不仅分析了日本全部地方裁判所审理的第一审民事案件平均审理期间，而且提供了不同类别民事案件的平均审理期间。同时，为了了解诉讼各阶段所用的时间，《报告》把法院的审理活动分为五个阶段，第一阶段，从提起诉讼到第一次口头辩论期间；第二阶段，从第一次口头辩论到人证调查开始的期间（整理争议点的期间）；第三阶段，从人证调查开始到人证调查结束的期间（人证调查期间）；第四阶段，从人证调查结束到口头辩论结束期间；第五阶段，从口头辩论结束到判决宣告。然后分别统计各阶段所用的时间。参见季浩："司法统计的精细化与审判管理——以民事案件平均审理期间为对象的考察"，载《法律适用》2010年第12期。

为努力加以改变的，但每月的案件受理数却不是人为可以均衡控制的。因此，虽然该指标较难把握，却在效率评估指标中占了12%的权重。而审判效率指标中法定（正常）审限内结案、平均审理时间指数与平均执行时间指数三项指标已经能较好地制约法官办案周期和结案的均衡度，此处再通过结案均衡度指标来评估，与前述三项指标显然存在冲突之处。又比如法院年人均结案数和法官年人均结案数，表面看起来似乎对法院和法官的办案情况有个较为准确的测度，但实际上结案数受到收案数的影响，法院收案的数量都是客观的，因此结案数也不是法官可以主观增加的。这两项指标只有在案件数量多、法官人数相对少的法院才能凸显出更重要的价值，在全国范围内采用一刀切的方式规定占效率指标11%的比重似显武断。

（五）司法效率评估指标没有体现层级、审级、审判业务部门和地区差异

作为案件质量评估体系组成部分的司法效率评估指标可较为广泛地应用于对各级法院的评价，也可用于法院内各审判业务庭和法官个体。但现实的情况是，不同级别法院、法院内各审判业务庭和法官以及不同经济发展程度的地区，法院对司法效率评估指标的认识存在很大差异。经济发达地区更关注办案效果，而欠发达地区则更强调案件效率。比如在经济发达地区，法官认为设定法定审限内结案率指标意义不大，因为他们认为法定审限内结案本来就很正常。各业务部门对具体指标的主观认识也存在很大差异。比如效率指标在民庭的肯定度要高于刑庭。四级法院的职能和工作特点各不相同，四级审判机制有其各自的功能定位，基层一审案件更应注重对服判息诉和案结事了的评价，尤其是对于许多“案多人少”的基层法院来说，效

率指标的赋分显然要高于中级法院。中级法院更看重评价裁判质量和上级法院纠错能力的公正、效果指标。基于不同级别法院的现实功能差异，对于同一个问题的回答也会存在差异。比如对于造成结案不均衡的原因，中级法院倾向于认为是“收案不均衡”造成的，而基层法院则更多认为是“案件量太多”造成的。

（六）公众司法满意度调查中的问题

公众司法满意度调查从外在的角度对法院各项工作进行评估具有其自身的优势，它能够弥合法院内部自我评价与社会外部评价的差异。但是在开展公众司法满意度调查的过程中也存在诸多问题。首先，是调查主体与内容的问题。为了保证调查结果能够真实反映人民群众的满意度，调查过程必须做到实事求是，选择专业的第三方实施调查。这也是不同调查主体的选择会造成调查结果的重大差异的原因。同时，对调查内容的确定、调查结果的分析及应用等依然需要对法院工作的熟悉与了解，仍需要法院的参与，否则出现的结果可能完全不符合法院审判工作的规律。其次，是调查对象选择的问题。调查对象是指测评活动中的受访对象，基于成长、经历、文化教育等个体条件的不同，不同的对象对调查客体的认知、反应不同，因此对象的不同将直接导致调查结果的差异。比如，广东法院公众满意度调查的对象分为三类：普通群众，与审判、执行案件密切相关的案件当事人、利害关系人及其近亲属，与法院工作联系较为密切的基层组织人员、法律工作者、新闻工作者、企业负责人、人大代表、政协委员等相关从业人员。而成都高新区的调查对象则未把有诉讼参与经历的人与无诉讼参与经历的人进行区分，而在群众类别中把人大代表、政协委员、专家学者、特邀监督员等与法院工作有密切关系的对象与普通群众进行了区分。因此，依据其是否有参与诉讼经历、与法院工作的密切程度等对调查对象进行适当分类，会对调查结果产生影响。最后，是调查内容的问题。调查领域及目的不同，调查的内容也随之不同。前述法院因调查目的稍有区别，调查内容亦各有侧重。人民法院的工作既涵盖与人民群众密切相关的司法审判、执行、廉政等工作，还包括不直接与人民群众利益关联的司法辅助、内部行政管理等工作，不同的工作有不同的性质和规律，检测的标准亦不相同。因此，公众司法满意度调查应当准确界定测评内容，即确定法院工作中哪些部分应当接受人民满意度调查，而不是将法院全部工作都纳入人民满意度调查的范围。与广东省法院和四川省成都市中级法院开展的公众司法满意度调查相比较，成都市高新区法院则是连续四年参加行政效能调查，二者之间的目的还是存在较大的区别的。调查结果也显示高新区法院的具体调查指标满意度并未随时间的推移而呈上升趋势，这说明对法院的工作进行行政效能测评是否科学，即行政效能测评体系是否适合法院工作仍值得进一步探索。

## 三、原因剖析

### （一）司法政治化的影响

从法律的角度来看，法官审理案件只服从法律，不必考虑其他因素。但是在我国，司法机关仍然被视为是政府的职能部门，法官的身份仍然是官员。党和政府利用单位制度作为权力与资源分配的主要渠道，法官与其他社会成员一样，被组织到一个个单位中，法官依赖于单位获得维持生存和发展的各种资源，包括物质资源和晋升、培训机会等非物质资源。法院依赖政府获得维系正常工作和发展所需的人、财、物、权等各种资源。这种依赖关系导致司法的不独立，相应地，法律与司法在社会中发挥的作用主要是充当治理社会的工具，司法过程政治化。[1]尽管司法权被认为是一种判断权，但长时间以来，为了完成社会治理的需要，法官在行使审判权管理案件的同时，还要承担大量的社会职能，参与维护社会稳定。能否有效化解矛盾、避免矛盾激化遂成为评价法官工作能力的重要指标，并通过法院年终绩效考核、社会评议“人民满意法院”、“人民满意法官”等活动表现出来。案件质量评估体系指标表明，法官对案件的处理绝不能仅仅限于法律关系层面，而必须提升到稳定社会大局的高度，把平息纠纷当作政治问题来处理。

高效地实施政策和法律以及保证政令畅通本身是行政追求的主要目标和价值，但是在对法院、法官的评价往往和对政府绩效的评价趋同的背景下，追求高效率的行政化特征对各法院的行为方式和价值取向也产生了深刻的影响。[2]虽然没有人否认我们对法院系统的根本期望是它能公平对待所有当事人，但是在圆满完成党和政府交给的审判任务这种心态下，法院在公平与效率冲突时，往往表现出效率优先的倾向。例如，法院在对法官的考核、评比时，效率指标都是非常重要的评价指标，高效审判也是各法院汇报工作和新闻宣传中最常用的一个数据，是法院政绩最为直接、最为突出的表现形式。

---

〔1〕 吴英姿：《法官角色与司法行为》，中国大百科全书出版社2008年版，第343－344页。

〔2〕 胡昌明：“构建符合审判规律的司法效率评价机制”，载《全国法院系统第二十二届学术论文讨论会论文集》，人民法院出版社2011年版。

### （二）司法行政化的影响

如果司法政治化是从外部影响法院追求行政化效率目标，那么法院内部的行政化则是导致法院追求行政化效率的内在根源。我国的《刑事诉讼法》、《民事诉讼法》、《行政诉讼法》塑造了基本符合司法规律的诉讼框架，体现了平等、中立、公开、对抗等诉讼原则。但是，由于在诉讼活动过程中以及为诉讼程序顺利进行提供保障和服务的活动中，行政因素介入过多，行政主导的思维惯性渗透到诉讼程序的各个环节，指挥、管理、监督等行政化手段与诉讼程序混在一起，从而活生生地将原本科学的诉讼程序按照行政主导的原则进行了重新塑造，内部的行政化就此形成。[1]由于行政化体制实行的是“首长负责制”，在法院行政化的背景下，法院工作的绩效直接体现为院长的工作绩效。如果将整个法院的权力体系比作一座金字塔，那么法院院长位于塔顶，普通法官则位于塔基位置。法官从升迁、奖惩到任免都取决于上级。在等级森严的法院系统内获得更高权威、更高收入和更多声望的最佳途径就是晋升，而案件质量评估体系正是对法官工作进行评价的参数。这种行政化思维促使法院时刻以评估指标、考核结果为出发点来开展工作，本末倒置，使法院和法官陷入焦虑之中，盲目地“追求”单个指标的排名而导致审判运作和管理上的片面性，引发了为优化指标数据而异化司法行为的荒唐现象，违背了司法规律，也违背了案

〔1〕 蒋惠岭：“建立符合司法规律的新型审判权运行机制”，载《法制资讯》2014年第4期。

件质量评估的目的和价值目标。[1]

上下级法院原本仅具有指导关系，但是在等级化的行政管理模式下二者更类似于行政隶属关系。尽管最高人民法院发布的《关于开展案件质量评估工作的指导意见》中指出“评估结果是各级法院审判工作情况的综合反映，是进行审判工作管理、决策、评价和考核各级人民法院的重要依据之一，各级法院应当正确对待评估结果”。但在实践中，仍有不少法院将案件质量评估结果与法院工作绩效直接挂钩进行考核，将案件质量评估结果作为上级法院对下级法院进行控制和管理的一种手段。

（三）司法效率评估指标设计中的缺陷

首先，是对地区差异关注不足，可能挫伤部分法院的积极性。比如经济发达地区的法定（正常）审限内结案率一般低于经济欠发达地区，因为前者的收案数量更多，办案人数却未必成比例增加。尽管《关于开展案件质量评估工作的若干意见》的科学性一再受到强调，但是，我们却很难用数字关系来表达地区差异在审判实践中的投射。[2]比如，甲、乙是同级法院，甲年收案是乙的两倍，甲、乙在编人数、法官人数均相同。根据简单数学关系，假设乙刚好能在正常审限内审结所有案件，则甲须以两倍于乙的工作效率才能在正常审限内审结所有案件，但两倍于乙的效率已超过了法官的极限，则甲不得不延长部分案件的审限。故甲最终在计算法定（正常）审限内结案率时，

---

〔1〕 郑肖肖：“案件质量评估的实证检视与功能回归——以发回重审率、改判率等指标为切入点探讨”，载贺荣主编：《公正司法与行政法实施问题研究——全国法院第25届学术讨论会获奖论文集》（上），人民法院出版社2014年版，第321页。

〔2〕 陈璐、乐巍：“案件质量评估中的功利主义倾向及其规制”，载钱锋主编：《审判管理的理论与实践》，法律出版社2012年版，第162－163页。

原本为 1 的系数可能调整为 1.5 或大于 1 的其他数字。而做出这种调整的前提是甲、乙每个案件的平均工作量是相同的。然而，影响案件工作量的因素却太多了，包括案件的难易程度、法官书记员配比情况、当事人的调解意愿甚至法官的任职时间长短以及法官的司法能力等难以量化的因素。比如一个案件由一名有经验的老法官审理肯定会在审限内结案，但同样的案件由一名缺乏审判经验的法官审理却可能需要延长审限或超审限。比如经济发达地区可能出现新类型案件、复杂疑难案件的概率远高于经济不发达地区，这些案件的审理可能需要大量的时间。而正是此类案件的审理经验会为今后类似案件的审理提供借鉴、节约案件审理时间。因此，影响法定（正常）审限内结案率的某些因素是显性的，某些因素却是隐性的、不易察觉的，量化也更为困难。如果不将这些不可量化的因素纳入评估指标的计算公式中，那么评估指标所做出的结论也就失去了可靠性。

其次，是有些指标彼此之间存在负相关关系，使部分法院在开展案件质量评估时顾此失彼。比如当庭裁判率和调解率。调解往往需要法官在庭后做大量工作，如果一味强调当庭裁判率，可能严重影响调解率。比如结案均衡度和法定审限内结案率、平均审理时间指数。由于客观存在着某些季节收案数量极少，某些季节则收案数量极多的情况，对于某些法院来说，很难保证两项指标的高效率——均衡度实现了，则法定（正常）审限内结案率、平均审理时间指数可能就下来了。比如平均审理时间指数与一审改判发回重审率和信访投诉率之间也存在负相关关系。在收案高位运行、法官超负荷运转的法院，一味强调高效率可能导致一审改判发回重审率畸高，也可能导致在各个法院的竞争中，案件的审理天数越来越少，而案结事不了、涉诉信访的问题却并没有得到预期的解决效果。

（四）公众司法满意度中的行政效率追求与司法规律存在矛盾

与法院内部的行政化特征相比，社会外部尤其是由党政机关对法院开展的公众司法满意度调查则具有更为明显的行政化特点。由于行政在本质上是一种执行权，行政活动作为对立法机关制定出来的法律的执行，原则上不需要对执行的公正及正确性再行判断。而司法是为正义而存在的，正义是司法的生命，但正义实现过程中仍然存在有效率的正义和无效率的正义。因此，司法效率中的主导者仍然是司法规律，司法效率只是司法活动中不可缺少的增值因素。[1]在上述不同的价值追求下，公众满意度调查可能会追求较强的行政效率，将行政效能的评价标准用于评价法院工作，而忽视法院自身的工作规律，导致二者出现内在的矛盾和冲突。比如前述对成都高新区人民法院开展的社会评议调查，基本上就是将该法院作为政府部门开展调查的，可想而知，缺乏对司法工作规律认识的社会评议调查所形成的调查结果又如何能用来改进法院的工作。

尽管存在诸多问题，但这并不意味着公众司法满意度调查就不能够通过建立合理的调查体系来进行考量。比如我国台湾地区就形成了一套尊重司法运行规律的公众满意度调查机制。[2]该项调查由我国台湾地区“司法院”自1999年开始，每年都在台湾地区20个县市1809万人口范围内开展《一般民众对法院服务满意度调查》、《法庭活动满意度调查》以及《法院

〔1〕 蒋惠岭：“论司法效率中的八个关系”，载《人民司法》2008年第17期。

〔2〕 黄斌：“台湾地区公众司法满意度调查”，载《法制资讯》2013年第11期。

民刑事审判过程意见调查》三项调查，分别从民众对“台湾司法制度”的认知情况、民众的司法知识认知情况、民众获得司法信息的来源、民众对各项司法表述的同意程度与对法院、法官的信任程度、民众对法院经历的评价以及民众对司法重大政策的看法等方面渐次展开，以探寻民众对司法的了解和满意程度，并通过观察历年的变动趋势，呈现民意意向作为政策参考，为以后改进司法提供更为丰富的调查资料。到现在为止，我国台湾地区的公众司法满意度调查已经逐渐成熟，逐渐为社会各界所认同。

另外一项较为成功的公众司法满意度调查是2010年9月欧洲司法效率委员会在斯特拉斯堡发布的《欧盟成员国法院使用者满意度调查指南》（以下简称《满意度调查指南》）〔1〕。欧洲司法效率委员会在总结欧盟各成员国已有经验和借鉴其他国家有益做法的基础上制作《满意度调查指南》主要基于两个目的：一是促进欧盟各国法院司法服务的改进和提升；二是通过法院之间的比较性研究，摸索出一套由欧洲司法效率委员会主导可在所有成员国进行大规模调查的方法。《满意度调查指南》是供各欧盟成员国参考以对其国内法院进行满意度调查的一个模板。问卷明确了满意度调查的主要内容和方向，大部分内容能适用于不同诉讼制度的各个国家，一部分内容可由各国根据实际情况进行适当调整，用来反映不同地域、不同司法文化的特点以及法院管理者的需要。对于我国目前的公众司法满意度调查结果显示，各地仍处在探索阶段，域外的经验对于我国构建一个

〔1〕肖宏：“欧洲司法效率委员会对成员国法院进行满意度调查的方法及对我国的借鉴意义”，载《法制资讯》2013年第5期。

完善的公众司法满意度调查机制具有很好的借鉴价值。

## 四、司法效率评估制度的完善

司法效率评估作为司法评估制度的组成部分，是人民法院的一项基础性和系统性工作。在过去十余年的时间里，司法效率评估工作经历了从无到有、从有到优的渐进式发展历程，其中也不乏反复的过程。但不容否认的是，包括司法效率评估在内的司法评估工作已成为服务人民法院科学决策的重要途径，前述揭示的问题为该制度的完善提供了方向。然而，司法评估工作是一项非常复杂的工作，它涉及法学、管理学、经济学、统计学等多个学科，是综合评估技术在审判领域的应用，随着认识和研究的深入，司法评估工作的合理性、科学性也会进一步增强。本章主要就我国的司法效率评估制度提出完善建议。

### （一）尊重司法规律、减少行政化干扰

首先，要合理定位司法效率评估的功能，更加理性地认识司法效率评估的结果。司法效率评估的功能更多的还是应该定位于为审判工作提供分析咨询意见、为法院决策提供依据、为指导审判工作服务。尤其应克服评估绝对化的理念，评估结果只能作为评价法院和法官工作的参考依据之一，不能当作衡量审判工作的唯一法宝，简单地进行肯定和否定，更不能作为考核法院或法院个人水平的标尺。

其次，司法效率评估制度的完善与司法改革密不可分，尤其是改革审判权运行机制中存在的行政化倾向，是司法效率评估工作遵循司法规律的基本前提。虽然司法体制“去行政化”的改革不能一蹴而就，但局部的改变对整个司法体制的改革也会有积极的推动作用。比如还原评估指标的宗旨和目标，取消

法院的指标数据排名次的做法，避免法院之间为了单纯追求名次而进行恶性竞争，防止审判活动中出现违背审判规律的行为，杜绝以牺牲公平正义为代价获取虚假数据的行为，取消指标与绩效考核直接挂钩等，这些都是在细微处遵循司法规律，拆除司法中的“行政化”藩篱。〔1〕

再次，司法效率评估工作应考虑案件的差异、审级的差异和地区的差异，在此基础上对应不同的评估指标。比如可以在评估指标的基础上设置不同的统计分组，以平衡地区差异。统计分组就是把统计总体按照某一标志划分为若干性质不同又有联系的几个部分，其根本任务在于区别事物之间存在的质的差异，研究统计总体的特征，揭示统计总体的矛盾。〔2〕最为简单的是，可以按照东部法院、中部法院和西部法院的模式分组。再比如，我国四级法院在职能定位上应有所差异。〔3〕一审法院的主要职能应定位于明断是非、定纷止争，承担起将绝大多数矛盾纠纷就地解决的任务，二审法院不但要解决纠纷，更具有诉讼终局的公共性质，主要职能应定位于实现“案结事了”，再审法院则应当重点发挥依法纠正生效错误裁判、统一辖区内法律适用等具有公共性质的职能作用，对于最高法院而言，应当主要发挥其在全国范围内保证法律统一、正确实施的职能。因

〔1〕 2014年4月4日重庆市高级人民法院发布《重庆市中基层人民法院评估工作办法》及评估指标体系，根据该评估办法，重庆市高级人民法院将不再对中基层法院进行工作目标考核，对法院工作只评估不排名。载《人民法院报》2014年4月9日，第1版。

〔2〕 马海军:《统计管理学》，北京大学出版社2011年版，第35页。

〔3〕 中共十八届三中全会《中共中央关于全面深化改革若干重大问题的决定》中对司法权力运行机制改革作出重要部署，特别提出要“明确各级法院职能定位”，为这一问题的解决提供了重要保障。

此，各级法院职能定位的差异也应体现在司法效率的评估工作中，坚持统一性和差异性相结合的原则，以符合各级法院工作的实际。

最后，司法效率评估制度应融入广大法官的意见，并让社会研究机构充分参与。在法院内部，法官应该是对审判工作最熟悉的群体，对如何提高司法效率有最直接的认识，但是在司法效率评估设计中却听不到他们的声音和意见，这对司法效率评估工作不得不说是个重大的缺憾。只有融入了法官的经验和意见的司法效率评估制度才会得到法官的接受和认可。在法院外部，司法效率评估应尽可能让社会研究机构充分参与，提供更全面、专业的服务。[1]国外许多司法评估体系都是在社会研究机构的参与下完成并实施的。

（二）多面完善司法效率评估体系

第一，从司法效率评估指标的设计和完善来看，相应的指标可以增加、完善或在权重方面进行调整。比如可设立“延长执行期限未结比”指标，让久拖未执结的案件“水落石出”，始终处于法院评估的视线之内，有利于各级法院高度重视，采取有力措施，抓紧依法化解“骨头案”。比如需要对法定（正常）审限内结案率所规定的案件正常审限期限进行界定，将法定事由调整审限的案件计入正常审限内结案数统计。又如，结案均衡度、法院年人均结案数、法官年人均结案数三项指标的权重在整个司法效率评估指标中占的比例过重，可以加以适当调整。

---

〔1〕 湖南省高级人民法院：“主观与客观之间：司法效率评估的选择与优化”，载景汉朝主编：《司法成本与司法效率实证研究》，中国政法大学出版社2010年版，第337页。

第二，从评估方法来看，实行分级、分层的评估方法应该是更为科学也更具有针对性的方法。目前主要是在法院系统内部开展评估，由于全国四级法院职能上的差异，各级法院采用同一套评估指标体系难以把握各法院完整真实的数据。在评估主体上，可由目前的上级法院专门部门进行评估逐渐转向中立化的评估主体。在条件成熟时，可委托大学、研究机构以及社会专业评估组织进行评估，以增强评估本身的公信力。例如美国加利福尼亚州法院的司法公信力评估机制就是由法官、律师和法学专家共同设计评估问卷，然后委托第三方美国加州司法委员会和美国加利福尼亚州大学联合开展评估调查的。

第三，适时调整评估指数的合理区间。根据审判规律及其运行目标，评估指数的合理区间是司法效率指标所独有的，公正和效果指标则不能设定合理区间。[1]在确定各项指标的合理运行区间时，可以以辖区法院内某一项指标在一定时间内数据的平均值为基础，并综合考量该指标数据的最高值、最低值及最高值、最低值之间的差距等因素来确定该项指标数据的基数，进而在该基数的基础上确定一定的比例作为指标的合理运行区间。[2]但合理区间的设定并非一成不变的，也应随着对审判规律更深层次的把握和实践的发展做出相应的调整，以保证运行区间的合理性。

第四，引入社会公众的评价。目前法院使用的评估体系方法较为单一，基本上是法院内部对自身的评价。但现实的问题

〔1〕郭俭、王保林："案件质量评估指数的合理区间研究"，载《人民法院报》2013年9月11日，第8版。

〔2〕江苏省宿迁市中级人民法院："论如何构建以质效指标合理区间为基础的审判工作评价机制"，载《法律适用》2010年第8期。

是，法院自身评价和社会对法院的评价存在很大的差距。因此，引入社会公众的评价既有利于弥合法院自身评价和社会公众对法院工作评价之间的鸿沟，也有利于激发公众参与司法改革和监督的热情，增强公众对司法的信任和信心。

第五，健全司法评估数据的核查和监督制度。司法效率评估有赖于真实、全面的信息，为保证数据的客观真实，采集数据信息的渠道应拓宽，不单从各级法院上报的数据中采集，而且应充分运用统计抽样技术、实地调查等多个渠道获得。也可以随机选择若干评估指标，采用全面调查的方式对各地数据的真实性进行核实。

第六，合理运用评估结果。目前针对评估结果进行排名的做法不仅导致某些法院在数据上造假，而且会导致法官不重视那些非常重要却又无法量化的司法活动。比如承办法官是否仔细阅读案卷材料，是否仔细聆听当事人的诉辩主张，二审法官是否仔细阅读一审合议庭的评议笔录等。[1]虽然某些法院已经宣布不对评估指标进行排名，但某些替代性方式仍然是可取的，比如高级法院出于掌握辖区所有法院的情况的目的，可以按评估结果不进行排名，不分等级，评估结果不整体公布，仅分别通报被评估法院的评估指数。

---

〔1〕 陈璐、乐巍："案件质量评估中的功利主义倾向及其规制"，载钱锋主编：《审判管理的理论与实践》，法律出版社2012年版，第168页。

# 第八章　提高司法效率的域外经验

域外提高司法效率的改革措施主要分为四个领域，分别是在审判活动过程中提高效率、对案件进行有效地管理、不断完善司法效率评估机制以及运用科学技术提高司法效率。

## 一、提高审判效率

近年来，各国在提高审判效率方面都采取了相应的改革措施。以下内容主要反映的是德国、英国、澳大利亚和新西兰的改革情况。

### （一）德　国

在德国，法院实行四级三审制，民事诉讼中争讼标的额在5000欧元以下的民事案件管辖权归地方法院。不服地方法院的判决或者争讼标的额超过5000欧元的一审民事案件由州法院管辖。不服州法院判决提起上诉或抗告的，由州高等法院管辖。州高等法院的判决一定条件下可以上诉到联邦法院，但要通过州高等法院准许。争讼标的额超过20 000欧元的案件无需准许，可以直接向联邦法院上诉。可以想象通过三级法院的审理，整个过程需要花费几年时间。因此，近年来德国在提高审判效率方面采取了一些改革措施：一是2002年1月德国对《民事诉讼法》进行了一次改革，改革的主要内容就是建立不准上诉制度[1]。也就是说，在当事人提起上诉之前，第二审法院就是否可以上诉问题进行开庭审理，如果上诉法院合议庭的3名法官一致认为上诉无理，就不准上诉。由于第二审法院不审理事实问题，只审理法律问题，如果3名法官一致认为上诉内容不带有原则性的法律问题，实际上就没有必要提起上诉。德国《民事诉讼法》第550条第2款曾作了这样的规定。规定出台之后，上诉案件明显减少，上诉案件开庭的次数也减少了。二是在不准上诉之外，为了提高审判效率，重视采用独任法官的组织形式。2002年民事诉讼法改革后，强化了独任法官的作用。也就是说，很多案件可以由独任法官来审理。尤其是在州高等法院，通过独任法官审理案件提高了效率。在州法院，现在大部分案件都是由独任法官来审理。三是限制上诉过程中的事实审理。对在上诉过程中是否允许提出新的事实或者证据的问题，原则上在州法院这一级，就必须完成事实和证据问题的审理。不管哪一方，都不允许把材料留在上诉过程中提出。若在上诉中提出新的事实和证据会受到很大限制。四是采用示范裁决制度。也就是说，在同一时间内，同样的争诉，有超过10个起诉人的，州法院就可以向州高等法院提出由州高等法院判决，所有在州法院的审理活动相应停止。州高等法院做出裁决后，州法院在所有相似的案件审理中必须遵从该裁决。

### （二）英　国

近年来，无论是新成立的英国最高法院还是皇家高等法院的法官都认识到律师在提高司法效率方面发挥着重要的作用，

---

[1] 详见《英国、德国司法成本与司法效率考察报告》（未刊稿）。

并采取了提高司法效率的措施。主要包括以下内容：一是法官在庭审过程中依赖双方当事人律师提交的意见。通过律师提供案件摘要，法官可以比较快地了解案件基本情况。这实际上取决于律师对引用法律和诉讼流程的熟悉程度。二是律师熟悉运用高科技，通过网络获取诉讼相关的资料，以加快案件审理进程。比如，通过网络查询可获取如何上诉的信息，对判决如有异议可以提出投诉，如果诉讼人认为法官判决不妥可以上诉，如果只是法官的态度问题，只需投诉即可，而非上诉。三是法庭会在庭审活动中对律师提出具体的要求，比如应严格遵守诉讼程序，让律师更有效率地参与庭审活动。法院也可以制定具体的规则，规定律师可以做什么，尽量避免律师干扰法官的审判活动。四是在法官与律师共同促进司法效率的问题上，法庭委员会保证律师更有效率[1]。在法庭委员会上，法官和律师可以进行讨论，律师可以对法院提高司法效率的做法提出批评或建议，包括在上诉法院听取律师的意见和咨询。在具体案件审理的过程中，法庭解决司法成本的办法是尽量简化案件，尽量缩短审理程序，通过专家证据，依靠律师的帮助来减少司法成本，将司法成本部分分配给律师。

英国非常重视法官能力在提高司法效率中的作用。法官能力是法官运用法律专业知识、既定规范、操作规程审理案件的能力，是在审判过程中将静态知识转化为动态结果的方式方法，是由已知事实和规范得出新的结论、化应然为实然的桥梁。在英国，法官在庭审过程中应具备的能力既细致又实用，主要包括以下几个方面：一是法官在庭审过程中进行解释的时候速度

〔1〕 详见《英国、德国司法成本与司法效率考察报告》（未刊稿）。

不能太快，以便让当事人人能够理解。二是在诉讼程序方面，应尽可能简化，少用术语，言简意赅，以便让当事人明白。三是从法官的来源来看，在英美国家，很多法官在成为法官前都有律师的背景，这样法官在审理案件过程中知道怎么做是有效的，避免做一些无用功。在英国，成为法官的条件之一是必须曾任见习律师，这对以后做法官、提高法官能力都有很大的帮助。四是在提高法官能力方面，英格兰、威尔士和北爱尔兰的司法人员要定期接受培训以及时更新司法知识，因此，司法学院对培训法官起着非常重要的作用。一般在英格兰和威尔士，司法任免委员会会定期宣布人员空缺职位及标准。应聘初级司法人员的人应参加法律事务考试和面试，考虑其审理案件次数，以决定是否录用为司法人员。在英国，优秀律师愿意从事法官职业的部分原因是法官的社会地位高、报酬高、福利待遇好。

重视通过完善裁判中的相关配套机制提高司法效率。以英国的治安法院为例，在英国法院系统中，治安法院属于刑事法院系统的范畴，刑事法院系统分为以下四级法院：治安法院（Magistrate's Courts，青少年法院（Youth Courts）作为治安法院分支，受理被告为 10 - 17 岁的案件）、刑事法院（Crown Court）、上诉法院（刑事庭）[Court of Appeal（Criminal Division）] 和最高法院。治安法院是基层刑事管辖法院。英格兰和威尔士共有治安法院 700 个，每年审理的刑事案件占全部刑事案件总数的 95%。在英格兰和威尔士，治安法院审理的刑事案件绝大多数由刑事检察院（Crown Prosecution Service）提起指控，很少一部分案件由其他执法机构提起指控。治安法院开庭时，如果被告作认罪答辩，就不再出示证据和传唤证人，法官直接量刑；如果被告作无罪抗辩，法庭将考虑证人人数和出席的可能性，确定审判日期，在传唤证人、听取所有证据后，判定被告是否有罪。如某一犯罪属于可诉罪，治安法院法官在听取案件的初步事实后，将决定案件是在治安法院审理还是呈交刑事法院审理。如案件需呈交刑事法院审理，呈交准备时间通常为4－8周，88%的案件不超过10周。

从提高司法效率的角度来看，治安法院有以下经验。首先，庭审安排井然有序，法官、书记员、法庭工作人员分工负责、相互配合，确保了庭审活动的有效开展。书记员不仅事先要做好案件摘要，而且在庭审过程中也要协助法官确认被告的基本信息，呈递被告律师提交给法官的证据等材料，法庭工作人员则负责依次传讯被告到庭或者向法官报告被告未到庭的原因，以便让法官决定是否审理此案，同时引导被告及其律师。法官在审理过程中不断聆听被告律师的意见，对事实进行判断，而且还要对被告的情绪进行管理。其次，庭审过程中的相关配套机制比较完善。法院的判决只是一个方面，关键还是要有社会配套机制来执行法院的判决。比如精神鉴定、缓刑、刑罚社区劳动、签发搜查令等，都需要一个完备的社会机制来接法院的“下手”。因此，法院判决并没有解决根本问题，法院只是做出判断，它需要一个完善的社会配套机制比如精神鉴定机构、社会救济机构、社区矫正机构等来发挥司法整体的效能，增强法院判决的执行力，提高法院的工作效率。

（三）澳大利亚

在澳大利亚新南威尔士州，近年来主要采取了以下提高审判效率的改革措施：

第一，通过审前调解提高司法效率。在澳大利亚新南威尔士州，大量的民事纠纷会尽量通过审前调解的方式解决。为了避免直接进入法院的正式诉讼程序，纠纷会在审前程序中通过调解员（Referee）进行调解。调解员由法院提供，当事人可以从法院提供的调解员名单中进行选择，看有没有可能通过调解员达成调解协议。不过在涉及遗嘱的案件中，当事人必须接受强制性调解，这是唯一强制调解的程序。法院的调解工作是由法庭的执行官（Registrar）而不是法官来完成的。据统计，调解的成功率在60%左右，这大大减轻了法官审理案件的工作量，提高了司法效率。

第二，通过连续审理案件提高司法效率。[1]为了提高庭审效率，降低司法成本，澳大利亚法律规定要对案件进行连续审理，并且法官在庭审过程中有权通过发出裁定的方式推进庭审进程。如果原告决定要起诉被告，法官要通知被告。证人出庭作证，应尽量在一天或一星期内的集中审理期间完成。为保证法官连续审理案件，法院有专门的法官或执行官从事案件流程管理工作，提前准备好所有文件，并通知所有证人。法庭不负责调查事实，所有事实由当事人提交，法庭主要是帮助证人出庭作证，并且通过法庭提示（Practice Note）告诉当事人怎么做。一旦法院出现诉讼迟延的问题，会由15名法官组成小组来提出解决方案。同时，法院有一套科学的统计系统，可以了解案件审理的进展情况。法院也采取了相应的科技手段保证审理的连续性，比如法庭和警方的设备是兼容的，通过设备和警方的监视系统获得的违章现场取证资料可以作为证据。刑事案件中可以把监狱的录像拿到法庭上，有利于节约司法成本。

---

〔1〕 黄斌："澳大利亚提高司法效率的启示"，载《人民法院报》2010年12月29日，第8版。

第三，通过设立快速通道提高审判效率。新南威尔士州最高法院衡平法庭针对商事案件的审理设有专门的快速审理通道。衡平法庭提示（Practice Note Sc Eq 4）规定，除法庭执行官管理的商事案件外，商事案件所有的程序和申请都由商事法官负责管理，其目标就是为了快速审理案件。在商事诉讼中，紧急申请人可以在任何时候向商事主审法官（Duty Judge）提起申请。该法庭提示于2010年5月31日开始生效，并将取代2009年3月11日公布的法庭提示。商事主审法官在商事案件审理中必须具有专门的知识，商事案件对法官的要求比较高，必须能对商事案件作出快速的判断。为快速解决双方当事人的商事纠纷，法官助理会在每周一管理商事案件，当事人的出庭顺序会在9点半之前完成，以便根据案件开庭时间传唤当事人。一般情况下，商事法官当天就可以对商事案件进行审理。除周一庭审的案件外，法官助理会整理分配好庭审日期的其他案件的争点，以利于提高案件审判效率。

第四，注重形成法官与律师的良性互动。从法官的来源来看，大部分具有丰富经验的律师都向法官职业流动。澳大利亚地方法院的法官平均年龄在四十多岁，上诉法院法官平均年龄在五十岁左右，大部分法官都具有二十多年职业律师的出庭经验。在法院内部，会区分不同的人员并作出分工，比如在新南威尔士州地方法院，2008年除了有133名地方法官外，还有负责专门事务的验尸官、评估员和司法行政官等人员。与英国的做法相似，律师可以对法院提高司法效率的做法提出批评或建议，法官也可以在讨论活动中向律师提出具体要求，让律师更有效率地参与庭审活动。

(四)新西兰

在新西兰,争端仲裁裁判所[1]在解决纠纷、提高司法效率方面发挥着独特的作用。新西兰的争端仲裁裁判所附设于地区法院但又不属于法院系统组织,始建于1976年,是新西兰寻求一种快速、低廉和非正式方式解决纠纷应运而生的产物。新西兰全国地区法院设有59个裁判所,分布于北部区10个、怀卡托区16个、中心区20个、南部区13个。每个裁判所约有2至4个仲裁人(Referee),少的有1人,个别也有5至7人,如奥克兰地区、北海岸地区,仲裁人也有交叉在各所任职的。新西兰目前有65名仲裁人。他们经过议会议员正式任命,一任3年,可以连任。在任职资格方面,虽然法律没有正式的要求,但90%是有法律资格的,除具有一定的法律知识或训练外,还要求他们具有良好的个人品质,有适合作裁判人的知识和执业经验。他们有兼职的,也有专职的,律师可竞选仲裁人,其中约80%是做过律师的。但是,仲裁人不是法官,薪酬也比地方法官要少。裁判所的经费,除向当事人收取的低额费用外(一般按案件标的额收取30至100新元),主要还靠政府补贴,但所需的经费要比地方法院少。

争端仲裁裁判所的主要职能是解决小额民事纠纷,给当事人提供一个省时、省钱、便利的选择性解决纠纷的途径,节约国家高额的司法成本。裁判所受理从起初的标的额为500新元增加到现在为20 000新元的合同、侵权、消费和公平贸易法、租赁购买法的纠纷等,还有一些特别纠纷,如地租、雇佣和房

〔1〕参见韩建英:“新西兰争端仲裁裁判所印象”,载《人民法院报》2010年7月30日,第8版。

屋租赁等也在它的管辖之内，管辖范围已经很广（除土地所有权、税收、社会福利、扶养和遗嘱、婚姻以及商业秘密和知识产权纠纷外）。争端仲裁裁判所的特点是快速、低成本、私密、非正式。争端当事人随到随受理，填写一张《主张申请表》，写明争端双方的基本情况，纠纷的发生、起因以及损失或给付，主要写清要解决的结果。当事人还可选择争端仲裁裁判所（因为仲裁人必须是中立的，如与当事人有利害关系须回避）和审理的时间，同时需交一些费用（按前述标准，远低于正式的法庭诉讼）。之后工作人员就会给一个通知书，告知当事人确定的审理时间和审理须知。

当事人双方均不需要请律师，审理也不允许旁听或媒体参加，为当事人保密。但审理时当事人可有一位代表人出席（绝不能是律师），尤其是对有语言、听力等残障或18岁以下的当事人。审理中双方可举证或带目击者作证，也可根据案情申请调查（他们有专门的调查员），仲裁人及双方都可发问。

仲裁人把争议焦点和主要事实写到类似黑板（有的是幻灯形式）上公开明示于当事人。仲裁人主要是鼓励或引导双方通过相互协商了结或达成调解协议。协议经双方签字即具有法律效力。如不自动履行，可申请地区法院强制执行。

如果双方不能达成协议，仲裁人可以对纠纷作出一个决定。决定一般并不是严格依照法律条文规定的当事人权利和义务等的形式作出，而是根据与争点相关的法律原则或法律精神阐明决定的理由。当事人如对决定不服，可以上诉到高等法院。但上诉主要审查的是程序问题。如果决定有错误，高等法院撤销回来交另一仲裁人重审。

据统计，通过争端仲裁裁判所审理的案件大部分能协商了结或达成协议，作决定的只是少部分，上诉的则更少，上诉成功率更低。他们一般一天审理4至5个案件，平均2至3个小时审结。当然因案情不同，最短的45分钟了结，复杂的得4至6周，而地方法院审结一起民事案件至少得12个月。

## 二、通过案件管理提高司法效率

2008年由欧洲、亚洲、澳大利亚及美国的一些法院和研究机构共同组成的“卓越法院框架标准联合会”制定了《卓越法院国际框架标准》（International Framework for Court Excellence，即IFCE），这是目前在世界各国司法领域中衡量和检验法院工作水平、司法正义质量、公众满意度的一套比较完整、客观的法院工作评价体系。在卓越法院的七大标准中，其中第一项标准就是开拓创新的领导和积极有效的管理。[1]除了有效推行各国认同的司法核心价值观[2]外，卓越法院同时应当吸纳一部分非法官身份的、可能是金融和组织管理专业科班出身的管理者。并且，不论是法官类还是非法官类的管理者，卓越法院都应当鼓励并支持他们参加相关培训以提高管理能力。

### （一）美　国

《美国佛罗里达州司法发展战略（2009－2015）》中提出司法系统的目标是：法院应当做到便捷为民、公平公正、优质高效、积极回应、高度负责。为了在日益增加的工作量和有限的

〔1〕 林娜：“‘卓越法院’的国际评价标准（上）”，载《人民法院报》2013年3月1日，第8版。

〔2〕 各国认同的司法核心价值观包括十个方面，分别是：法律面前人人平等、公平、中立、独立审判、胜任职责、清正廉洁、公开透明、便捷亲民、及时快捷、司法的确定性。参见林娜：“‘卓越法院’的国际评价标准（上）”，载《人民法院报》2013年3月1日，第8版。

司法资源情况下实现这一目标，司法系统必须加强管理，制定有效的司法政策并切实有效地实施，合理配置司法资源，并确保司法资源管理上的透明度和可问责性。[1]在加强案件管理方面，该战略提出要制定及时有效的案件管理方式并实施案件管理，包括在全州系统建立一个覆盖全州的信息技术系统，以支持高效的案件管理和法院资源的使用。

在《美国关岛司法发展战略规划》[2]中提出，今后，法院必须不断简化工作流程，合理推进案件，消除冗余，优化工作流程，使用技术手段，巩固和更新政策和程序，并重新调整资源，以适应发展的需要。该战略规划具体包括三个方面的目标：一是及时有效地管理和处理案件，包括修改和改进案件分配系统，认识到各种不同类型案件的差异；更为及时地处理案件，减少不必要的案件延迟以及实现案件管理的及时和有效。二是让案件流程更为有效和及时，包括简化内部工作流程，重新分配和利用资源，重新评估和实施标准化的政策和程序以及使用现有技术和新兴技术，提升法院工作。三是根据既定规划和预先安排，合理配置司法机构的资源，具体包括根据预先安排，对非财务和人力资源进行评估和重新调整，以及根据预先安排，评估和重新调整财务资源。

在《美国湖县法院发展战略》[3]中的第七项战略就是实施案件流程管理，提高效率，减少拖延。具体措施多达 11 个，包

---

〔1〕 参见龙飞："美国佛罗里达州司法发展战略（2009－2015 年）"，载《人民法院报》2012 年 10 月 26 日，第 8 版。

〔2〕 参见金晓丹："美国关岛司法战略规划（2012－2015 年）"（未刊稿）。

〔3〕 参见蒋惠岭、何帆："美国湖县法院发展战略"，载《人民法院报》2012 年 11 月 2 日，第 8 版。

括：采纳案件流程管理委员会的推荐方案；减少当事人不必要的亲自到庭，有效运用科技手段；拓展ADR项目并建立“合作式”ADR项目；定期检视仲裁项目的效率和功效；就成立综合性家事法庭进行调研，以处理所有离婚、未成年人、领养、监护权和其他相关类型案件；增加诉前担保事务的资金投入；合理安排家事和离婚案件的传唤时间，确保耗时较长的案件能够连续审理；针对各种案件类型设立审理期限；设立家事纠纷协调员的职位；尽可能保障跨部门调用备用法官的方便性；以及加强家事纠纷案件流程管理主任的职能，以协调社会调查、恶习或心理矫治、子女探视等工作。

（二）英　国

英国法院的案件管理主要分两类：一类是行政式案件管理，负责收案、排期、安排法庭、翻译问题、资料是否齐全问题，不涉及程序性的法律问题，这属于纯粹的行政式事务；另一类是司法式案件管理，法官介入案件分配的过程并具体分配案件的承办法官，具体的案件分配方案，明确律师在诉讼的不同环节中应完成的工作，以避免律师在诉讼过程中的拖延，法官通过案件管理发挥加快案件审理的作用。在《英国司法工作发展战略》[1]中，实现本战略的具体措施首先就是高效能的案件管理。英国将为法院提供更加高级的案件管理系统和案件排期开庭系统，从而使案件尽快在指定的期限内进入审理程序，减少拖延。具体措施包括：建立并实施刑事案件不间断审理的框架机制；为所有负责刑事案件排期工作的人员提供一种“规划日

〔1〕参见蒋惠岭、林娜：“英国司法工作发展战略”，载《人民法院报》2012年9月28日，第7版。

志”工具；2007年建立并全面推行跨机构的刑事案件不间断审理系统；建立家事法院中心网络；在所有刑事法院设立专门负责案件不间断审理工作的法官；2006年在家事法院试点设立专门负责案件不间断审理的法官；2008年之前在所有家事法院建立统一的案卷管理制度；以及2006年在商事法院试点建立运用高科技进行案件管理的制度。从以上具体规定可以看出，案件管理的具体措施中既包括行政式案件管理也包括司法式案件管理的内容。

（三）欧洲其他国家

在《欧洲司法改革与发展报告（2011－2012年）》[1]中，改善案件管理是欧洲近年来司法改革的主要内容之一。欧洲各国的实践也表明，采用严格的案件管理制度之后，这种干预式管理不仅提高了审判的及时性，而且间接地发挥了降低个案诉讼成本的作用。在一些欧洲国家，法院召集双方当事人参加审前会议的目的是要做好案件审理的计划安排。英国在刑事法院建立了案件管理制度，并进行了相关的培训。在刑事诉讼中，法院鼓励被告人尽早表明自己作有罪辩护，这样可以减少上级法院的审理拖延。在爱尔兰等国，律师有义务事先向法院提交证人名单，以便让对方当事人先做准备，也方便法院对证人名单进行审查。而在其他国家，审前会议是双方当事人自愿参加的。在荷兰的行政法院，第一次开庭审理应当作尽早安排，而且在开庭审理后应当当庭作出裁判，但对于复杂案件可以再次开庭以便查清相关的重要问题。

---

〔1〕 参见蒋惠岭：“欧洲司法改革与发展报告（2011－2012年）”，载《人民法院报》2012年10月12日，第7版。

优化法院和法官的案件量分配机制在多数欧洲国家都是司法改革的重点。当某些法院和法官没有足够的案件量而其他法院和法官忙得不亦乐乎时，资源便被白白浪费了。一种比较有效的办法就是依据客观标准并考虑法官的专业化要求，采用电脑随机分案的机制。一些国家采取相对灵活的办法来平衡法院之间的工作量，但这也同时意味着当事人不得不长途奔波到自己住地以外的法院打官司。在一些国家，法院把选择权交给了当事人：要么排队等候有管辖权的本地法院很长时间之后审理自己的案件，要么到路途较远的外地法院应诉并很快就能拿到判决书。各国的另一种替代性办法是“流动法官”制度，即让一个法院的法官到另外一个案件较多的法院临时帮忙办案。在罗马尼亚，全国统一的管理系统可以管理全国所有法院的所有案件，甚至可以在全国所有法院之间随机分案，以保证法官、法院之间案件分配的基本平衡。

## 三、通过司法评估制度提高司法效率

如果说案件管理关注的是司法过程，那么司法评估则侧重于关注“司法产品”。各国司法评估的类型不同，侧重点也不同，分述如下：

### （一）美国犹他州司法绩效评估系统

美国犹他州司法绩效评估系统[1]的显著特点在于其拥有独立的评估机构，高度依赖第三方机构或个人提供的调查材料，该评估系统侧重对法官的工作绩效进行评价，评估结果对法官是否能够继续被选任具有重大影响。2008 年，犹他州制定了

〔1〕 夏南：“美国犹他州司法绩效评估制度”，载《人民法院报》2013 年 5 月 10 日，第 8 版。

《司法绩效评估委员会法》，规定了评估方式、评估标准等基本规则，并成立了专门的司法绩效评估委员会，负责对法官绩效进行评估。犹他州司法绩效评估的对象为法官个人，评估内容也主要是该法官的司法能力。调查活动不对法官审理的具体案件的裁判结果进行评判。通过调查活动评估的法官履职能力包括法律能力、司法品行和管理能力三个方面。调查活动与庭审观察相结合，并结合犹他州司法绩效最低标准对法官的司法绩效做出综合判断。

（二）德国法官考评机制

在德国，法官是公务员的一部分。考评法官的要求就是考评公务员的要求。考评法官最终体现在评价书中。评价书分为两个部分：一部分是情况叙述，即历史纪录；另一部分是概括评价，这个评价必须建立在事实基础上，但不能包括具体事实。被考评法官对评价书不满可以提起行政诉讼。对法官考评一般包括的内容有：法律知识、文字能力、驾驭庭审能力（庭审准备工作、与争议双方的联络、与争议双方距离是否合适等）、工作效率、随机应变的能力、与他人合作的愿望和能力、解决冲突和纠纷的能力等。考评内容的设计拿捏得十分到位，却不越位。考评内容事事处处涉及法官的审判工作但又绝不构成对法官独立审判的干涉。[1]

为了掌握法官的情况，庭长要向院长报告法官的情况，与被考评法官所在的法庭庭长进行深入交流，并且亲自或委派助手及副院长到审判庭观审，抽查被考评法官的裁判文书以及工

---

〔1〕冯文生："德国法官考评的'学问'"，载《人民法院报》2012年3月16日，第8版。

作进度等，以便对其工作形成完整的认识。为了维护法官的利益，保障法官依法独立审判，法院设法官协会。院长要了解法官的情况需要事先取得协会的同意。法官的评语不公开，但要见被考评法官本人，并且要与之进行交流。之后，报上一级法院院长审核，并写出总评。如果上下级法院院长看法一致，上级法院院长就写“同意”，如果不一致，就要求下级法院院长修改评语。评语进入人事档案。法官留有复印件，是否让人看，取决于其本人意愿，一般而言，试用期法官之间会相互传看。

（三）荷兰司法质量评估体系

司法质量评估系统是一个全面客观的质量评估体系，适用于所有法院。这个系统的目标是使法院按照既定方案来提高质量。质量规定和司法绩效评估系统构成司法质量评估系统的核心。这些司法质量方面的规定包含了与公正裁判有关的重要要素，也包含了影响司法质量和审判管理组织质量的要素。这种评估体系明确了哪些要素与司法绩效评价相关，并且能够进行测评。法院运用诸如司法巡查或当事人评价研究等各种各样的方法来评价司法质量改进的情况。在提高和确保司法质量方面，司法质量评估系统是一个助手。为客观、全面评价各级法院、各审判庭以及法官的工作绩效，荷兰司法委员会制定了详细的评估项目、评分标准，并对评估方法和评估部门作出规定。司法质量评估项目共计33项，涉及5个领域，即法官的公正性、法官的专业性、法官与当事人之间的沟通交流、法律适用的统一性、裁判的及时性。[1]

---

〔1〕 蒋惠岭、金晓丹：“荷兰司法质量评估体系（下）”，载《人民法院报》2013年4月12日，第8版。

荷兰司法委员会还强调，评估体系的关键是激发法院内部的改革动力，而不是单纯追求指标。质量评估体系应当给予法院积极的影响，法院应将评估体系作为工作的目标和动力，而非成为对法院工作的官僚束缚。由此可见，这些评估领域和评估项目做到了内部评价与外部评价相结合，只评估重点项目而非面面俱到，重视法律统一适用而非个案对错，重视程序评价而非裁判结果等。

（四）美国加州司法公信力评估机制[1]

司法考评机制通常都侧重于对司法工作结果的考评，如人均结案数、均衡结案率、上诉率、调解率等，但这种考评机制的客观性又时常受到怀疑。即使比率很高，也未必得到社会好评。与这种内部考评机制相比，美国加利福尼亚州开展的司法公信力评估侧重外部评价，以司法工作的公众认可度为标尺，督促法院改进工作，真正反映了司法工作的社会效果，且省时省力。1992 年美国加州开展了第一次司法公信力评估，2005 年开展了第二次。评估工作由法官、律师和法学专家共同设计评估问卷，然后委托第三方开展评估调查。法院将评估结论用于帮助自己认清形势，以制定本州司法发展战略。调查问卷主要分公众和律师两部分，内容大致相同。除导言和受访人员信息外，其他内容包括：对公共机构的态度，主要调查受访人员对法院、公立学校、县警察局、美国最高法院、加州法院系统、县法院系统的态度，并进行横向和纵向的比较；对法院的了解，主要包括受访人员对州法院系统的熟悉程度以及获取法院信息

〔1〕 参见蒋惠岭、黄斌："美国加州法院的司法公信力评估机制"，载《人民法院报》2013 年 5 月 17 日，第 8 版。

的主要渠道；法院经历，主要包括受访人员介入法院程序时所承担的角色，在此经历过程中对法院的印象，受访人员参与法院程序的时间等；打官司的障碍，主要包括受访人员难以诉诸法院的原因，比如找到法院所在地、律师成本、诉讼费用、路途遥远、法院缺乏儿童看护设施、个人工作忙碌、语言障碍、案件审理时间过长、对诉讼活动的焦虑等具体原因；对州法院工作绩效的评价和期望，这部分内容较多，如：州法院是否发挥了保护个人权利、保障公众安全的作用，是否尽力为无律师代理的公民提供援助、定期公布法院的工作情况，法院审理案件是否存在偏见、法院是否给予人们尊严和尊重、是否认真听取公众的意见、是否回应公众的需求等；法院分配正义情况，主要包括受访人员对参与诉讼者是否得到公正的结果的看法，并具体区分不同群体进行调查。

正如实施该项评估活动的机构所言，本次调查的目的是掌握加州居民对其所在社区的法院和加州司法制度的了解、熟悉程度、基本态度和具体体验，以此衡量公众对司法的信任和信心，了解公众对司法的信任和信心是否以及为何会受到法院经历、受访人员差异和其他因素影响；衡量执业律师对加州司法制度的信任和信心，并确定律师和公众看法之间的相似性和差异，最终为美国加州司法委员会制定司法发展战略规划提供参考。这给我们的启发是，在司法评估机制方面，提高司法效率同样不能忽视外部的视角。

**四、运用科技手段提高司法效率**

运用科技提高司法效率已经成为世界各国法院的共识，尽管各自所侧重的领域会存在差异。

（一）美　国

2010 年 9 月发布的美国联邦司法发展战略将充分利用科学技术的巨大潜能作为一项重要的发展战略。一方面，推广应用革新的技术将有助于司法机构满足法院、工作人员和公众需求的变化。技术可以有效利用时间，并加快工作进程。另一方面，对于公众而言，技术有助于司法便民，包括有利于公众了解案件信息、法院设施以及司法进程。法院需要建设并维护有效的信息技术系统以增强司法公信和当事人对法院的信任。需要强调的是，必须保证信息技术系统的安全性，保护个人隐私。基于此提出了以下发展战略：运用科学技术判断当事人的需要，并为当事人获取信息、服务和接近法院提供帮助。[1]具体包括：继续建设并保持灵活强大的技术基础设施，以完全满足法院在通讯、记录、案件电子化和有效案件管理方面的需要；通过有效的领导协调统一全国的信息技术系统；通过系统化的方法提高司法绩效、节约成本，同时鼓励地方法院的创新；重新界定和更新安全的工作模式，以确保可信、统一、易获取法院的记录和信息。

（二）英　国

英国在其司法工作发展战略中提出将采用现代化的服务方式，更多地运用高新技术，改善司法救济渠道，增加司法消费者的选择空间，为其提供便利。具体包括 14 项措施[2]：继续建设“全国调解热线”；与教育部合作，改善法院内部开展和解

〔1〕参见蒋惠岭、黄斌编译：“美国联邦司法发展战略”，载《人民法院报》2012 年 9 月 14 日，第 8 版。

〔2〕参见蒋惠岭、林娜：“英国司法工作发展战略”，载《人民法院报》2012 年 9 月 28 日，第 7 版。

工作的基础设施，建立可以降低家事案件中的冲突程度的新机制；在民事和家事案件中建立并运用调解的各种新机制；推行司法消费者服务的国家标准；在中心地区的郡法院试点采用电话方式审理案件；通过现有的软件系统实行“实时信息共享”以减少拖延，改善监管体系以减少重新犯罪，提高审判效率；法院建立与全国警务电脑系统的连接，改善信息准确度，确保警官准确了解刑事被告人保释的情况，从而为巡警和侦查活动提供信息上的支持；与检察官合作建立一种高新技术工作模式，从而方便提供书证和视听资料，也能方便律师找到有关材料，缩短审理的时间；2007 年前实现所有刑事法庭内的数字化录音，改进口头证据的笔录转化工作以帮助法官归纳要点和有效处理上诉案件；改善并积极推介“网上追债”系统（MCOL）和索赔中心系统，提高网上索赔的成功率，并力争到 2008 年达到每年网上成功追债 25 万件，法院能够降低 40% 的司法成本；与服务提供商或其他国家机构合作开发“电子立案”系统；针对房屋租赁和抵押方面的案件，运行“网上处理系统”，并力争 2008 年解决 10 万起案件；扩大郡法院的判决登记范围（扩大到罚金刑以及高等法院的裁判），增加关于借贷案件裁判的信息；2009 年之前建立对于罚款和债务的“全国电子支付系统”；2010 年之前努力提高所有法院向公民提供各种司法服务的能力。

（三）澳大利亚

在澳大利亚新南威尔士州，地方法院运用科学技术提高司法效率主要体现在三个方面[1]：视频设备、远程证人设备和电

〔1〕 参见黄斌：“澳大利亚提高司法效率的启示”，载《人民法院报》2010 年 12 月 29 日，第 8 版。

子证据。其一，视频设备可以进行远程双向交流。地方法院的视频设备主要用于监狱犯人的保释庭审，同时也用于向无法到庭的证人收集证据，比如证人在其他州或者在国外。使用视频设备进行保释庭审使犯人不必往返于法院，并提高了法院的安全性。其二，远程证人设备使用闭路电视的方式让在法庭之外的证人提供证据。证人虽然不在法庭，但可以看到、听到并且参与到法庭庭审之中。远程证人设备的运用可以帮助犯罪受害人和心理脆弱的人在提供证据的时候感到更为安全，因为他们不和罪犯同时在法庭中。其三，越来越多提交到法庭的证据是以电子文档的形式。地方法院配备有演示和浏览不同电子文档的设备。法律职业者或相关人员如果采取电子文档的形式提供证据，必须在出庭前与地方法院联系，以确定电子文档是否与法院设备兼容。

另一项重要科技成果是澳大利亚司法信息研究系统[1]。为了帮助法院保持刑罚裁判的一致性，缩小法院裁判的不合理差异，提高判决效率，降低上诉案件数量，澳大利亚新南威尔士司法委员会于1989年开始建立了量刑信息系统，1996年更名为司法信息研究系统。该系统作为电脑化的量刑数据库和知识管理系统在澳大利亚尚属首次，不仅为法官提供量刑信息，还提供其他许多有助于裁判的法律信息。新南威尔士州的司法人员、法律工作者、国家和联邦政府官员以及大学研究机构人员在日常工作中广泛使用司法信息研究系统，它已成为新南威尔士州法院的法官以及所有法律工作者的重要的裁判工具。

---

〔1〕参见龙飞：“澳大利亚的司法信息研究系统”，载《人民法院报》2010年11月5日，第7版。

（四）新加坡

新加坡的电子诉讼系统是新加坡一项具有革命性、综合性的全国网络，属于最高法院案件管理策略的一部分。该系统设有自动化个案追踪监控特点，能够进行更具主动性的案件监控工作，同时减少案件审理过程所需的时间，减少未处理案件的数量。该系统提供下列四项服务以满足诉讼案件日新月异的需求：一是电子归档服务。该系统自 2004 年启动使用后，律师们可以在自己方便时每天 24 小时，每周 7 天，随时随地通过互联网体系进行电子归档工作。该系统向律师事务所提供的账单信息，可以连接到律师事务所内部的会计系统，从而更有效、准确地管理客户账户。二是电子索档服务。该服务使律师事务所能够通过电子渠道或在最高法院法律网络服务处，向法庭索取诉讼文件。三是电子文件送达服务。该服务让律师事务所可以通过鼠标运作，在互联网上向一家或者多家律师事务所同步送达法庭文件，这种做法与向最高法院以 EFS 方式“寄出”文件是一样的。通过这项服务送达的文件是法院规则下有效的送达。四是电子资讯服务。在这项服务下，律师事务所及公众均可通过法律网络，在法庭资料库进行在线检索询问工作，获得法庭各类诉讼资料。2011 年 7 月新加坡在完善原有系统的基础上采用了新的电子诉讼系统。[1]

（五）俄罗斯

联邦仲裁法院在电子司法程序方面已经取得了很大的进

---

〔1〕 王渊：“新加坡的电子入禀系统”，载《人民法院报》2010 年 11 月 5 日，第 7 版。

步。[1]在司法领域运用先进的技术可以保证司法结果对双方当事人的公平，促进司法公正。但是，如何保持这样的平衡是法院的主要工作之一，先进的科技帮助法院实现这样的平衡。现代科技使得公众可以通过互联网了解司法工作，接近司法正义。但是与此同时，我们也可以运用先进的科技给予每个人接近司法正义的公平机会。

从技术角度来说，俄罗斯仲裁法院的搜索引擎系统可以在几秒钟内搜索600万个判例，输入法官和法院的名字、判决书的编号、当事人的姓名就可以进行搜索，搜索人可以根据表格看到判决书的编号、案件的类型、所有司法管辖区的判决的概要情况和编码、当事人姓名、法官的姓名、引用和出处等。所有判决都可以下载。信息系统对于过时的信息会及时更新，一小时内可以进行一次更新。俄罗斯耗时两年时间建造这样的电子法院系统，可以解决很多复杂的问题，可以通过它获得统计数据以及法院审理案件的数量。该系统还可允许当事人查找类似的案件，来预测自己案件的结果。

---

〔1〕 金晓丹："电子法院：俄罗斯联邦仲裁法院"，载《人民法院报》2010年11月5日，第8版。

# 第九章　司法改革试点工作的方法论思考

## 引　言

近年来，开展司法改革方案的试点性工作已经越来越受到重视，这是多年来我国推进司法改革的一条重要经验。[1]笔者所选择的司法效率改革领域中几乎每一项具体的改革内容都在各地法院开展过试点。[2]在持续不断的司法改革进程中，通过试点开展改革工作已经越来越常见。继中共中央十八届三中全会通过《关于全面深化改革若干重大问题的决定》后，按照中央关于重大改革事项先行试点的要求，中央确定在东、中、西部选择上海、广东、吉林、湖北、海南、青海六个省市先行试点，[3]受到了社会的广泛关注。2014 年 6 月 6 日，中央全面深

〔1〕 最高人民法院课题组：《司法改革方法论的理论与实践》，法律出版社 2014 年版，第 69 页。

〔2〕 例如中国－欧盟/联合国开发计划署合作项目“公平发展、公共治理”(2007－2012）下的子项目“司法成本与司法效率研究”就选择了 5 个中基层法院分别就小额诉讼、司法资源配置、审判管理、多元纠纷解决机制和科技强院进行试点。

〔3〕 参见孟建柱：“扎实推进司法体制改革试点工作，努力提高新形势下政法工作能力和水平”，载《人民法院报》2014 年 10 月 10 日，第 1 版（此系孟建柱同志 2014 年 7 月 15 日在司法体制改革试点工作座谈会上的讲话摘要，转载自《长安》2014 年第 10 期）。

化改革领导小组第三次会议审议通过了《关于司法体制改革试点若干问题的框架意见》（以下简称《司法改革框架意见》）和《上海市司法改革试点工作方案》（以下简称《上海改革方案》），丰富了司法改革试点的方式。[1]正如专家所言，中国的司法改革正在经历从摸着石头过河到顶层设计的过程。[2]然而，开展司法改革试点正如对有机个体进行试验一样，需要通过发现问题、查明原因、找到症结，最终才能对症下药这样一个过程。司法改革试点方案越科学、越符合司法运行的规律、越能与社会发展实际情况相适应，试点的成效就会越显著。不过，再好的制度设计也需要通过实践的检验加以修正。其中，需要对试点过程中出现的各种情况进行及时的总结和反思，甚至在推进改革试点过程中，有时还需要有承受某些改革不顺利乃至大幅调整或者失败的心理准备。在新一轮司法改革如火如荼开展的背景下，本章从方法论角度对司法改革“试点”的相关问题做些思考，对进一步完善司法体制改革的“试点”工作提出相关建议。

## 一、司法改革试点的理论阐释

无论是司法改革的全面推行，还是司法改革的局部试点，均离不开科学的理论指导。就当下司法改革的试点而言，其至少有着以下三个方面的理论考虑：

### （一）符合辩证唯物论的认识规律

从哲学的角度来看，司法改革试点符合辩证唯物论的认识

---

〔1〕杨维汉：“6省市先试点，为全面推进司法改革积经验”，载《新华每日电讯》2014年6月16日，第4版。

〔2〕胡云腾：“从摸着石头过河到顶层设计——对三中全会《决定》有关司法改革规定的解读”，载《中国法律》2014年第2期。

论。辩证唯物论的认识论强调理论对于实践的依赖关系，理论的基础是实践，又转过来为实践服务。然而，由于种种条件的限制，实践中有时会遇到前所未料的情况，甚至改变原有的方案也是常有的事。[1]可以说，开展司法改革试点工作实际上就是将源于实践形成的认识再作用于司法改革的实践，通过反复的实践才可能揭示司法改革的内在规律性。无论何人要认识什么事物，除了同那个事物接触，即生活于（实践于）那个事物的环境中，是没有法子解决的。[2]随着时间的推移和社会的发展变化，已有的改革方案也会因实践中出现的新情况需要做出相应的调整。司法改革试点正是为不断实践、认识、再实践、再认识、反复修正、进一步推广改革方案并不断深化改革创造条件。

（二）契合国家现代化转型的基本路径

从司法现代化转型的角度来看，开展司法改革试点符合我国现代化转型的基本路径。20世纪末以来，我国选择了建立和发展市场经济作为实现社会全面现代化的契机，顺应了人类社会进步的基本规律。社会主义市场经济的建立和发展，不仅仅是完善经济领域中诸如产权、企业制度、资源分配、税收信贷等具体经济制度，而且将引发整个国家治理模式、中国共产党执政方式、政治体制各领域深刻的、结构性的全面变革。在我

---

〔1〕 辩证唯物论的认识论观点认为，社会的人们投身于变革在某一发展阶段内的某一客观过程的实践中，由于客观过程的反映和主观能动性的作用，使得人们的认识由感性的推移到了理性的，造成了大体上相应于该客观过程的法则性的思想、理论、计划或方案，然后再应用这种思想、理论、计划或方案于该同一客观过程的实践。《毛泽东选集》（第1卷），人民出版社1991年版，第293-294页。

〔2〕 《毛泽东选集》（第1卷），人民出版社1991年版，第287页。

国市场经济的建立和发展过程中，目前的法院体制及其司法权运行机制必须进行适应性改革，探索一套公正、高效、权威的社会主义司法制度已经成为不可逆转的趋势。正如曾任最高人民法院院长的肖扬大法官曾指出的那样："现代社会的飞速发展，社会纠纷的日益增多，使得司法这一古老的国家权力在今天已经不可能悠闲地运行，司法的现代化已经提上了我们的议事日程。"〔1〕不过，每个国家在实现司法现代化的过程中所处的阶段都不完全相同，作为国家政治制度重要组成的司法制度，只有顺应社会发展的需要做出相应的改革，才能顺应国家治理体系和治理能力现代化的要求。与国家选择通过渐进改革实现现代化类似，选择试点开展改革正是国家现代化转型方式在司法领域的具体体现，只不过在不同时期因社会形势不同开展试点的规模和程度会存在差异。考虑到深化司法体制改革涉及面广、情况复杂，必须把握重点，谨慎务实，稳妥推进，既不能强求改革措施一步到位，也不能一遇困难就迟滞不前。在推进改革过程中，要把握好顶层设计和实践探索之间的关系。〔2〕如孟建柱同志所强调的那样，"把注重顶层设计与鼓励基层探索结合好，走出一条具有中国社会主义特色、符合司法规律的改革之路"〔3〕。多年来的司法改革经验已经表明，通过试点开展改

〔1〕 肖扬："在'公正与效率世纪主题论坛'上的致辞"，载曹建明主编：《公正与效率的法理研究》，人民法院出版社2002年版，第9页。

〔2〕 "深化认识、凝聚共识、做好增量、积极稳妥务实推进司法改革试点工作"，载《人民法院报》2014年9月1日，第1版。

〔3〕 参见孟建柱："扎实推进司法体制改革试点工作，努力提高新形势下政法工作能力和水平"，载《人民法院报》2014年10月10日，第1版（此系孟建柱同志2014年7月15日在司法体制改革试点工作座谈会上的讲话摘要，转载自《长安》2014年第10期）。

革是我国司法制度迈向现代化的有效途径，有机地融合了顶层设计的智慧和实践探索的经验。可以说，未进行任何试点性工作检验的改革方案的推广和实施，都是不严谨、不慎重的，甚至可能为此付出较大的代价。[1]当然，在开展司法改革试点的过程中，如何确保改革目标明确，又清晰界定参与改革的各部门的职能定位、各部门之间的关系、各自应发挥的作用以及如何对改革成效开展评估等试点过程中的具体问题，都值得深入思考。

（三）遵循经济学成本—收益规律

司法改革工作具体涉及多方面的“成本核算”，例如司法改革方案的设计成本、司法改革具体举措的运行成本，等等，均需要遵循经济学的成本—收益规律。从改革可能付出的代价来看，采取试点的方式可以将改革的代价尽可能降到最低。任何领域的革新都可能会付出成本和代价。例如在世界各国医药学科学领域有一个通例，就是一种新药在研制过程中，要经过人体试验后才能上市。于是，就有这么一个特殊的人群即“试药人”的出现，并且还出现了以此为职业的所谓“职业试药人”。在试药过程中，这些试药人极可能付出健康甚至是生命的代价。[2]与这些试药人类似的，试点法院可能是改革的优先受益者，也可能因难料的情况出现而付出代价。或许正是基于此番考虑，试点方案最初所选择的试点法院数量相对都比较少，这可以确保将改革可能付出的代价降到最低。

〔1〕最高人民法院课题组：《司法改革方法论的理论与实践》，法律出版社2014年版，第69页。

〔2〕刘作翔：“试药人：一个特殊人群的健康权保护问题”，载《政治与法律》2008年第9期。

## 二、司法改革试点的实践探索

司法改革如同经济改革，曾经历过摸着石头过河的阶段。随着改革的不断深化和逐渐系统化，司法改革逐步走向中央顶层设计。从改革的长时段来看，改革试点工作在实践中形成了韦伯“理想类型”（ideal type）意义上的“四种模式”，具体包括：

第一种模式是部门回应型，主要表现为司法机构为回应社会经济发展形势而展开的地方实践探索。自 1978 年采取对外开放政策以来，社会经济状况发生了很大的变化，与之相适应，法律体系循着改革开放的路径不断完善。在司法领域，早在 20 世纪 80 年代，中国就开始了以强化庭审功能、扩大审判公开、加强律师辩护、建设职业化法官和检察官队伍等为重点内容的审判方式改革和司法职业化改革。[1]可以肯定的是，这些改革都是基于与社会经济发展相适应而提出来的，是一种回应型的司法改革。与之相适应，此时期进行的试点改革属于“部门回应型”模式，具有以下特点：个别地方法院进行试点、主要着眼于机制性改革的试点、属于零散性和单一性的试点。

第二种模式是部门规划型，主要表现为试点工作是法院经过科学论证后系统地在各地开展的。自 1999 年以来，最高人民法院已先后发布了四个人民法院五年改革纲要，系统地提出了司法改革的目标和任务。正是自这一时期开始，在最高人民法院等相关部门的指导下，人民法院的改革试点工作更为系统有序。几乎在每一项重大司法改革领域都可以看到试点方法的运

〔1〕 有关内容可参考何兰阶、鲁明健主编：《当代中国审判工作》（上、下），当代中国出版社 1993 年版。

用，比如针对“执行难”问题，在《一五改革纲要》中提出要“经过试点，在条件成熟时，在全国建立起对各级人民法院执行机构统一领导，监督、配合得力，运转高效的执行工作体制”。比如，为建设一支职业化法官队伍，实现人民法院审判人员的分类管理，最高人民法院印发了《关于在部分地方人民法院开展法官助理试点工作的意见》，在试点法院设法官助理，明确法官、法官助理、书记员三者之间的职能划分和在审判活动中的相互关系。比如，为保障和方便当事人依法行使诉讼权利，减轻当事人的诉讼负担，保证人民法院公正、及时地审理行政案件，最高人民法院印发了《关于开展行政诉讼简易程序试点工作的通知》，选择在部分基层法院开展行政诉讼简易程序试点工作。比如，为正确开展小额速裁试点工作，最高人民法院印发了《关于部分基层人民法院开展小额速裁试点工作的指导意见》。不仅如此，最高人民法院还与相关部门联合开展相关领域的改革试点工作。比如，最高人民法院与中国保险监督管理委员会联合印发了《关于在全国部分地区开展建立保险纠纷诉讼与调解对接机制试点工作的通知》；再如，最高人民法院与最高人民检察院、公安部、司法部联合印发了《关于开展社区矫正试点工作的通知》。可以说，这一时期的改革试点已从零星的逐渐系统化，试点方法几乎渗透在每一项重大改革过程中。特别需要强调的是，对试点进行科学化的研究论证成为开展改革试点不可或缺的步骤，最高人民法院均会部署、组织专题调研，总结各地存在的问题，召开大型专题研讨会或专家论证会，吸收法官、检察官、律师和专家学者的意见和建议，保证改革试点的科学性和可行性。

第三种模式是中央授权型。中共十八大以来，中央对司法改革空前重视。中共十八大报告提出，要进一步深化司法体制改革，坚持和完善中国特色社会主义司法制度，为司法改革拓展了新的征程。中共十八届三中全会通过的《中共中央关于全面深化改革若干重大问题的决定》，进一步明确了深化司法体制改革的具体要求。从司法改革的具体实施来看，中央全面深化改革领导小组第二次会议通过了《关于深化司法体制和社会体制改革的意见及贯彻实施分工方案》，明确了深化司法体制改革的目标、原则，制定了各项改革任务的路线图和时间表。中央全面深化改革领导小组第三次会议通过的《司法改革框架意见》则进一步明确了司法改革试点的目标、原则和若干重点难点问题。如孟建柱同志所言，《司法改革框架意见》考虑到“我国是统一的社会主义大国，要保障宪法和法律统一正确实施，建设社会主义法治国家，很重要的一个方面就是要有统一的中国特色社会主义司法制度”，“司法体制改革涉及司法资源优化配置，政治性、政策性和系统性、协同性强，只有加强顶层设计，才能确保各地各有关部门司法体制改革的方向、思路和目标符合中央精神，才能建设公正、高效、权威的社会主义司法制度”，明确了“完善司法责任制、完善司法人员分类管理制度、健全司法人员职业保障制度、推动省以下地方法院、检察院人财物统一管理等四项改革的政策意见或政策取向”，“各级政法机关要严格按照《司法改革框架意见》的要求，开展试点工作，决不能另搞一套、自行其是”〔1〕。最高人民法院根据中央部署已

〔1〕　参见孟建柱：“扎实推进司法体制改革试点工作，努力提高新形势下政法工作能力和水平”，载《人民法院报》2014 年 10 月 10 日，第 1 版（此系孟建柱同志 2014 年 7 月 15 日在司法体制改革试点工作座谈会上的讲话摘要，转载自《长安》2014 年第 10 期）。

制定《人民法院第四个五年改革纲要》，进一步深化人民法院各项改革。《四五改革纲要》中几乎每一项改革任务都可以对应找到中央提出的司法改革任务。同时，《四五改革纲要》要求，“各高级人民法院拟就部分改革项目开展试点的，试点方案须报最高人民法院审批同意，重大改革试点方案须经由最高人民法院报中央审批同意方可实施”。可以说，此轮司法改革显然在中央的改革日程表中已处于优先位置。法院在开展改革试点时，既要强调积极探索和先行先试，更要重视中央改革（包括试点）的统一部署，要从中国共产党和国家的事业全局出发来制定改革试点方案和抓好试点推进工作。

第四种模式是立法保障型，主要表现为以立法的方式确认并推进司法改革试点工作。2014 年 6 月 27 日，第十二届全国人民代表大会常务委员会第九次会议通过《全国人大常委会关于授权最高人民法院、最高人民检察院在部分地区开展刑事案件速裁程序试点工作的决定》，授权最高人民法院、最高人民检察院在北京、天津、上海、重庆、沈阳、大连、南京、杭州、福州、厦门、济南、青岛、郑州、武汉、长沙、广州、深圳、西安开展刑事案件速裁程序试点工作。对事实清楚、证据充分、被告人自愿认罪、当事人对适用法律没有争议的危险驾驶、交通肇事、盗窃、诈骗、抢夺、伤害、寻衅滋事等情节较轻，依法可能判处一年以下有期徒刑、拘役、管制的案件，或者依法单处罚金的案件，进一步简化刑事诉讼法规定的相关诉讼程序。这是第一次以立法的形式推进司法改革试点工作，“使这些改革于法有据，在法治的框架内进行”，[1]提升了此类改革的合法性和正当性，同时也回应了之前存在的对部分司法改革试点工作不合法的质疑，开启了司法改革试点工作的新模式。

上述不同模式的试点，在很大程度上反映了不同阶段的司法改革的主导主体、主要特点（部门性或者系统性，机制性与体制性）等方面的差别。“试点”作为转型法治建设时期国家（有别于法治建设完成的国家或者地区）减缓改革的“合法性”或者“正当性”质疑的重要方式或者策略，应更多地采用上述第四种模式。[2]正如习近平同志在2014年9月29日下午召开的中央全面深化司法改革领导小组第五次会议、第六次会议上的讲话所分别指出的，“改革所涉及的法律法规立改废及试点工作所需法律授权问题，要与立法部门主动衔接，相向而行、同步推进”[3]，“科学立法是处理改革和法治关系的重要环节。要实现立法和改革决策相衔接，做到重大改革于法有据、立法主动适应改革发展需要。在研究改革方案和改革措施时，要同步考虑改革涉及的立法问题，及时提出立法需求和立法建议。实践证明行之有效的，要及时上升为法律。实践条件还不成熟、需要先行先试的，要按照法定程序作出授权。对不适应改革要求

---

〔1〕参见乔晓阳：“关于处理立法与改革关系的一点体会”，载《法制日报》2014年9月29日。

〔2〕即使在韩国、日本等民主法治国家，在推行司法改革的过程中，也往往由立法机构制定专门的试点性法律来加以进行，例如，为了保障国民参与司法，提升司法民主的正当性，增进国民对司法的信赖，2007年6月1日韩国国会通过了《关于国民参与刑事审判的法律》，于2008年1月1日起试行。2012年1月，韩国国会对该法进行了修正，修正后的法律自2012年7月1日起正式施行。

〔3〕习近平：“严把改革方案质量关督察关　确保改革改有所进改有所成”，载《人民法院报》2014年9月30日，第2版。

的法律法规，要及时修改和废止。要加强法律解释工作，及时明确法律规定含义和适用法律依据”。[1]当然，基于我国现行法律解释体制的安排，最高人民法院通过对相关法律条款进行解释，也可为相关改革的试点提供合法性依据。例如，2013 年 1 月，最高人民法院下发《关于开展行政案件相对集中管辖试点工作的通知》，决定在全国部分中级法院辖区内开展集中管辖[2]试点工作，此种试点的合法性依据就在于最高人民法院对行政诉讼法有关管辖条款规定所作出的新的解释。

## 三、司法改革试点的完善建议

新一轮司法改革已经启动，《司法改革框架意见》也对改革的重点难点问题提出了政策导向，[3]《上海改革方案》的试点工作已经在开展过程中，其他试点省份也将陆续启动试点工作。不过，对于改革试点中的一些具体问题，仍然值得再做补充性的思考，以期对当前和今后开展的试点工作有所启示。

### （一）关于司法改革的信息共享

开展司法改革试点的目的应该是试验、讨论、修正、推广、调适，通过实践不断检验、修正、完善改革方案。“试点工作就

---

〔1〕 习近平：“建设有国际影响力的高端智库”，载《新京报》2014 年 10 月 28 日，第 5 版。

〔2〕 所谓行政案件相对集中管辖，是指将部分基层法院管辖的一审行政案件，通过上级法院统一指定的方式，交由其他基层法院集中管辖的制度。该制度设计受涉外民商事案件集中管辖的启发，目的是在一定程度上排除地方行政干预。

〔3〕 这些重点问题包括：对法官、检察官实行有别于普通公务员的管理制度；建立法官、检察官员额制；完善法官、检察官选任条件和程序；完善办案责任制；健全与法官、检察官司法责任制相适应的职业保障制度；推动省以下地方法院、检察院人财物统一管理；完善人民警察警官、警员、警务技术人员分类管理制度。参见杨维汉：“6 省市先试点，为全面推进司法改革积经验”，载《新华每日电讯》2014 年 6 月 16 日，第 4 版。

是检验改革方案的最好的试错方式”。[1]不过自中共十八大以来，虽然包括《司法改革框架意见》、《上海改革方案》、《四五改革纲要》等各项深化司法改革的方案已相继出台（这些文件的出台缺乏公开征求意见环节），但是因秉持以往“秘密改革”或者“半公开改革”的路径和惯性，仍没有公布这些方案的全文，只能通过媒体的相关新闻报道了解到局部的信息。按照孟建柱同志的要求，“对每项改革，都要在深入调研、摸清情况、找准问题的基础上，把按司法规律办事和从实际情况出发紧密结合起来，研究制定科学可行的实施方案，积极稳妥地推进”，在中央已经明确了司法改革的方向的前提下，“对于各地来说仍然需要充分地交流信息，广泛地讨论，尽量集思广益，形成共识，尽量避免关起门来搞改革”。[2]因此，共享信息是开展司法改革试点工作的基础和前提。共享司法改革信息，一方面可以让开展试点的地方从宏观上把握中央司法改革的政策和基本思路，确保试点工作方向的正确性；另一方面可以让更多的专家学者参与司法改革试点的研究、讨论，发挥其应有的参谋作用，通过对试点工作的理论总结和经验提升不断推进司法改革决策的科学性和实施的有效性。正如最高人民法院课题组所提出的那样：“为了通过试点工作检验改革方案实施效果是否符合预期目标，是否具备推行的价值，就必须对改革方案的实施情况进行全程式的跟踪和记录”，为此，既要在系统内做好“事先确定要收集的数据范围”、“及时整理数据，分类做好归纳工作”、

〔1〕 参见最高人民法院课题组：《司法改革方法论的理论与实践》，法律出版社2014年版，第72页。

〔2〕 任重远：“学者建议由人大主导法官遴选　司法改革：法官谁来选，怎么选”，载《南方周末》电子报2014年9月25日新闻版。

“及时对数据进行分析，并根据实际效果适当调整设计方法或者修改方案”，等等[1]。同时，也要在不违反国家保密规定的前提下，最大程度地公开试点改革信息，借助系统外力量来做好试点的评估、验收等工作，从而更好地确保改革方案的科学性和可行性。

（二）关于司法改革试点的主导部门

经过二十余年的改革历程，我国司法改革正在从程序性、管理型的“薄”的改革向实质性、综合性的“厚”的改革迈进，涉及部门增多，协调任务更多，目标实现更难，试点难度也在加大。新一轮改革将大幅压缩法官数量、提高法官待遇、强化司法责任，权力和利益都可能发生很大的调整。在开展司法改革试点过程中，首先面临的问题是谁来主导司法改革的试点工作。根据裁判者不能兼任执行者的规则，开展试点的法院肯定不适合自己主导改革，否则可能出现涉及改革利益的相关人员就是改革方案的制定者，导致改革方案向某些群体倾斜。鉴于此，有的试点方案中又存在另一种倾向，即主张由试点法院之外的机构来主导试点工作，比如关于法官遴选委员会的设置问题。不同试点方案之间存在的遴选委员会主任、办事机构设置的分歧，似乎又走到了另外的极端。正如学者所指出的，关键的问题是要通过具体的制度设计保证遴选委员会的独立性和公正性，压缩人为操控的空间，防止它成为一个摆设。[2]无论是开展试点改革的上级法院还是其他部门主导试点工作，至

---

〔1〕 参见最高人民法院课题组：《司法改革方法论的理论与实践》，法律出版社2014年版，第72页。

〔2〕 任重远：“学者建议由人大主导法官遴选　司法改革：法官谁来选，怎么选”，载《南方周末》电子报2014年9月25日新闻版。

少应保证以下三点：首先，确保通过改革试点实现公正司法的目标。改革试点不是部门的利益之争，更不是部门揽权，需要在制度设计中对各种不良倾向加以防范。其次，应让相关部门都参与其中，广泛吸收更多部门的意见，而非采取完全排斥的办法，确保试点工作的科学性。最后，应确保试点工作符合基本的司法运行规律。改革试点应在尊重司法规律的前提下开展，否则可能导致极为负面的影响。比如通过试点改革，法官与法官助理的收入差距拉大了，但是法官助理的工作积极性却降低了，甚至可能出现案件拖延审理、法院人员不断流失的后果。

（三）关于司法改革试点经验的可复制

《司法改革框架意见》和《上海改革方案》中均提到司法改革试点要着眼于可复制、可推广的要求。但是试点方案是否可复制、可推广绝不是少数几个人拍拍脑袋就可以认定的，而应当建立一套规范的司法改革成果评估制度和机制来得出结论，以保证对司法改革举措，特别是对试点工作成果评价的科学性、民主性和客观性，进而保证改革措施的健康、顺利、持续推行。[1]考虑各方面因素，关于上海方案的可复制、可推广问题应该有严格的评估程序，至少目前看来，其似乎并不是一个可复制的方案。首先，考虑到发达地区和欠发达地区之间、各级法院之间的案件特点，需要根据对专业化程度的需求来确立法官的员额比例。[2]比如将法官的员额设定为33%，显然还需要考虑不同层级法院受理案件的具体情况，基层法院化解的是大

〔1〕 最高人民法院课题组：《司法改革方法论的理论与实践》，法律出版社2014年版，第100页。

〔2〕 任重远：“学者建议由人大主导法官遴选　司法改革：法官谁来选，怎么选”，载《南方周末》电子报2014年9月25日新闻版。

量普通简易案件，而在中、高级法院复杂案件的数量相对更为集中，二者之间简易案件和复杂案件的比例全然不同，因此所需要确立的法官和法官助理的比例显然是不同的，无法采取一刀切的办法。其次，考虑到全国法官和律师资源配置的不平衡，尤其是北京、上海、广州、深圳以及东部地区相对集中了全国最为优秀的法官，这些地区的法院法官人均审理案件的数量也远远高于全国的平均水平，与此相应的现实情况是，上述地区也集中了全国最好的律师资源，而西部地区律师数量则令人担忧，甚至有报道称某些地方只有一名律师。[1]而律师在案件审理过程中对于提高案件审理效率发挥着重要的作用，在考虑上述情况的基础上，上海确定的法官员额制显然无法适应我国中西部地区仍然存在的法官流失严重、律师资源匮乏的现状。最后，还需要考虑到我国司法改革很大程度上是采取向先进模范学习、不同法院之间比学赶超的方式逐步推进的，这也就意味着不同法院之间存在很大的差距，也包括法院现代化、信息化建设等方面的差距，东部经济发达地区法院现代化条件可以极大地提高案件审理效率，而西部经济欠发达地区法院的运行设备远落后于东部地区，好比有人开的豪华轿车，有人拉的是驴车，这种现状会直接地提高或降低法官审理案件的效率，也很难要求这些法院采取相同的法官员额比例。鉴于此，许多依赖于制度竞争、经验积累的改革并不完全适合单独通过某地试点的方式进行，应允许在试点过程中不同法院之间进行不同模式

---

〔1〕 比如在陕西省延安市，许多县律师很少，如富县全县仅有一名律师。参见徐光明：“基层实践是司改不竭的动力源泉”，载《人民法院报》2014年9月29日，第1版。

的探索。在彼此相互竞争的过程中逐渐形成更切合实际的运行方式，而不是预先确定各地复制上海改革模式。正如孟建柱同志所说，“各级政法机关在开展完善司法责任制等四项改革试点工作中，既要符合中央确定的政策意见或政策取向，又要坚持从不同地区、不同层级司法工作实际出发，尊重基层首创精神，鼓励试点地区在具体步骤、改革措施上积极探索实践，分类分层研究提出具体实施方案，不搞一刀切、齐步走”。〔1〕

（四）关于司法改革试点的具体进度

《司法改革框架意见》中对于开展司法改革试点进度方面没有提出具体要求，而《上海改革方案》则提出要在2015年第一季度在上海市全面推进司法改革试点工作，甚至对某项具体的改革明确了时间表，比如设3－5年的过渡期，逐步推行严格的司法人员分类管理制度。在有的学者看来，新一轮司法改革推进的速度比想象中要快得多。员额制、省级统管等问题几乎尚未开展讨论，没想到就一下子全推出来了。〔2〕表面看起来改革的推进时间完全是个技术性的问题，不过有专家认为，如果推进过快，可能会带来负面影响，显然这是一个应予正视的问题。比如，1988年至1996年开展的审判方式改革从试点工作到不断改进完善到全面推广，经过了将近十年的时间。〔3〕考虑到目前

〔1〕参见孟建柱：“扎实推进司法体制改革试点工作，努力提高新形势下政法工作能力和水平”，载《人民法院报》2014年10月10日，第1版（此系孟建柱同志2014年7月15日在司法体制改革试点工作座谈会上的讲话摘要，转载自《长安》2014年第10期）。

〔2〕任重远：“学者建议由人大主导法官遴选　司法改革：法官谁来选，怎么选”，载《南方周末》电子报2014年9月25日新闻版。

〔3〕最高人民法院课题组：《司法改革方法论的理论与实践》，法律出版社2014年版，第103页。

所开展的改革的综合性、复杂性和难度，显然这样的推进时间过快。在推进司法改革试点过程中至少应考虑以下因素：首先，司法制度作为国家政治制度的组成部分，司法改革具有很强的政治性，应回应中央提出深化改革的要求。从这个角度来看，司法改革应抓紧时机。其次，司法改革可能影响的群体包括全体国民在内，在开展改革试点过程中应持慎重态度，在具体推进试点工作前应广泛征求社会意见、让专家学者参与讨论、不断完善修改后形成一份相对成熟的方案，这样在推进过程中思路会更清晰，实施推进过程会更顺畅。最后，司法改革试点在时间的把握上应以发现问题和解决问题的周期为准。改革试点只有在逐步推行的过程中才能发现实践中存在的问题，甚至会出现方案中难以预料的问题，[1]这些问题必须通过再分析和论证，直到得出符合实际的解决方案。而且每个领域的试点时间应与该领域的试点实践相符合，不宜采取一刀切的做法。

（五）关于司法改革试点的效果评估

《司法改革框架意见》围绕确保依法独立公正行使审判权、检察权、健全司法权力运行机制、完善人权司法保障制度三个方面的重点任务，完善和发展中国特色社会主义司法制度，《上海改革方案》也提出了具体的落实方案。正如习近平同志所说，“随着改革方案不断出台，抓落实的任务越来越重。要把抓改革举措落地作为重要政治责任，强化主责部门和一把手责任，要

〔1〕 比如广东省高级人民法院在对小额诉讼程序试点工作进行调查的过程中发现，尽管小额诉讼程序旨在扩大司法利用、降低司法成本、提高司法效率。但适用小额诉讼程序一年后，小额诉讼的适用情况却远远低于预期。参见廖万春、张莉、黄海锭、印强、陈九波：“完善小额诉讼制度 规范程序救济途径——广东高院关于小额诉讼制度实施情况的调研报告”，载《人民法院报》2014年5月8日，第8版。

敢于担当，主动作为。不仅要重视改革施工方案质量，更要考核验收改革竣工结果，没有完成或完成不到位的要问责。对通过的方案要查哨查铺，确保落实到位。要调配充实专门督察力量，开展对重大改革方案落实情况的督察，做到改革推进到哪里，督察就跟进到哪里”。[1]可以说，试点工作的效果评估对于改革方案的可复制以及正式推广至为重要。从“输入”和“输出”的角度来看，有些试点内容或许是可测量的，比如人员的调整、经费的增加、机构的重新设置等可以直观地进行比较，但是从“成果”和“影响”的角度来看又是不容易鉴定和测量的。比如，试点可能因员额配置不合理导致法官或法官助理工作压力大，进而加剧法院工作人员流失的问题，也可能因正向的激励机制导致非试点法院人员大量流向试点法院。比如（当然不希望看到）有的地方为了开展好试点工作而不计成本，将试点工作作为地方的一种政绩。因此，司法改革试点需要采取定量分析与定性分析充分结合的方式开展评估。通过对试点前后相关数据的比较，用数字来验证改革方案运用的实际效果。但是对于难以通过数据比较分析的改革而言，定量分析往往具有很大的局限性，还需要将改革试点工作置于更大的制度框架中，需要考虑司法的基本功能和影响司法系统运行的大量因素。比如，基于亚太地区司法改革的观察，司法改革方案应充分考虑以下六个关键变量：法院的角色与职责、司法系统的组织效能、法官和律师的法律知识、司法方法、法院对进行中的案件

[1] 参见“习近平：严把改革方案质量关督察关　确保改革改有所进改有所成”，载《人民法院报》2014年9月30日，第2版。

和法庭中的当事人以及程序的有效管理、获得司法救济的程度。[1]唯有将改革试点工作放在更大的框架中才能评估出试点工作的效果。当然，除了对试点工作进行实质性评估外，还需要进行相应的形式性评估，比如验证试点工作程序、方法的合理性，从试点工作经验中总结形成规范化、制度化的试点模式等。

〔1〕 亚太司法改革论坛主编：《探寻司法改革的成功之道——亚太经验》，黄斌、支振锋、徐宗立等译校，中国政法大学出版社2010年版，第63－64页。

# 第十章　提高司法效率工作指南

## 引　言

本章主要是在总结部分法院改革试点工作和前述研究成果的基础上形成的一份提高司法效率的工作指南，内容涉及规范和细化诉讼程序、小额诉讼、简易程序、裁判文书、诉调对接、审判管理、司法能力、科技强院、工作保障等具体领域。

本指南的法律依据包括《中华人民共和国宪法》、《中华人民共和国刑事诉讼法》、《中华人民共和国民事诉讼法》、《中华人民共和国行政诉讼法》等。中央关于司法体制和工作机制改革的若干意见，最高人民法院1999年、2005年、2009年、2014年发布的四个五年改革纲要，最高人民法院出台的《最高人民法院案件审限管理规定》、《关于加强人民法院审判管理工作的若干意见》、《关于适用简易程序审理民事案件的若干规定》、《关于建立健全诉讼与非诉讼相衔接的矛盾纠纷解决机制的若干意见》等司法文件，以及最高人民法院领导对提高司法效率工作的重要讲话，都为指南的编写提供了有力的政策性支持。本指南遵循全面、具体、明确、实用的原则，为法官提供提高司法效率的“指南式”案头必备的研究成果，直接服务于人民法院的审判和管理工作。

**一、基本原则**

第一，司法效率追求的是以尽可能合理、节约的司法资源，谋取最大限度地对社会公平和正义的保障和对社会成员合法权益的保护。

第二，提高司法效率，要求人民法院和人民法官履行职责时应坚持司法公正，认真、及时、有效地工作，尽可能地缩短诉讼周期，降低诉讼成本，力求在法定期限内尽早结案，取得最大的法律效果和社会效果。

第三，提高司法效率应以实现司法公正为前提，不能突破司法公正的底线采取各种措施去提高司法效率。

第四，人民法院的司法效率包括诉讼效率和管理效率。宪法规定，人民法院是国家的审判机关，依法独立行使审判权是人民法院的基本职责。这标志着人民法院的诉讼效率是司法效率的基本构成。人民法院的各项管理工作是人民法院实现其审判职能的基础和保证，管理效率是决定司法效率的核心因素。

第五，司法效率不仅要提高司法的个案效率，更要实现司法的社会效益，司法效率应当是司法的个案效率和社会效益的统一。

第六，提高司法效率不能单纯追求案件审理的速度，而应遵循司法工作规律，应区分案件的不同类型、案件的难易程度，区分法院工作的不同领域等，在充分调查研究的基础上提出具体的提高司法效率的措施。

**二、诉讼程序**

（一）立案程序

1. 立案工作的基本要求

（1）依法保障当事人诉权。当事人符合起诉条件的，在法定时间内及时立案；对法律关系明确，符合立案条件的案件，尽量做到快速审查、当即立案。

（2）便利人民群众诉讼。有条件的法院，可以通过增设立案窗口、实行审查、立案、缴费等相关事项的柜台式流程服务，开展预约立案、假日立案、巡回立案等方式，缩短立案审查周期，方便困难群众起诉，提高立案环节的工作效率。

（3）及时提供诉讼指导。人民法院在审查立案时，可以通过口头、书面或者影像资料等方式，向当事人就诉讼程序事项给予必要而有限度的告知、提示。当事人在立案后询问证据是否有效、能否胜诉等实体问题时，法院不得向其提供倾向性意见。

2. 立案调解

第一，立案调解的条件是：有条件的人民法院可以在立案阶段设立专人开展调解工作。审查立案并经当事人同意后，人民法院可以在将案件移送审判庭前组织双方调解。对于一方当事人不同意调解，或者无法联系上一方当事人的案件，应当及时移送审判庭审理。二审案件原则上不进行立案调解，但如果出现新证据、新事实，可以在庭前组织一次调解。

第二，立案调解的流程是：当事人提起诉讼的，立案人员进行初步审查后，对符合调解条件的案件，告知起诉人是否同意先行调解。起诉人同意调解的，立案人员及时将案件材料移交调解人员，开展排期调解工作。

第三，立案调解的期限是：立案阶段的调解应当坚持以效率、快捷为原则，避免案件积压。适用简易程序的一审案件，立案阶段调解期限原则上不超过立案后 10 日；适用普通程序的一审案件，立案阶段调解期限原则上不超过 20 日。

### （二）审理程序

#### 1. 庭前准备

（1）诉讼文书送达。在送达方式上可以实行电话通知当事人自取、设立专职送达人员集中送达、通过邮政专递送达、委托外地法院送达等方式，尽量缩短送达时间；在送达时机上，对个人可以采取晚上或假日时间送达。公告送达应着重采取在法院公告栏及受送达人原住所地张贴的方式。

（2）证据和财产保全。案件承办法官应当依照当事人的申请或依职权依法及时进行证据或财产保全工作，为案件的后期审理、执行创造有利的条件。

（3）证据交换。庭审前当事人申请证据交换的，人民法院可决定进行庭前证据交换；对双方当事人无争议的事实、证据应当记录在卷，在开庭审理时直接予以认定或确认其证明效力；当事人在证据交换时认可的证据和事实，在庭审中又反悔的，除当事人有确凿的证据足以推翻以外，不予支持。

（4）庭前调解。庭审开始前，人民法院可根据当事人的申请、案件的难易程度、争议的大小等组织双方当事人进行调解。经调解无法达成协议的，或双方分歧较大的，及时安排进入庭审程序。

#### 2. 庭审程序

（1）充分进行释明。对没有委托律师代理诉讼的当事人，审判人员应当对回避、自认、举证等相关内容向其作必要的解释或者说明，并在庭审过程中适当提示当事人正确行使诉讼权利、履行诉讼义务，以提高庭审效率。

（2）突出法庭调查重点。对于重大、疑难、复杂的案件进行法庭调查，应注重条理性和层次性，突出法庭调查的重点，引导当事人围绕事实的焦点进行举证、质证，精简法庭调查过程。

（3）合理分配当事人陈述、辩论时间。根据案情和审理需要，公平合理地分配诉讼各方在庭审中的陈述及辩论时间；当事人、代理人、辩护人发表意见重复或与案件无关的，应当适当提醒。

（三）二审程序

1. 上诉的受理

当事人不服一审裁判提出上诉的，原审人民法院收到上诉状、答辩状，应当在5日内连同全部案卷和证据，尽快报送第二审人民法院。第二审人民法院应在收到上诉材料及案卷后5日内决定是否立案，并于决定立案之日起2日内，将案卷材料移送审判庭。案卷材料移送到审判庭后，庭长应将材料及时送交主办法官，不得有所滞留。

2. 二审庭审程序

第二审人民法院对上诉案件，除法律规定可以不经开庭审理，直接作出裁判的案件之外，应当组成合议庭，开庭审理。对于有必要开庭审理的二审案件，应在保证庭审质量的基础上尽量缩短庭审时间，节约人民法院和当事人对诉讼投入的时间及精力。

（四）执行程序

1. 建立执限监督制度

执行人员自接到案件后，给予明确的办案期限。确因特殊情形无法在规定期限内执结的，依法办理延长期限手续。对规定限期内不能执结的，按超执限案件的有关规定追究承办人责任。

2. 实行执行公开制度

除涉及国家秘密、商业秘密等法律禁止公开的信息外，人民法院应依法公开案件执行的各个环节和有关信息。对立案三个月后未执结的案件，要对外公开案件执行的各项信息，告知当事人案件执行的进展情况及下一步的执行计划。

3. 建立立案、审理、执行相协调机制

人民法院立案、审判、执行等部门之间应按照各自的分工职责，依法行使立案、审判和执行的法定职责，不得越权、越位或懈怠、推诿，形成相互分工、相互监督，又相互协调、相互配合的有机联系。

（1）立案与执行工作相协调。当事人提出诉前保全申请并符合法定条件的，应及时采取保全措施，办理保全手续；权利人申请执行时不能提供明确的可供执行的被执行人财产的，应当即向其说明情况，告知可能无法执行的风险。

（2）审判与执行工作相协调。审判人员对当事人的诉讼保全申请，经审查符合条件的，应及时依法采取措施，保全诉争标的物和当事人履行义务所必需的财产。

4. 建立执行工作快速反应机制

有条件的人民法院可以成立执行行动统一指挥中心，下设快速反应执行小组。快速反应执行小组由辖区法院的执行人员、司法警察等人员组成，根据指挥中心的指令迅速采取执行行动。

（1）工作职责。快速反应执行小组的职责主要包括：及时受理关于本院执行案件被执行人下落和被执行财产线索的举报；迅速组织力量查找被执行人，查控、处置被执行财产；迅速组织人员处置辖区涉及执行的突发事件；其他相关工作事项等。

（2）适用条件。执行工作快速反应机制适用于如下情形：

举报对象系经本院两次合法传唤拒不到庭或长期下落不明的被执行人；被执行人的财产可能灭失或被转移；举报对象所处方位明确；举报对象在本行政辖区内；执行中遭遇围攻、冲砸等暴力抗法的等。

（3）申请和受理。当事人或其他知情人可以以书面、口头、电话、电子邮件等方式，向人民法院提出快速反应执行的申请。执行指挥中心接到快速反应申请或者紧急情况报告后，应当简要询问举报人姓名、住址、联系电话、出警地点以及被举报人和案件承办人姓名等情况，如实做好登记，并立即报告执行小组负责人。

（4）出警和处理。人民法院接到被执行人下落及被执行财产举报后，应根据不同情况采取应急处置措施，并及时反馈处置结果。对符合出警条件的做到立即组织警力在较短时间内出警。当案件承办人不能出警时，出警人员应向承办人简要了解案情。对于不需要出警的，督促案件承办人与报警人联系，做好解释工作。出警人员到达目的地后，应首先与举报人取得联系，了解有关情况。在确认被举报人后，应出示“执行公务证”和相关法律文书（传票或拘传证），说明来意和相关法律规定，并核对被举报人身份，确认无误后依法采取执行措施。

## 三、小额诉讼

### （一）概　述

第一，小额诉讼程序设立的目的是为相对较小金额的争议解决提供一个快捷、低廉、非正式的解决方式，可无律师代理，也不必按传统的法律程序运作。

第二，小额诉讼法官的职责具有独特性。由于律师介入的减少，因此法官更应当发挥主观能动性，发挥积极作用，迅速抓住涉及案件的争议点和重要事实，及时作出裁判。在小额诉讼中，法官应克服坐堂问案，防止成为被动的裁判者。

第三，小额诉讼的开始首先由书记员介入，因此书记员应当尽可能地向当事人提供相关程序的咨询，及时给当事人提供相关诉讼资料，保证当事人能够及时、迅速和全面了解小额诉讼相关程序，实现小额诉讼的良好氛围。

第四，小额诉讼法官要及时熟悉相关的法律、法规和政策，特别是涉及特定的案件时，还应当熟悉相关的风俗习惯。为了保障小额程序的顺利进行，要对小额诉讼的场所、设备进行周到的安排，应当制作图表、视频等能更好进行展示的工具，以便当事人能更好地熟悉和了解案件的事实。

第五，小额诉讼法官的态度和行为很关键，放松和耐心很重要，当对当事人进行提问时，应当用非常中立的语言来表达，避免让当事人矛盾激化或将矛盾的矛头指向法院。

第六，小额诉讼中，对聋哑人或者只掌握少数民族语言的当事人，应当提供翻译和相关听力辅助设备，方便法院获得真实的案件情况。由于律师介入减少，对于特别需要法律援助的当事人，可以充分发挥法律援助工作者的作用，由法律援助工作者听取当事人陈述，对问题直接作出回答，帮助当事人完成诉讼材料，准备证据，提供当事人让其能获得最大利益的信息和帮助。在特定的情况下，还可以由法庭出面，对相关专业问题进行专家帮助。

### （二）范　围

第一，适用标准。当事人请求给付金钱、有价证券或者特定物，其诉讼标的额在 50 000 元（或上年度法院所在地城镇职工年度平均工资）以下的；当事人请求给付金钱、有价证券或者特定物，其诉讼标的额在50 000元以上，但案件矛盾小、争议事实清楚、法律关系明确、当事人双方书面合意选择小额诉讼程序的。（说明：考虑到目前我国区域性差异和城乡差别很大，具体标准可由各高级人民法院确定，高级人民法院在确定标准时，亦应当考虑上述的差别。）

第二，一般不适用的范围。当事人请求给付金钱、有价证券或者特定物，其诉讼标的额在50 000元以下，但案件涉及离婚、收养、侵权等人身性质的，或者当事人对纠纷事实争议较大、法律适用存在困难的，一般不宜适用小额诉讼程序，当事人合意选择的除外。

第三，不适用的范围。共同诉讼案件、适用公告送达缺席判决的案件以及法律规定应适用其他程序（特别程序、审判监督程序、督促程序、公示催告程序、企业法人破产还债程序）的案件，不适用小额诉讼程序。

第四，适用限制。为防止当事人滥用小额诉讼程序，同一原告在同一法院每年依据小额诉讼程序请求审理、裁判案件的次数不得超过5次。

第五，程序异议的提起。当事人就适用小额诉讼程序提出异议，人民法院认为异议成立的，或者人民法院在审理过程中发现不宜适用小额诉讼程序的，应当将案件转入其他程序审理。当事人提出适用小额诉讼程序异议的，应当在答辩期满前提出。

（三）提　起

首先，小额诉讼适用一般管辖原则，应由被告住所地法院管辖，但经被告同意的，可以由原告住所地法院进行管辖。自然人与法人之间的诉讼，应由自然人所在地人民法院管辖。

其次，小额诉讼可以书面起诉状的形式提出，也可以表格化诉状提出，或口头的形式提出。以口头形式提出的，由法院书记员记明笔录。

再次，小额诉讼应按现行的诉讼费收取办法减半收取诉讼费。

最后，小额诉讼程序的送达可采取邮寄、电话、电子邮件、网络等快捷的送达方式，利用电话送达的，可用录音的方式对送达结果进行固定。

（四）案件审理

第一，审理的组织形式。法院可成立小额诉讼法庭，人民法庭受理小额诉讼案件的，可确立专人审理。小额诉讼的主持可由法官进行，亦可由获得任命的法官助理进行。

第二，程序的启动时间。小额诉讼程序开庭时间实行弹性化方式，原告在起诉之日，被告到场或者能够到场且不需要答辩期的，人民法院可以直接开庭审理。当事人不需要答辩期的，除当事人提出异议外，小额诉讼可以在正式工作日以外的任何时间进行。

第三，当事人的答辩期。小额诉讼程序案件当事人的答辩期不应超过 7 日。被告既可以书面答辩，也可以口头答辩，口头答辩的，由书记员记入笔录。

第四，缺席审理。有证据证明当事人已收到人民法院通过邮寄、电话、电子邮件、网络等方式传唤，无正当理由拒不出庭的，法院可缺席审理。

第五，法院的职权主义。强化法官或法官助理的职权主义，在正式开庭前，做好全面的释明工作，明确双方的争议点以及庭审中需要准备的证据或证人。

第六，调解。小额诉讼庭审当日，可依法进行调解程序，调解成功的，制作调解笔录即可，无需另行制作调解书或调解协议。调解不成的，即可进入小额诉讼审理程序。

第七，证据要求。案件审理过程中，当事人应当庭提交全部的证据，申请出庭的证人必须到庭。当事人申请法院进行证据调查或者要求进行评估鉴定的，人民法院审查后认为时间费用与诉讼请求明显不相当的，可以不予准许。

第八，辩论原则。小额诉讼实行一次言词辩论终结诉讼，并由当事人亲自到庭进行言词辩论。

第九，庭审要求。小额诉讼程序原则上一次开庭期日内审理终结。禁止当事人在庭审过程中提起反诉。如当事人变更诉讼请求，变更后诉讼请求的标的额如超出小额诉讼受案标的额，应转入简易程序或普通程序审理。

第十，审理形式。小额诉讼程序过程中，双方当事人同意以及人民法院认为适当的情形下，可采取书面审理的方式进行。

第十一，律师代理的限制。适用小额诉讼程序的案件，应尽量减少律师或者其他法律工作者作为代理人，法律援助的情形除外。

（五）裁　判

第一，裁决要求。审理终结后，审理法官应当庭作出裁决，并当庭送达，使当事人的小额权利尽快得到实现。

第二，裁判文书的制作。庭审结束后，当事人有特别要求制作裁判文书的，可使用表格化判决，仅记载判决主文，在必要时记明判决理由要点。人民法院认为不需要制作裁判文书的，将判决内容记入笔录后，将笔录副本加盖法院公章后，送达当事人，该笔录具有与判决书一样的效力。

第三，上诉权利的限制。适用小额诉讼程序的案件判决后，可根据当事人的程序选择权，减少当事人上诉，当事人坚持上诉的，应保障当事人的合法权利。

第四，审限。适用小额诉讼程序的案件，应在30日内审结。

（六）执　行

第一，执行强制措施的告知。适用小额诉讼程序的案件，判决时应告知被告不履行判决的义务可能会被采取的强制措施。

第二，案件生效后的执行。当事人对适用小额诉讼程序的案件判决后不履行的，可由原审判法官执行。

**四、简易程序**

（一）适用范围

1. 适用简易程序的标准

参见我国民事诉讼法的规定。

2. 简易程序标准的具体内容

事实清楚是指当事人双方对争议的事实陈述基本一致，并能提供可靠的证据，无须人民法院调查收集即可判明事实、分清是非；权利义务关系明确是指谁是责任的承担者，谁是责任的享有者，关系明确；争议不大是指当事人对案件的是非、责任以及诉讼标的争议无原则分歧。

3. 适用简易程序案件常见类型

可以适用简易程序案件的参考类型主要有：

（1）无较大争议的婚姻案件。

（2）只有给付时间和金额上有争议的赡养费、扶养费和抚育费的案件。

（3）请求确认或者变更收养、抚养关系，双方争议不大的案件。

（4）借贷关系明确、证据充分和金额不大的债务案件。

（5）遗产和继承人范围明确，讼争遗产数额不大的继承案件。

（6）事实清楚、责任明确、赔偿金额不大的损害赔偿案件。

（7）事实清楚、争议焦点明确、诉争金额不大的合同类案件。

（8）事实清楚、争议焦点明确、诉争金额不大的其他类型案件。

4. 不能适用简易程序的案件

（1）起诉时被告下落不明的案件。

（2）发回重审和按照审判监督程序审理的案件。

（二）提　起

第一，案件管辖。简易程序适用一般管辖原则，按《民事诉讼法》关于管辖的规定执行。

第二，起诉方式。参见《民事诉讼法》的规定。

第三，当即审理的情形。参见《民事诉讼法》的规定。

第四，诉讼收费标准。参见现行的诉讼费收取办法。

第五，传唤方式。适用简易程序审理的案件，基层人民法院和它的派出法庭可以用简便的方式随时传唤当事人。简便方式是指送达传票和正式书面通知以外的各种合法而适宜的方式，如捎便条、打电话、带口信、寄信件、发电邮、用网络等快捷的方式。

第六，传唤方式的限制。利用简便方式传唤当事人时，在任何情况下，均不得让一方当事人去传唤对方当事人，尽管有时这种方式最为简便。

（三）审　理

第一，庭前准备要求。开庭审理前，应做好充分的庭前准备工作，发现争点，释明当事人做好举证工作，保证开庭的效率。

第二，庭审组织形式。参见《民事诉讼法》的规定。

第三，庭审地点的灵活性。简易程序通常采用的是正式的庭审，庭审时可以在人民法院或它的派出法庭进行，亦可以由人民法院通过巡回审理的方式在人民法院认为适合的地方进行。

第四，庭审时间的灵活性。适用简易程序审理案件时，既可以在工作日进行，又可以在工作日以外的时间进行，在工作日以外的时间进行庭审时，应征得当事人的同意。

第五，答辩期的要求。适用简易程序审理的案件，可以鼓励当事人放弃答辩期限，当事人放弃答辩期限的，可以当即审理。被告口头答辩的，记入笔录，亦可以当即审理；被告要求书面答辩的，按民事诉讼法的规定执行。

第六，简易程序转为普通程序的情形。经询问双方当事人或者被告答辩后，发现双方争议较大，案情重大、复杂的，转入普通程序进行审理。

第七，可以缺席审理的情形。有证据证明当事人已收到人民法院通过捎便条、打电话、带口信、寄信件、发电邮、用网络等方式传唤，无正当理由拒不出庭的，法院可缺席审理。

第八，调解。适用简易程序审理的案件，当事人同时到庭的，可以直接开庭进行调解，调解不成的或者达成协议后当事人反悔又未提出新事实和证据的，可以不再重新开庭，直接作出判决。调解达成协议，制作调解书发给当事人；即时履行完毕，可将协议记入笔录，不制作调解书。双方当事人对案件事实无争议，只是在责任的承担上达不成协议的，开庭审理时可以在双方当事人对事实予以确认的基础上，直接进行法庭辩论。

第九，调解不成后的处理。双方当事人对主要事实陈述不一致，或者庭前调解达不成协议的，可以当即开庭审理，也可以另定日期审理，并告知当事人开庭的时间、地点。适用简易程序审理案件时可以随时进行，不必要求先期发出通知和公告。

（四）庭审程序

第一，开庭前书记员工作的要求。开庭前，书记员应查明当事人及其诉讼参与人是否到庭。原告经传票传唤，无正当理由拒不到庭的，书记员报告审判员后，审判员可以按原告撤诉处理。

第二，原告陈述的处理。原告简要陈述起诉的请求、事实和理由。起诉状已经送达当事人，且原告对起诉状中陈述的起诉的请求、事实和理由没有变更的，在询问当事人后，可以直接要求被告进行答辩。

第三，被告答辩的处理。被告针对原告起诉中陈述的事实提出承认或者否认的答辩。被告已经递交答辩状，且已经送达给原告，答辩状的内容亦没有变更的，在询问当事人后，法官可以直接进入争点的归纳阶段。

第四，证明责任。围绕争点，当事人对自己的主张有责任提供证据，各方当事人提供的证据，应经对方质证。

第五，辩论要求。当事人对争议的问题可以互相辩论。审判员对当事人在辩论中与本案无关的言辞应当及时制止。在举证、质证阶段，当事人已经充分发表辩论意见的，没有新的辩论意见需要发表的，当事人可以不进行专门的辩论阶段。

第六，庭审后的调解要求。调解可以当庭进行，也可以休庭后进行。调解可先由各方当事人提出调解方案。审判员也可根据对方当事人的请求提出初步调解方案，征询各方当事人意见，亦可以在庭审后的一段时间内进行调解。经调解，双方当事人取得一致意见，根据协商的内容起草调解协议，由各方当事人签字或盖章。

第七，调解不成后判决的要求。调解达不成协议的，审判员可以当庭宣判。不能当庭宣判的，可以择日宣判，但作为简易程序案件的判决书在叙事说理部分力求简明扼要，重点将判决书、调解书主文部分叙述准确、清楚。

第八，庭审笔录的要求。庭审笔录由当事人阅读，当事人不识字的，由书记员宣读庭审笔录，阅读或宣读笔录可以在庭审后进行，亦可告知当事人和其他诉讼参与人在 5 日内阅读。庭审笔录经宣读或阅读，记录无误的，当事人应当在笔录上签名或盖章；拒绝签名、盖章的，记明情况附卷；认为对自己的陈述记录有遗漏或者差错，申请补正的，允许在笔录后面或另页补正。

（五）上诉和执行

第一，上诉权利和时间。适用简易程序审理的案件判决后，当事人不服的，有权在判决书送达次日起 15 日内提起上诉，超过上诉期而没有提起上诉的，裁判文书发生效力。

第二，生效裁判文书的执行。裁判文书生效后，当事人拒不履行生效裁判文书内容的，案件承办法官可督促当事人主动履行生效判决，当事人仍不履行的，权利人有权向法院申请执行，执行程序依照《民事诉讼法》的规定进行。

## 五、裁判文书

（一）概念与类别

裁判文书是指人民法院依照国家法律的规定，在刑事、民事和行政诉讼中，就案件的实体问题和程序问题依法制作的具有法律效力的文书。裁判文书是法院诉讼文书的主要组成部分。它是诉讼活动结果的载体，也是人民法院确立和分配当事人具体权利义务的唯一凭证，是人民法院代表国家行使审判权，以国家的强制力为保证的法律文件。

人民法院的裁判文书，主要指刑事裁判文书、民事裁判文书和行政裁判文书。

刑事裁判文书，是人民法院在刑事诉讼中，解决公诉人或自诉人指控或起诉事实是否成立，被告人是否犯罪，犯什么罪，是否应受到刑罚处罚及如何处罚的实体问题或程序问题的司法文书。刑事裁判文书包括刑事判决书、刑事裁定书以及刑事附带民事判决书和刑事附带民事裁定书。

民事裁判文书，是人民法院在民事诉讼中，为解决、确认诉讼当事人之间民事权益争议的实体问题或程序问题作出的具有法律效力的司法文书。民事裁判文书根据处理问题的性质和方式，大致可分为民事判决书、民事裁定书和民事调解书。

行政裁判文书，是人民法院在行政诉讼中，依照国家法律和行政法规、地方性法规，参照行政规章，为解决当事人之间具体的行政争议，就案件的实体问题或程序问题作出的具有法律效力的司法文书。行政裁判文书包括行政判决书、行政裁定书和行政赔偿调解书。

（二）规范裁判文书的原则

第一，合法原则。人民法院制作裁判文书应严格依法，包括裁判文书制作主体和制作形式的合法性。主体合法性，即裁判文书只能由人民法院制作和使用，任何其他机关、社会团体和个人都无权制作和使用。裁判文书形式的合法性即人民法院制作和使用裁判文书必须依照法律的规定，从格式、内容上加以严格规范和统一。

第二，效率原则。在确保公正的前提下，通过简化裁判文书制作的形式与内容，达到提高效率的目的。在裁判文书的制作过程中，要做到合理配置司法资源，使投入的资源得到最大限度的节约，提高诉讼的经济效益，以最小的投入获得最大的产出，达到诉讼效益最大化，从而实现诉讼效益与司法公正。

第三，繁简区分原则。裁判文书改革的关键是如何提高文书制作的质量，而不是单纯文字字数的增加和篇幅的增长。裁决文书的繁简应与本案的司法投入相对应，与案件繁简程度相适应。如民商事案件有小额诉讼，简易程序，普通诉讼和复杂诉讼的差异，倘若对案件类型不加区别，要求每一篇裁判文书都要引经据典，既无必要，也不可能，既与法官繁重的工作量不适应，又与司法效率原则相违背。

### （三）提高裁判文书效率的举措

首先，制作裁判文书，应当根据案件的繁简情况加以区别，做到繁案精写，简案简写，体现司法公正和效率并重的理念。对适用简易程序审理或者通过调解结案的裁判文书，力求简洁、明晰；对于疑难复杂的案件，由于所涉及的法律关系相对复杂，证据材料繁多，当事人主张的观点较多，争议较大，制作此类案件的裁判文书应当尽量做到精益求精，根据案件所涉及的法律关系和性质，归纳当事人观点时，尽量抓住重点，简明扼要，有针对性的说理分析；对法律关系简单、事实清楚、当事人权利义务关系明确、争议不大的案件，制作裁判文书应当在符合法律相关规定的情况下做到文字简洁、叙事清楚、说理到位。

其次，民事裁定书的说理应结合裁定的具体事项展开。尤其是对案件的实体处理有重大影响、对当事人的实体利益和重大程序利益做出处分的民事裁定书，应当详细说明裁定的理由；对于二审撤销一审判决，发回重审的案件，民事裁定书中应写明发回重审的理由，阐明一审判决事实不清、证据不足或违反法定程序、适用法律错误的具体问题。

最后，有针对性说理，并充分考虑说理对象的感受。有的判决书中明显带有感情色彩或歧视性的词汇，让当事人心里感到很不舒服，尤其是本来就输了官司的当事人，对判决的抵触情绪就更为强烈。如果我们的判决书无懈可击，那么在面对信访人特别是因为不服判决而以判决书有问题来信访的当事人时，我们就能化被动为主动，应对自如。

（四）裁判文书改革的创新

第一，强化法官的裁判权。针对法院内部目前设立的裁判文书签发环节，应根据案件审理和作出裁判的不同情况加以简化和规范：①对适用简易程序由审判员独任审理案件的裁判文书，应由审理该案件的审判员签发；②对适用普通程序进行审理的案件裁判文书由合议庭的审判长签发；③对经过审判委员会讨论决定的案件的裁判文书，应当由分管院领导签发；④院长认为应由其签发的裁判文书可作制度性规定，由审判员报签。根据具体案件的具体情况，实行裁判文书的分级签发，不但能够体现法官办案独立行使审判权的特性，更能节约司法资源，提高司法效率。

第二，法律条文须后附。通过法律条文后附可以提高法官责任心，做到适用法条准确无误，最大限度保护当事人权益的同时提高司法效率。具体书写方法：法律条文写在文尾即书记员署名以下，顶格写“附文书涉及法律条文：”，第二行空两格书写“法条名称第×条”，空一格书写“法条具体内容”。

## 六、诉调对接

### （一）概　述

1. 概　念

诉调对接是基于人民法院的纠纷化解职能，发挥审判权的规范、引导和监督作用，完善诉讼与人民调解、行政调处、行业调解、商事调解、仲裁及其他非诉讼纠纷解决方式有机衔接、对接，推动各种纠纷解决机制的组织和程序制度建设，促使非诉讼纠纷解决方式更加便捷、灵活、高效，为维护社会和谐稳定提供司法保障的纠纷解决机制。

2. 基本理念

通过诉调对接，将大量纠纷化解于诉讼之外和以非判决方式化解，优化司法资源和其他社会资源的配置，避免当事人诉累，降低司法成本，提高司法效率。

3. 工作要点

合理配置组织机构和人员，强化窗口分流作用，组织社会力量，通力协作，健全监督保障机制。

### （二）组织建设

1. 法院内部诉调对接机构

人民法院可以根据本院实际情况或者当地党委的统一部署，建立专门的诉调对接领导机构和诉调对接日常工作机构。

2. 诉调对接日常工作机构

诉调对接办公机构是由法官组成的诉调对接日常工作机构，该机构可以设于立案庭，接受立案庭庭长统一管理和指导。

3. 诉调对接办公机构主要任务

（1）诉前接待、分流和化解纠纷。

（2）建立对法院附设非诉调解组织的监督、评价机制，并监督、管理附设调解组织及其工作人员，负责考评调解员。

（3）对附设调解组织和其他非诉讼调解组织的调解员进行业务指导。

（4）法院与附设调解组织、其他非诉讼调解组织之间委托调解、邀请调解的业务对接。

（5）组织附设调解员巡回调解与诉前调解纠纷的巡回受理。

（6）非诉讼调解协议的司法审查与确认。

（7）协调社会人力资源从事诉前接待法律服务。

（8）诉调对接的宣传推广工作。

（9）对调解纠纷当事人的回访，搜集意见和信息。

（10）总结创新，并制定诉调对接工作计划、阶段性目标。

（11）建立健全矛盾纠纷情报信息网络和信息反馈机制，指导建立健全矛盾纠纷定期排查制度。

（12）相关非诉讼调解组织、人员和调解活动的政务管理和保障。

（13）其他具体的诉调对接工作。

4. 法院附设非诉讼调解组织

有条件的基层人民法院可在立案庭和派出法庭附设非诉讼调解组织，并聘任和邀请调解员驻院主持诉讼外调解。基层法院还可以与当地司法行政机关沟通协商，将人民调解组织附设于人民法院，并以此为平台，与整个辖区人民调解组织相对接。

5. 专门调解室

人民法院可以根据纠纷的数量，按照调解主体、调解方式和纠纷类型等划分标准，在附设调解组织中成立各种专门的非诉讼调解工作室。

6. 调解指导员

基层人民法院应当建立非诉讼调解指导员指导制度。指派审判经验丰富的法官担任非诉讼调解指导员，负责管理协调与非诉讼调解组织、调解员的沟通联络、业务指导和培训、理顺诉讼与非诉讼相对接过程中出现的各种关系、总结调解经验教训、搜集经典案例、组织与法官交流研讨案件等。调解指导员可以就非诉讼调解员在调解过程中遇到的有关法律问题提供咨询，但不直接参与非诉讼调解或者对纠纷的处理发表具体意见。

7. 指导调解

人民法院对调解员采取定期培训、定点培训、以会代训、旁听庭审、巡回指导等方式进行培训。人民调解员和行业调解员等可以轮流到法院附设调解组织参与附设调解员主持的调解工作，或者在调解指导员和附设调解员指导下主持调解。

8. 调解员来源

调解员可以来自于退休法官、退休检察官、退休警官、法律援助律师、法律志愿者、法律院校师生等法律群体，也可以来自于人民调解组织、行业专家等非法律群体；可以常驻法院附设调解组织和其他非诉讼调解组织主持调解，也可以因个案邀请主持调解。

9. 调解依据

调解员依照国家法律调解的同时，也可以运用社会公德、职业道德、家庭美德、村规民约、社区公约、行业惯例和当地风俗习惯等其他社会规范进行调解。

10. 从业限制

经人民调解工作室调解后又进入诉讼程序的案件，曾经参与调解工作的人民调解员不得担任该案件的人民陪审员或诉讼代理人。调解员应自觉遵守所在人民法院的有关规章制度。

（三）法院附设非诉讼调解工作机制

1. 受理范围

法院附设调解组织可以受理以下适合诉讼外调解的纠纷：

（1）婚姻家庭关系纠纷：婚姻纠纷、抚养、赡养纠纷、继承纠纷等。

（2）邻里关系纠纷：通行、通风、采光、排水、截水等纠纷。

（3）山林、土地的使用、经营权纠纷，宅基地纠纷、责任田（山）经营纠纷，林木、果树地经营纠纷等。

（4）其他侵权责任纠纷：医患纠纷，财物损害赔偿纠纷、轻微人身伤害赔偿纠纷、精神损害赔偿纠纷等。

（5）合同纠纷：承包合同纠纷、借贷纠纷、买卖合同纠纷、租赁合同纠纷、物业服务纠纷等。

（6）经营纠纷：合伙纠纷、股权纠纷等。

（7）无因管理和不当得利纠纷。

（8）劳动争议、人事争议。

（9）法院委托调解和邀请调解的民商事案件。

（10）法院委托促成和解的执行案件和委托调解的行政案件、信访案件、刑事自诉案件和其他轻微刑事案件。

（11）其他适合诉讼外调解的纠纷。

2. 窗口接待分流

设立诉前指导接待窗口，由法官在立案前指导、化解和分流纠纷；设立立案审查窗口，立案法官再次化解纠纷和诉讼繁简分流、专业分流。

3. 预登记

有条件的基层人民法院和派出法庭可以将诉前接待与立案接待相分离，设诉前接待窗口对接机构，法官先接待民商事纠纷当事人，并进行预登记。预登记要登记来访人和其他纠纷当事人的自然状况、纠纷内容、释明要旨和处理结果等事项。

4. 诉前引导

诉前接待法官要向符合诉前调解条件的纠纷当事人发放《诉前提示》或《诉前调解建议书》，并根据纠纷的性质、难易程度以及当事人的具体情况，进行释明、指引、劝导当事人选择非诉讼纠纷解决机制或者申请支付令。人民法院根据当事人选择，将纠纷分流到法院附设非诉讼调解室或者其他非诉讼调解网络。

5. 委托调解

人民法院可以在民事纠纷受理前、诉讼中，将纠纷转交附设调解组织或委托辖区内或纠纷发生地的乡镇、街道、企事业和行业性人民调解组织进行调解。

6. 其他可委托调解案件

对于已经受理的刑事附带民事案件的民事部分和刑事自诉案件和其他轻微刑事案件、行政案件、执行案件和信访案件，经各方当事人同意，或者人民法院认为确有必要的，可以将纠纷委托上述调解组织进行调解，并向委托的调解组织出具《委托调解函》。

7. 邀请调解

人民法院进行调解，可以依法邀请有关单位和个人协助。

（四）非诉讼调解的网络工作机制

第一，与人民调解的网络对接机制。建立法院附设非诉讼调解组织与现有人民调解组织网络对接的纠纷化解联动机制，司法调解、司法确认、督促程序与人民调解对接机制。

第二，联动制度。基层人民法院与各级调解组织定期召开联席会议，及时通报情况，发现问题。

第三，人民法院与人民调解诉调对接纠纷化解流程：

<table>
<tr><td rowspan="13">民间纠纷受理</td><td rowspan="6">受理纠纷单位</td><td colspan="2">1. 由当事人所在调解组织受理</td></tr>
<tr><td rowspan="5">2. 由纠纷发生地调解组织受理</td><td>侵权行为地</td></tr>
<tr><td>不动产所在地</td></tr>
<tr><td>主要遗产所在地或被继承人生前户籍所在地</td></tr>
<tr><td>合同缔结地或合同履行地</td></tr>
<tr><td>复杂疑难、跨地区、跨单位纠纷由乡或相关调解委员会受理</td></tr>
<tr><td rowspan="3">受理单位</td><td colspan="2">1. 当事人口头、书面申请</td></tr>
<tr><td colspan="2">2. 调解委员会主动介入</td></tr>
<tr><td colspan="2">3. 其他各部门委托、提交调解</td></tr>
<tr><td rowspan="4">受理条件</td><td colspan="2">1. 有明确的被申请调解人</td></tr>
<tr><td colspan="2">2. 有具体的调解要求</td></tr>
<tr><td colspan="2">3. 有提出调解申请的事实依据</td></tr>
<tr><td colspan="2">4. 申请调解的纠纷符合调解委员会受理范围</td></tr>
<tr><td rowspan="7">调解程序</td><td rowspan="3">准备</td><td colspan="2">1. 选定或确定被调解人</td></tr>
<tr><td colspan="2">2. 调查核实纠纷情况</td></tr>
<tr><td colspan="2">3. 选定调解方案</td></tr>
<tr><td rowspan="4">实施调解</td><td colspan="2">1. 选定调解场所</td></tr>
<tr><td rowspan="3">2. 调解步骤</td><td>1. 告知双方当事人的权利与义务</td></tr>
<tr><td>2. 听取当事人的陈述</td></tr>
<tr><td>3. 调解（调解不成告知双方向法院起诉）</td></tr>
</table>

续表

<table>
<tr><td rowspan="10">调解协议书制作和履行</td><td rowspan="5">制作调解协议</td><td colspan="2">1. 写明当事人的基本情况</td></tr>
<tr><td colspan="2">2. 纠纷的简要事实</td></tr>
<tr><td colspan="2">3. 双方当事人的权利与义务</td></tr>
<tr><td colspan="2">4. 履行协议的方式、地点和期限</td></tr>
<tr><td colspan="2">5. 双方当事人和调解员签名盖章，调委会盖章</td></tr>
<tr><td rowspan="4">调解协议履行</td><td colspan="2">1. 当事人自觉履行协议</td></tr>
<tr><td colspan="2">2. 各级组织说服教育促其履行协议</td></tr>
<tr><td rowspan="2">拒不履行协议的</td><td>1. 可以请求基层人民政府处理</td></tr>
<tr><td>2. 可以就调解协议的履行、变更、撤销向人民法院提起诉讼</td></tr>
<tr><td colspan="2">回访</td><td>对调解协议的履行情况进行回访</td></tr>
<tr><td colspan="3">司法确认</td><td>对于需要法院确认的调解协议，经当事人申请，法院依法立案审查，赋予人民调解协议强制执行的效力</td></tr>
</table>

第四，诉讼与其他调解组织诉调对接网络。人民法院可以与行政机关、仲裁机构、行业组织、企事业单位和其他社会组织建立起司法调解和司法确认与行政调解、仲裁机构、行业调解以及其他非诉讼调解的对接机制。建立诉调对接调解工作站点。可以各自设立联合调解工作室，也可以根据纠纷特点，协商建立联合调解工作室。

第五，委派调解员联合调解。人民法院可以委派调解员（非法官）在联合调解工作室与行政机关、仲裁机构、行业组织、企事业单位和其他社会组织调解员联合调解，也可以委派调解员巡回调解。

第六，非诉讼调解协议效力及司法救济途径。经人民调解组织、行政机关、仲裁机构的调解组织、商事调解组织、行业协会、社会组织、企事业单位和其他非诉讼调解组织调解后达成的具有民事权利义务内容的调解协议，除法律另有规定的以外，均具有民事合同性质。当事人可以通过以下途径获得司法救济：

首先，依照《公证法》的规定申请公证机关依法赋予强制执行效力。

其次，根据《民事诉讼法》和相关司法解释的规定向有管辖权的基层人民法院申请支付令。

再次，申请人民法院司法调解确认。受诉人民法院一般应当当日立案、审查、出具民事调解书并当日送达，并可以依法决定免收诉讼费。

最后，依照《人民调解法》和最高人民法院《关于建立健全诉讼与非诉讼相对接的矛盾纠纷解决机制的若干意见》和最高人民法院《关于人民调解协议司法确认程序的若干规定》等规定，申请人民法院确认调解协议效力。

## 七、审判管理

### （一）概　述

审判管理是基于对审判规律的正确认识和把握，对审判行为与过程实施调控、评价、引导的一项重要的司法工作机制。

开展审判管理，应当严格依照法律、司法解释的规定确定审判管理的职责，处理好管理与审判的关系，应当尊重审判规律，审判管理的各项工作机制和管理的方式方法应当充分考虑审判工作的特点，符合审判工作实际。

开展审判管理，应当坚持全员管理，明确各个管理主体的权利义务和岗位职责；坚持全程管理，监督各个审判环节；坚持全面管理，要把审判质量管理、审判效率管理和审判效果管理等各项制度和工作要求落实到案件审理的各个环节。

（二）基本职能

1. 加强审判质量管理

应当以现代司法理念为引导，遵循审判规律，改变传统审判管理行政化的弊端，推动审判管理模式的转变。健全符合审判工作实际的案件质量评查长效机制，完善评查标准，整体提升审判工作的质量和效率。

2. 加强审判效率管理

应当根据审判工作整体运行态势，合理分配审判资源，实现案件的繁简分流，提高审判效率。

（1）审限管理。①审理期限的确定。各类案件的实际审理期限为立案庭立案次日起至结案之日止；②法律文书制作的期限。合议庭对已经开庭审理的案件应当及时评议，尽快制作法律文书；③规范审限变更的办理程序。依法延长、中止、中断、暂停计算、扣除等变更审限的案件，审判庭应当在办理完审限变更的审批手续后，提交审判管理办公室，由流程管理人员按批准变更的期限在审判信息系统内输入备案；④审限的提示与预警。充分利用计算机信息技术，完善审限动态监控，建立审限届满前的催办制度，实现审限自动提示与预警。

（2）均衡结案。①严格日常审限管理。各审判庭庭长应当严格审核，不符合审限变更条件的，不予审批。审判管理办公室应当严格审查，不符合审限变更条件的，不予办理；②建立办案进度预警机制。应当建立收结案情况提前预警机制，对收结案情况严重失衡的部门进行预先介入、实时提醒，保障收结案的良性循环；③加强庭长对均衡结案的管理。审判庭庭长应当及时关注本部门案件的分布和积存量，经常检查、督促合议庭、承办法官的案件审理进度，在定案把关、审限变更审批、案件催督办等方面加大管理力度，最大限度地保证案件尽快审结；④适时调整审判资源配置。各级人民法院应当加强对本院各审判庭案件受理、审判资源配置情况的动态分析，通过加强人案比的对比分析，适时分流案件、调整人员，促进审判工作的均衡、协调发展。

3. 加强审判运行态势分析

准确把握审判工作整体运行态势是人民法院研判审判工作形势，作出科学决策的前提。各级人民法院应当建立健全审判运行态势监控机制，及时发现、解决影响案件质量和效率的问题，保障审判工作健康有序地开展。

4. 加强审判流程管理

（1）内涵。审判流程管理是根据案件在审理过程中的不同阶段，对案件的立案、分案、开庭、审限管理、结案、归档、卷宗移送等环节进行监督、协调的综合系统管理。

（2）总体要求。审判流程管理应当强化对案件审理的程序监控和节点管理，以法律、法规、司法解释规定的期限为依据，以节点管理为核心，对案件在各个环节的运行情况进行动态跟踪、监控和管理，明确各个节点的监控职责，将节点管理落实到具体部门和人员，促进规范办案，提高司法效率。

有条件的法院应当依托计算机信息技术，尽快完善案件管理信息平台，条件尚不具备的人民法院也要充分利用已有的设备和条件，因地制宜，完善制度，使审判流程管理更加科学化、规范化、精细化。

（3）审判流程实行扎口管理。案件的立案、结案、审限变更、延长、中止、中断等关系审判效率方面的信息，应当实行统一扎口输入。审判管理办公室设置专门的流程管理人员，结案和审限变更、延长、中止、中断的信息由审判管理办公室统一输入。

（4）立案。各类案件的起诉由立案庭依法进行审查，在法定期限内决定立案或者裁定不予受理。

立案庭应当在决定立案、进行登记以及审查办理的同时，向相关审判庭移送立案的电子材料并开始审限计算。

（5）分案。①案件分配的原则。案件分配应当以维护司法公正、促进司法廉洁、保证司法公开为目标，注重提高审判质量和效率，坚持随机分案为主、指定分案为辅的原则，实现均衡结案。②随机分案。随机分案是指立案庭立案后，根据各审判业务部门法官的案件积存数量，运用电脑分案软件直接将案件随机分配到案件积存数最少的法官。审判业务部门内部有地区分工、专业分工等特殊要求的，可以根据案件类型和地域范围在合议庭内部实行随机分案。

（6）开庭。①排期开庭归口负责。根据工作实际，排期开庭由立案庭或相关审判庭负责。②群体性案件的排期开庭。对当事人和案由相同、立案庭同时分别立案的群体性案件，原则上应由同一合议庭审理，并相对集中排定庭期。

（7）送达。①送达的期限。各类法律文书的送达期限，法律、法规和司法解释有明确规定的依照规定执行。法律、法规和司法解释没有明确规定的，送达的期限可以参照以下规定：

第一，直接送达、留置送达、邮寄送达的，在判决书、裁定书签发之日起 10 日内进行送达。

第二，委托送达的，在判决书、裁定书签发之日起 10 日内

完成委托工作。受托人民法院在收到委托书后7日内进行送达，在送达后3日内将送达回证等材料回复委托人民法院。因委托信息、材料或手续不完备而无法送达的，受托人民法院在收到委托书后3日内将原因向委托人民法院说明或予以退回。受托人民法院逾期未回复的，委托人民法院应当及时催办。

（8）对委托鉴定、拍卖的流程管理。①委托鉴定、拍卖程序的启动。案件提起鉴定、拍卖应当经合议庭合议，由审判庭庭长批准后移送委托管理部门。委托管理部门接收委托材料后应当指定专人进行审查。符合委托鉴定、拍卖条件的，应即时将有关信息输入审判信息系统并开始计算鉴定、拍卖期限。②委托鉴定、拍卖期限的终止。委托管理部门收到鉴定机构出具的鉴定报告或者拍卖机构出具的成交、未成交报告后，应当尽快向审判庭移送材料。审判庭签收材料之日为鉴定、拍卖期限终止之日。审判管理办公室根据流程管理信息，即时恢复相关案件的审限计算。③加强对委托鉴定、拍卖流程的监督。委托管理部门要加强对鉴定、评估、审计、拍卖等中介机构委托工作的管理和监督，对于中介机构无正当理由拒绝接收委托、工作拖拉、懈怠、工作中违反管理规定的，及时依照相关规定进行处理。

（9）结案。案件的结案时间按照《最高人民法院关于严格执行案件审理期限制度的若干规定》第10条、《最高人民法院案件审限管理规定》第17条的规定确定。

案件承办人办理结案手续时应当提供送达回证、交邮手续、刊登公告的报纸等结案证明材料。

（10）卷宗移送。①上诉卷宗的移送。一审法院立案庭统一负责上诉案件的卷宗移送，在移送纸质卷宗的同时应当移送电子卷宗。应当建立上诉案件登记、管理、移送、交接等工作制度。②退卷。向原审法院退还原审案件材料应当通过本院立案庭进行，严禁私下通过个人转带卷宗材料。

（11）卷宗归档。案件审（执）结后，应当尽快将卷宗送档案部门归档，承办法官有责任督促、检查，并对卷宗质量负责。

5. 加强审判绩效管理

应当依托审判质效评估指标体系，建立既符合审判工作实际又简便易行的审判绩效考核机制，科学设定审判绩效考核指标，引导法官注重审判质量和效率。

（三）审判管理应当注意的事项

第一，应当加强信息化基础设施建设，不断改善硬件设施，建立、完善案件信息管理系统，逐步建立覆盖全国法院的审判管理网络，形成全国法院案件信息数据库和案件信息查询系统，实现审判管理的信息化，促进审判管理由粗放型管理向集约化管理、精细化管理的转变。

第二，应当着力加强专门审判管理机构队伍建设，实行专业化分工和集约化运作，由具有审判管理专业知识的人员从事审判管理工作，不断提高审判管理人员的管理能力和运用信息技术的能力。

第三，应当大力加强调查研究，在充分吸收借鉴已有的审判管理成果的基础上，大胆尝试、勇于创新，积极探索既符合审判实际需要又能高效运行的新机制和新方法，全面提升审判管理水平。

## 八、司法能力

### （一）概　述

司法能力是指法官运用法律专业知识、既定规范、操作规程审理案件的能力，是在审判过程中将静态知识转化为动态结果的方式方法。

司法能力分三大类：第一类是法律定位能力，即查找法律和其他（参考）依据，并完成法律论证过程的能力；第二类是事实认定能力，即认定事实、证明案情的能力；第三类是审理运作能力，即法官在审理活动中确保正确认定事实和适用法律的行为能力。

（二）静态法律定位能力

对法官来说，第一重要的能力就是学会如何查找、了解处理案件时所需要适用或参考的法律、法规、文件、学说、讲话等论证依据，完成静态法律的定位。

第一，查询法律规范。人民法院审理案件应当依照（或参照）宪法、法律、司法解释、法规、规章、自治条例等。

第二，查找司法文件、行政文件等。法律规范体系在许多领域中是通过实施方案、工作部署、会议纪要、领导讲话、立法说明等来补充具体内容的。

第三，查阅司法案例。参考先前裁判的案例是维护法律适用标准统一、提高裁判质量、积淀司法智慧的重要方式。在新形势下，查阅并运用指导性案例已经成为法官必不可少的一项司法能力。

第四，了解学术通说。除了具有拘束力的法律规范外，国内外法律研究文章、著作也是法官应当了解的内容。法官应当时常翻阅法律书刊，了解法学研究动态，掌握法学理论知识，运用于日常审判工作。

（三）法律论证能力

法律论证是把实在的法律规范运用于具体案件的一个抽象

的思维过程。法律论证能力分为法律解释方法、法律推理方法、法律思维方式、法哲学理论的指导。

第一，法律解释方法。面对已经认定的事实和既定的法律，法官需要运用法律解释能力对所适用的法律加以解释。在人类长期的司法活动中，已经形成了一些比较成熟的解释方法，如文义解释法、系统解释法、目的解释法、历史解释法、动态解释法、实用解释法等。尽管只有将这些解释方法与其他法律论证工具和能力配合使用才能解决问题，但它们作为法律论证体系中的一种基础能力，是法官必须掌握的。

第二，法律推理方法。法律推理是法律论证过程的外在表现，是将抽象的法律规则（大前提）运用于具体案件（小前提）的基本框架。经常使用的法律推理方法包括演绎推理方式、非演绎推理方式、反演绎推理方式、实质推理方式等，每一种推理方法的应用都不只是形式逻辑的简单推论，而是融其他各种法律论证方法于一体的思维过程。

第三，法律思维方式。这种司法能力与前两种有交叉，但其侧重点是把法律作为一门科学和一个职业对待，法律的规范性、正义性、强制性、程序性等特性都是在法律思维过程中首先需要考虑的。

第四，法哲学理论的指导。一个法官的法学理论倾向决定了其对法律解释方法的选择、价值取向的判断，最终也决定裁判结果。在特定的案件中准确判断自己的法哲学倾向并系统运用此种理论（同时参考和借鉴其他相关理论），是法官作出客观、公允法律判断的理论保证。一个高层次的法官应当及时学习和运用源自实践的理论，并将其用于指导实践。

### （四）事实认定能力

事实认定能力是法官发现、重构案件事实的能力，其目的是要把“事实”的内部秩序理顺，以便与后面的法律分析相匹配。

在了解了事实的内容构成基础上，案件审理的下一个环节就是事实的发现、证明、筛选和重构。法官不仅要完成单项事实的认定过程，还要在单项事实之间通过推理和分析，最终形成案件的整体事实认定。这一过程的完成需要法官运用很多具体的能力，其中最重要的包括事实发现与证明能力、司法认知能力、心证能力。

第一，事实发现与证明能力，即运用证据的能力。认定事实的过程就是运用证据证明的过程。在长期的司法实践中，很多能力已经被总结、升华为证据规则，形成了普遍采用的规范，也有一些是在非规范层面上为法官所使用的一些能力，如听证人作证时如何察言观色，如何发现证据的破绽，如何调动双方当事人交叉质证的积极性，如何判断证据的相关程度等。

第二，司法认知能力。在案件事实中，特别是案件的基础事实或背景事实中，有一类是无需证据证明的事实，这就是司法认知的内容。以往对司法认知的理解比较偏狭，随着社会关系的日益复杂和影响案件因素的多样化，司法认知的范畴在扩大，对法官作出司法认知的能力要求也更高。

第三，心证能力。这一能力是法官作出事实判断的基础，是所有法官都必须完成的一个过程。面对各种证据和对证据的质证，面对已经被证明的单项事实，法官必须在内心形成一种对证据判断的确信，从而转化为对事实的认定或不予认定。这种内心的确信就是自由心证，自由心证受到各种因素的制约。除了现有的证据规则，法官的价值取向、职业道德、认识方法、个人人格等都可能对心证的形成产生一定影响。

（五）庭审能力

庭审活动是审判活动的中心环节，主要有两个方面的工作在提高庭审质量方面显得特别重要：一是法官要时刻检视自己对庭审目的的认识；二是按照庭审目的恰当地运用相应的技巧。

1. 正确认识庭审的目的

庭审活动中要求每一个法官在开庭前对自己的认识作一次检查，重新给予确认、强化，可以为庭审活动的效果提供根本保障，使庭审成为真正有意义的庭审。

（1）提醒自己确认开庭审理的一般目的和具体目的。庭审是一个动态过程，是在其他所有审理活动支撑下进行的一种具有外在展示性的活动。庭审可以被称为整个动态审理活动的高潮阶段，庭审是为了把事实问题查个“水落石出”、把法律问题辩个“是非分明”。即使争论的问题没有定论，通过庭审也要就所有存疑的问题获取当事人各方的意见，展开充分辩论。

（2）开放心态下的两种追求。开庭之前和开庭过程中，法官必须有两方面思想准备：一方面是法官在庭前准备阶段要有针对性地查清问题；另一方面是法官必须时刻保持一种开放的心态，注意捕捉任何可能影响案件处理的细节，听取自己在案卷材料中未曾了解的内容，随时准备调查新的问题。

2. 庭审能力的具体要求

（1）以庭审目的为指导准备庭审提纲。几乎所有法官在开庭前都撰写庭审提纲，但紧扣庭审目的的庭审提纲和程序提示性的庭审提纲会发挥不同的作用。应当明确，庭审提纲不只是提示法官到什么阶段问什么话，更重要的是把所有影响“水落石出”和“是非分明”的因素都要预先想到。法官还要以开放的心态，随时接纳新的事实。

（2）控制庭审节奏。控制庭审节奏要求法官根据庭审目的的实现情况和当事人的接受状况，调节庭审的进度。控制庭审节奏的另一个重要因素是当事人双方的反应。一些当事人对庭审活动的消极评价实际上是对庭审的否定，更是对法官庭审能力的否定。

（3）让证据多说话。证据是法官认定事实的最大帮手。法官应当通过证据最大程度地还原法律事实，增进当事人对法官的信任，避免引发不必要的怀疑。

（4）精神专注，及时反应。法官在整个庭审过程中必须集中注意力，不放过任何一个细节。这不仅能体现法官勤勉敬业的职业道德风貌，而且能帮助法官掌握案件每一个细节，避免任何小的差错。审理过程中，法官可以根据需要作笔记，记录自己的兴趣点。

（5）妥善处理法庭上发生的意外情况。对于法庭上发生的意外情况，法官应当根据法律和有关规定，随机应变，冷静处理，维护良好的庭审秩序。

（6）庭审能力运用的要求。必须遵从庭审目的，要服务于事实和法律问题的详尽展现、充分论理、准确判断。

## 九、科技强院

### （一）含　义

科技强院，即运用科学的理论、方法及现代化的手段，加强司法管理，强化管理效能，提高工作水平，以信息化建设为载体，进一步加强基础设施和物质装备建设，以科学的方法，严格规范地管理和服务审判、执行工作。在审判和执行工作中运用信息网络技术，核心是加强法院管理、规范司法行为、提高司法效率、促进司法公正、践行司法为民。

（二）科学技术在审判工作中的应用

科学技术在审判工作中的应用，主要体现在物质装备现代化的配置、子系统研发与建设、运用层次的拓展和提升、整体推进的实施规划四个方面。

1. 物质装备的现代化配置

法院应根据信息化建设和规划的要求，配备相应的硬件设备，最终实现以审判信息为基础、上下级法院之间办公、办案流转和语言、数据传输、数字法庭为一体的综合性信息化系统。

2. 子系统的建设研发

结合法院组织结构、办案和办公方式等特点研发出具有专门功能的子系统，以适用不同的需求。

第一，案件流程管理系统。以案件审判为核心，完成四级法院依法受理的各类案件从信访、立案、审理、结案、案件检查到归档流程中各阶段的信息管理与应用工作。同时在审判过程中配有刑事量刑、劳动仲裁、减刑假释、风险预警、文书自动生成、文书智能纠错校对等辅助功能。

第二，办公系统。该系统是针对法院办公后勤管理工作繁杂多样、涉及部门广等特点而研发，可以为这些部门提供各项工作的规范管理，同时提供方便强大的查询统计功能，有业务往来的各个部门之间还可以通过这个系统进行业务交流，简化工作流程，将各部门的工作紧密地结合到一起，节省人力物力，提高工作效率。

第三，案件信息公开查询系统。该系统可为相关当事人提供查询案件的审理情况、执行进展情况、中止情况、案款明细等可公开的案件信息，同时起到加强人民法院案件监督，促进案件公正、公开的作用。

第四，数字法庭。利用先进的网络技术、数据库技术、音视频技术和智能控制手段，将庭审活动的视频、音频、文字等信息进行综合处理。为法官的庭审活动提供最佳的信息支持，实现案件信息、庭审音视频信息的共享与综合应用。

第五，数字审判委员会。该系统实现会议申请、会议安排、汇报及讨论的信息管理，是案件信息综合应用高度集中的系统，可以充分使用审判管理系统、庭审等系统产生的所有数据和信息，方便委员对案件、案情的掌握。

第六，视频点播系统。实现对法院公开庭审录像和其他音视频信息的管理，系统功能全面，界面直观，操作方便。实现庭审数据的网络直播或历史开庭点播，以看得见的方式实现司法公开与公正；实现边远地区远程观摩庭审。

第七，公共信息查询系统。提供法院基本信息、诉讼指南、廉政规定的信息发布与查询，当事人通过手指触摸界面就可以查询到相关信息，满足群众对法院多层次、多样化信息的了解需求，减少群众对工作人员的询问，提高工作效率。

第八，信访管理系统。根据法院信访信息系统的总体规划和系统特点，采用先进的、适应开放式系统，实现了法院信访工作从手工管理到计算机管理的改造，提高各级人民法院的工作效率和管理水平。

第九，人事管理系统。该系统实现了法院信息系统的整合，为法院的办公、审判工作提供了先进的管理手段。在技术和标准发生变化时，系统能自如地加以调整。

3. 运用层次的拓展和提升

在装备现代化的配置和各项功能系统成功研发的技术平台上，应不断增进各地人民法院之间的业务协同，使全国法院及其干警可以通过内部网络系统及时学习上级机关的工作部署，提高法院之间的日常交流、会议精神传达和业务学习的效率；加强与检察机关、公安机关、司法局等机关的网络互通，实现与党委、政府、人大、政协等机关的信息共享。完善互联网信访机制，建立网上视频信访机制。

4. 整体推进的实施规划

通过网上立案、电子签章、大屏幕公告显示、网上信息查询、远程诉讼，在线服务等方面的应用，提高审判工作效率，降低人民法院司法成本，方便群众诉讼，减少当事人诉累，使群众能充分感受到诉讼的轻便快捷；通过对人民法院审判信息及其他各项工作信息的及时采集处理、分析评估，实现案件类信息管理、司法统计类信息管理、法官信息管理、案例信息管理的规范化、电子化和网络化；对案件从受理、分案到审理、归档等全过程实现信息化，为审判监督、案件质量评查、绩效考核等提供实时、动态的信息支持；通过门户网站，实现法制宣传、信息查询、案例查询等。最终实现覆盖全国各级人民法院的业务网络、三级网和各级人民法院局域网建设完成，并逐步完善，全国法院实现数据共享，提高工作效率、完善司法审判和政务管理，建立数字化法院的目标。

## 十、工作保障

### （一）法官队伍建设

首先，人员分类管理制度。在实践中需将法官、法官助理、书记员、司法警察等不同类别人员根据工作分工进行分类管理，理顺人民法院内部的人事关系，形成分工明确、配置合理的组织架构。对职业法官实行任期制，定期考评考核，按照《法官法》实行管理；对法官助理，试行等级晋升制，参照《公务员法》实行管理；对新招录的书记员和司法警察全部实行聘用制，实行单独序列管理。

其次，法官招录培养机制。在法官招录方面，建立选任法官的综合素质全面考察标准；通过定向选拔、委托培养、定期工作、定向流动等法官招录办法的改革，切实解决法官短缺与法官断层的问题；建立和完善军事法院法官转任地方人民法院法官制度。在法官培训方面，加强法官的思想政治教育和文化建设；建立符合法官职业特点的在职培训制度，推行法官全员定期集中培训制度，完善初任法官任前培训制度和晋升晋级培训制度；加大对少数民族法官的培训力度。

再次，法院队伍管理。建立健全人民法院科学的选拔任用机制和有效的干部监督管理机制，增强人事管理的透明度和公开性；建立人民法院领导班子成员和中层领导定期轮岗制度，完善法官行为规范；建立法官流动和交流制度；建立健全以案件审判质量和效率考核为主要内容的审判质量效率监督控制体系和以绩效为主要内容的岗位目标考核管理体系；建立法官惩戒制度，约束法官业外行为，构建人民法院反腐倡廉的长效工作机制，建立法官廉政档案制度，加强内外监督。

最后，法官职业保障制度。增加编制，缓解审判力量不足的矛盾；适当提高人民法庭法官职级，调动其工作积极性；建立法官职业身份保障制度，法官一经任命，非由法定事由并经法定程序，不得强行予以免职、降职、辞退或者处分；建立法官职业物质保障制度，实行高薪制，建立豁免制度，保障法官在审判时无后顾之忧 ，免受外界干扰，确保公正司法；完善法官激励机制，根据《法官法》的规定，设立法官考评机构，并充分发挥考评与奖惩机制的督促检验、竞争激励、自我监督功能，并建立法官休假制度。

（二）制度创设

第一，明确内设机构职能。法院的机构设置应当划分不同功能，并确定将服务审判和服务法官作为各个机构的中心任务之一。在细分管理事务、明确各部门职能定位的基础上划分部门职能，可划分为：审判业务部门（包括各审判庭和执行部门），审判职能部门（包括立案庭、审判监督庭、研究室等），行政管理部门（包括政治部、办公室、机关后勤服务中心等）。在上述三个层级中，法院应以审判业务部门为中心，审判职能部门及行政管理部门围绕审判业务部门开展，为审判工作提供服务。

第二，创新工作机制。实行非审判、执行部门法官挂庭办案制度，提升法官队伍整体业务素质；实行均衡分案制度，将案件在相关庭室之间合理分配，解决审判任务不均衡的问题，全面提升审判工作质量和效率；完善调解激励机制，拓展诉讼调解的范围，明确优先调解的案件范围，规定调解的原则、要求和程序，完善调解工作考评机制；设立审判工作指导组，明确指导组职责，进一步提高案件的审判质量和效率，增强化解纠纷的合力；推行执行改革，完善执行体制和工作机制，建立执行工作统一管理、协调，统一领导的工作体制，完善内部监督机制，真正把执行裁决权与执行实施权相分离；改革和完善审判委员会制度，充实审判委员会力量，取消当审判委员会委员靠论资排辈和取决于行政职务级别的做法，把业务骨干择优充实到审判委员会。

第三，优化审判管理。设立统一的审判管理机构，法院党组直接通过这一机构对审判工作进行管理，明确审判管理机构的职责，审判管理机构应当集中目前分散在各个审判职能部门和行政部门中的流程管理、质量监督、数据统计、信息汇总、绩效考核等职能，由该部门通过计算机信息系统对全院法官审判进行节点监控和质量控制，对管理的各类信息进行收集、汇总，及时对审判动态进行分析；制定审判管理指标体系，将法院的审判管理指标体系分为考评指标和参考指标两类，两种指标配合使用，其中将考评指标作为审判管理考核评估的重要依据，审判管理参考指标作为考核指标的补充；优化审判管理手段，在审判管理中突出法官的主体地位，优化审判力量配置，规范审判业务部门和综合管理部门的人员比例，增强法官的民主自律性，吸引法官参与管理，明确不同审判组织之间的职责划分，进一步规范独任法官、合议庭、院长、庭长、审判委员会之间的分工。

（三）物质基础

第一，经费保障。以“明确责任、分类负担、收支脱钩、全额保障”为原则，以中央财政为中心的独立司法预算保障模式为终极目标，构建人民法院经费保障体制。具体为：创建经费保障的长效机制，包括公用经费合理保障机制、基本建设经费使用机制、诉讼费省级财政补助机制、法院经费拨付、管理与监督机制等；将人民法院经费划分为人员经费、公用经费、业务装备经费和基础设施建设经费四大类，根据不同地区和人民法院的工作特点，确定各级财政负担级次和比例，实现人民法院经费由财政全额负担，落实“收支两条线”规定，杜绝“收支挂钩”，确保法院经费全额供给；制定适应人民法院实际情况的具体实施办法，完善人民法院经费管理制度，提高管理能力和水平。

第二，基础设施。依据审判工作的实际需要，制定审判法庭、人民法庭建设总体规划和年度计划；做好建设项目申报工作，协调地方政府按照政策要求划拨建设用地，落实配套条件和资金，减免相关规费；研究制定和完善人民法院各类基础设施建设标准，确定各类基础设施建设投资由中央、省级和同级财政负担的比例；尽快完成立案信访窗口和残疾人无障碍通道建设，以及立案信访窗口和人民法庭统一标识工作；积极推动中央、省级和本级三级政府分项目、分年度、分比例负担方式化解基本建设历史债务；有建设任务的法院要切实加强建设资金管理和建设成本控制，避免形成新的债务。

第三，业务装备。人民法院要根据审判执行工作的实际需求，科学规划，加快装备更新，尽快实现审判法庭专业设备、审判文书印刷设备、法警单警装备、档案存储设备以及业务交通工具标准化配置。加强人民法院业务装备建设，应认真执行相关要求，配合有关部门研究制定人民法院业务装备标准，确定业务装备配备总体规划和年度计划，落实装备经费；完善管理制度，制定符合工作实际的管理措施和方法，如建立归口分级管理制度、建立网络化动态管理制度、建立检查考核制度等；强化监督机制，提高装备管理工作透明度；加强培训，提高装备相关人员的专业素质和思想道德水平，培养爱岗敬业的人才队伍。

# 参考文献


**原始资料类：**

1. 《最高人民法院工作报告》（1980 年至 2012 年）。

2. 《人民法院工作年度报告》（2010 – 2013）。

3. 《人民法院司法统计历史资料汇编 1949 – 1998》，人民法院出版社 2000 年版。

4. 《人民法院五年改革纲要（1999 – 2003）》；《人民法院第二个五年改革纲要（2004 – 2008）》；《人民法院第三个五年改革纲要》（2009 – 2013）；《人民法院第四个五年改革纲要（2014 – 2018）》。

5. 《最高人民法院关于加强均衡结案的意见》（法发［2012］19 号）。

6. 《最高人民法院关于建立人民法院经费保障和财务管理长效工作机制的若干意见》（法发［2012］21 号）。

7. 《最高人民法院关于在审判执行工作中切实规范自由裁量权行使保障法律统一适用的指导意见》（法发［2012］7 号）。

8. 《最高人民法院关于开展案件质量评估工作的指导意见》（法［2011］55 号）。

9. 《最高人民法院关于加强人民法院审判管理工作的若干意见》（法发［2011］2 号）。

10. 《最高人民法院关于部分基层人民法院开展小额速裁试点工作的指导意见》（法［2011］129 号）。

11. 《最高人民法院关于执行权合理配置和科学运行的若干意见》（法发［2011］15 号）。

12.《最高人民法院关于案例指导工作的规定》（法发［2010］51号）。

13.《最高人民法院关于贯彻落实〈关于切实解决法官、检察官提前离岗、离职问题的通知〉的意见》（法［2010］227号）。

14.《最高人民法院关于开展行政诉讼简易程序试点工作的通知》（法［2010］446号）。

15.《最高人民法院关于加强基层人民法院审判质量管理工作的指导意见》（法发［2010］56号）。

16.《最高人民法院审判流程管理暂行规定》（法办发［2010］16号）。

17.《最高人民法院关于进一步贯彻“调解优先、调判结合”工作原则的若干意见》（法发［2010］16号）。

18.《最高人民法院关于改革和完善人民法院审判委员会制度的实施意见》（法发［2010］3号）。

19.《最高人民法院关于大力推广巡回审判方便人民群众诉讼的意见》（法发［2010］59号）。

20.《最高人民法院关于进一步加强和规范执行工作的若干意见》（法发［2009］43号）。

21.《最高人民法院关于从源头上减少涉诉信访的若干意见》（法发［2009］27号）。

22.《最高人民法院关于进一步加强司法便民工作的若干意见》（法发［2009］6号）。

23.《最高人民法院关于建立健全诉讼与非诉讼相衔接的矛盾纠纷解决机制的若干意见》（法发［2009］45号）。

24.《人民法院审判法庭信息化建设规范（试行）》（法发［2008］28号）。

25.《最高人民法院关于开展案件质量评估工作的指导意见（试行）》（法发［2008］6号）。

26. 《最高人民法院关于人民法院执行工作考核的意见》（法发［2007］42号）。

27. 《最高人民法院关于全面加强人民法院信息化工作的决定》（法发［2007］21号）。

28. 《最高人民法院关于人民法院办理执行案件若干期限的规定》（法发［2006］35号）。

29. 《最高人民法院关于增强司法能力、提高司法水平的若干意见》（法发［2005］4号）。

30. 《最高人民法院关于进一步加强人民法院基层建设的决定》（法发［2004］21号）。

31. 《关于人民法院民事调解工作若干问题的规定》（法释［2004］12号）。

32. 《最高人民法院审判长管理若干问题规定（试行）》（法［2004］1号）。

33. 《最高人民法院庭长副庭长岗位职责（试行）》（法［2004］2号）。

34. 《最高人民法院关于落实23项司法为民具体措施的指导意见》（法发［2003］20号）。

35. 《最高人民法院关于开展“公正与效率”司法大检查的意见》（法发［2003］9号）。

36. 《最高人民法院关于适用简易程序审理民事案件的若干规定》（法释［2003］15号）。

37. 最高人民法院、最高人民检察院、司法部《关于适用普通程序审理“被告人认罪案件”的若干意见（试行）》和《关于适用简易程序审理公诉案件的若干意见》（法发［2003］6号）。

38. 《最高人民法院关于加强法官队伍职业化建设的若干意见》（法发［2002］12号）。

39. 《最高人民法院案件审限管理规定》（法［2001］164号）。

40.《最高人民法院关于严格执行案件审理期限制度的若干规定》(法释［2000］29号)。

41.《最高人民法院关于高级人民法院统一管理执行工作若干问题的规定》(法发［2000］3号)。

42.《最高人民法院关于贯彻中共中央〈关于进一步加强政法干部队伍建设的决定〉建设一支高素质法官队伍的若干意见》(法发［1999］22号)。

43.《最高人民法院关于开展“审判质量年”活动的通知》(法发［1999］4号)。

44.《最高人民法院审判委员会工作规则》(法发［1999］2号)。

**著作类:**

1.［美］迈克尔·D. 贝勒斯:《法律的原则——一个规范的分析》,张文显等译,中国大百科全书出版社1996年版。

2.［美］E. 博登海默:《法理学——法律哲学与法律方法》,邓正来译,中国政法大学出版社1999年版。

3.［美］理查德·A. 波斯纳:《法律的经济分析》(下),蒋兆康译,中国大百科全书出版社1997年版。

4.［美］理查德·A. 波斯纳:《超越法律》,苏力译,中国政法大学出版社2001年版。

5.［美］理查德·A. 波斯纳:《法理学问题》,苏力译,中国政法大学出版社2002年版。

6.［美］理查德·A. 波斯纳:《正义/司法的经济学》,苏力译,中国政法大学出版社2002年版。

7.［美］理查德·A. 波斯纳:《法官如何思考》,苏力译,北京大学出版社2009年版。

8. 曹建明主编:《公正与效率的法理研究》,人民法院出版社2002年版。

9. 曹建明主编:《中国特色社会主义司法制度探索》,人民法院出版社 2008 年版。

10. ［德］K. 茨威格特、H. 克茨：《比较法总论》，潘汉典、米健、高鸿钧、贺卫方译，法律出版社 2003 年版。

11. ［美］德沃金：《法律帝国》，李常青译，中国大百科全书出版社 1998 年版。

12. ［美］德沃金：《认真对待权利》，信春鹰、吴玉章译，中国大百科全书出版社 2006 年版。

13. 费孝通：《乡土中国》，上海人民出版社 2013 年版。

14. 冯象：《政法笔记》，江苏人民出版社 2004 年版。

15. ［日］高见泽磨：《现代中国的纠纷与法》，何勤华、李秀清、曲阳译，法律出版社 2003 年版。

16. 高其才、黄宇宁、赵彩凤：《基层司法：社会转型时期的三十二个先进人民法庭实证研究》，法律出版社 2009 年版。

17. 高其才、左炬、黄宇宁：《政治司法：1949 – 1961 年的华县人民法院》，法律出版社 2009 年版。

18. 高其才、周伟平、姜振业：《乡土司法：社会变迁中的杨村人民法庭实证分析》，法律出版社 2009 年版。

19. ［意］朱塞佩·格罗索：《罗马法史》，黄风译，中国政法大学出版社 1994 年版。

20. 公丕祥主编：《审判管理理论与实务》，法律出版社 2010 年版。

21. 公丕祥：《当代中国的司法改革》，法律出版社 2012 年版。

22. 顾培东：《社会冲突与诉讼机制》，法律出版社 2004 年版。

23. 贺卫方：《司法的理念与制度》，中国政法大学出版社 1998 年版。

24. 何兰阶、鲁明健：《当代中国审判工作》（上、下），当代中国出版社 1993 年版。

25. 贺荣主编：《公正司法与行政法实施问题研究——全国法院第 25 届学术讨论会获奖论文集》（上），人民法院出版社 2014 年版。

26. 侯猛：《中国最高人民法院研究：以司法的影响力切入》，法律出版社 2007 年版。

27. 黄长营:《中美审判效率比较研究》，中国方正出版社 2004 年版。

28. 江必新主编:《全国法院优秀司法统计分析文集》（下），法律出版社 2013 年版。

29. 强世功编:《调解、法制与现代性：中国调解制度研究》，中国法制出版社 2001 年版。

30. 景汉朝主编:《司法成本与司法效率实证研究》，中国政法大学出版社 2010 年版。

31. ［美］卡多佐：《司法过程的性质》，苏力译，商务印书馆 2000 年版。

32. 莫诺·卡佩莱蒂等：《当事人基本程序保障权与未来的民事诉讼》，徐昕译，法律出版社 2000 年版。

33. 林端、侯猛、尤陈俊主编:《司法、政治与社会——中国大陆的经验研究》，翰芦图书出版有限公司 2012 年版。

34. 刘练军:《司法要论》，中国政法大学出版社 2013 年版。

35. ［德］罗森贝克、施瓦布、戈特瓦尔德：《德国民事诉讼法》，李大雪译，中国法制出版社 2007 年版。

36. 《毛泽东选集》（第 1 卷），人民出版社 1991 年版。

37. ［美］约翰·亨利·梅利曼：《大陆法系》，顾培东、禄正平译，李浩校，法律出版社 2004 年版。

38. 牛敏主编:《人民法院审判运行机制构建》，人民法院出版社 2012 年版。

39. ［日］棚赖孝雄:《纠纷的解决与审判制度》，中国政法大学出版社 2004 年版。

40. 钱锋主编:《审判管理的理论与实践》，法律出版社 2012 年版。

41. 瞿同祖:《瞿同祖法学论著集》，中国政法大学出版社 1998 年版。

42. 邱联恭:《司法之现代化与程序法》，三民书局 1992 年版。

43. 邱联恭:《民事程序选择权的法理》，三民书局 1993 年版。

44. ［美］萨缪尔森、德诺豪斯：《经济学》（第十六版），萧琛等译，华夏出版社 1999 年版。

45. 宋冰编：《程序、正义与现代化——外国法学家在华演讲录》，中国政法大学出版社 1998 年版。

46. 宋冰编：《读本：美国与德国的司法制度及司法程序》，中国政法大学出版社 1998 年版。

47. 沈德咏主编：《中国特色社会主义司法制度论纲》，人民法院出版社 2009 年版。

48. 苏力：《法治及其本土资源》，中国政法大学出版社 1996 年版。

49. 苏力：《送法下乡——中国基层司法制度研究》，中国政法大学出版社 2000 年版。

50. 唐应茂：《法院执行为什么难：转型国家中的政府、市场与法院》，北京大学出版社 2009 年版。

51. 唐应茂主编：《法院的表现：外部条件和法官的能动性》，法律出版社 2009 年版。

52. 万鄂湘主编：《现代司法理念与审判方式改革：全国法院第十六届学术讨论会获奖论文集》，人民法院出版社 2004 年版。

53. 王亚新等：《法律程序运作的实证分析》，法律出版社 2005 年版。

54. 王亚新：《对抗与判定——日本民事诉讼的基本机构》，清华大学出版社 2010 年版。

55. 吴英姿：《法官角色与司法行为》，中国大百科全书出版社 2008 年版。

56. ［日］小岛武司：《诉讼制度改革的法理与实证》，陈刚、郭美松等译，法律出版社 2001 年版。

57. 肖建华主编：《民事诉讼立法研讨与理论探索》，法律出版社 2008 年版。

58. 信春鹰、李林主编：《依法治国与司法改革》，社会科学文献出版社 2008 年版。

59. 徐昕主编：《司法程序的实证研究》，中国法制出版社 2007 年版。

60. 亚太司法改革论坛主编：《探寻司法改革的成功之道——亚太经验》，黄斌、支振锋、徐宗立等译，中国政法大学出版社 2010 年版。

61. 杨仁寿：《法学方法论》，中国政法大学出版社 2013 年版。

62. 张军主编：《人民法院案件质量评估体系理解与适用》，人民法院出版社 2011 年版。

63. 邹碧华：《要件审判九步法》，法律出版社 2010 年版。

64. 最高人民法院编写组：《人民法院审判理念读本》，人民法院出版社 2011 年版。

65. 最高人民法院课题组：《司法改革方法论的理论与实践》，法律出版社 2014 年版。

66. 最高人民法院中国应用法学研究所编：《人民法院审判经验集萃》（司法为民篇），人民法院出版社 2009 年版。

**论文类：**

1. 包蕾、余韬："司法效率突破的审判管理之维"，载《人民法院报》2010 年 11 月 17 日，第 8 版。

2. 北京市海淀区人民法院课题组："优化基层法院审判资源配置的调研报告——以审判人力资源配置为中心"，载《人民司法》2011 年第 19 期。

3. 伯阳："德国小额诉讼程序与提高司法效率的措施"，载中国应用法学研究所、最高人民法院研究室编：《司法成本与司法效率暨案例指导制度国际研讨会论文集》（会议资料），2010 年 11 月。

4. 陈忠、吴美来："案件质量评估与审判绩效考核衔接机制研究——以重庆法院实践为样本"，载《法律适用》2014 年第 3 期。

5. 范明志："欧洲对审判质量和效率的评估与管理"，载最高人民法院中国应用法学研究所编：《司法决策参考》2013 年第 26 期。

6. 范明志："法官流失：一个什么性质的问题"，载《人民法院报》2014 年 6 月 12 日，第 2 版。

7. 范愉："小额诉讼程序研究"，载《中国社会科学》2001 年第 3 期。

8. 范愉："司法资源供求失衡的悖论与对策——以小额诉讼为切入点"，载《法律适用》2011 年第 3 期。

9. 冯文生："德国法官考评的'学问'"，载《人民法院报》2012 年 3 月 16 日，第 8 版。

10. 顾利军："合理分担司法成本，全面提升司法效率"，载《人民法院报》2010 年 12 月 8 日，第 8 版。

11. 郭俭、王保林："案件质量评估指数的合理区间研究"，载《人民法院报》2013 年 9 月 11 日，第 8 版。

12. 韩建英："新西兰争端仲裁裁判所印象"，载《人民法院报》2010 年 7 月 30 日，第 8 版。

13. 胡云腾："从摸着石头过河到顶层设计——对三中全会《决定》有关司法改革规定的解读"，载《中国法律》2014 年第 2 期。

14. 胡云腾："正确认识案件质量评估指标体系的科学性"，载《人民法院报》2011 年 10 月 22 日，第 2 版。

15. 胡昌明："构建符合审判规律的司法效率评价机制"，载《全国法院系统第二十二届学术论文讨论会论文集》，人民法院出版社 2011 年版。

16. 蒋惠岭："论司法效率中的八个关系"，载《人民司法》2008 年第 17 期。

17. 蒋惠岭："论司法效率的'法治账'"，载《中国审判》2010 年第 12 期。

18. 蒋惠岭："司法成本与司法收益的构成"，载《人民法院报》2010 年 12 月 1 日，第 8 版。

19. 蒋惠岭："十年前台湾法官素养实录"，载《人民法院报》2012 年 1 月 20 日，第 6 版。

20. 蒋惠岭："法庭观察：了解和评判法官素养的重要渠道"，载《人民法院报》2012 年 3 月 2 日，第 6 版。

21. 蒋惠岭："欧洲司法改革与发展报告（2011－2012 年）"，载《人民法院报》2012 年 10 月 12 日，第 7 版。

22. 蒋惠岭："审判权运行机制改革的背景与内容"，载《中国法律》2014 年第 2 期。

23. 蒋惠岭："建立符合司法规律的新型审判权运行机制"，载《法制资讯》2014 年第 4 期。

24. 蒋惠岭、何帆："巴基斯坦国家司法发展战略"，载《人民法院报》2012 年 9 月 21 日，第 8 版。

25. 蒋惠岭、黄斌："美国联邦司法发展战略"，载《人民法院报》2012 年 9 月 14 日，第 8 版。

26. 蒋惠岭、黄斌："美国加州法院的司法公信力评估机制"，载《人民法院报》2013 年 5 月 17 日，第 8 版。

27. 蒋惠岭、林娜："英国司法工作发展战略"，载《人民法院报》2012 年 9 月 28 日，第 7 版。

28. 蒋惠岭、金晓丹："荷兰司法质量评估体系（下）"，载《人民法院报》2013 年 4 月 12 日，第 8 版。

29. 蒋惠岭、彭何利："卢旺达共和国司法发展战略（2009 – 2013 年）"，载《人民法院报》2012 年 10 月 19 日，第 8 版。

30. 江苏省常州市中级人民法院课题组："解决人民法院案多人少问题的调研报告"，载《人民司法》2009 年第 11 期。

31. 江苏省宿迁市中级人民法院："论如何构建以质效指标合理区间为基础的审判工作评价机制"，载《法律适用》2010 年第 8 期。

32. 金晓丹："电子法院：俄罗斯联邦仲裁法院"，载《人民法院报》2010 年 11 月 5 日，第 8 版。

33. 李浩："司法统计的精细化与审判管理——以民事案件平均审理期间为对象的考察"，载《法律适用》2010 年第 12 期。

34. 李杰："应对司法资源不足的思路"，载《人民法院报》2010 年 12 月 15 日，第 8 版。

35. 廖万春、张莉、黄海锭、印强、陈九波："完善小额诉讼制度　规范程序救济途径——广东高院关于小额诉讼制度实施情况的调研报告”，载《人民法院报》2014年5月8日，第8版。

36. 林娜：“‘卓越法院’的国际评价标准（上）”，载《人民法院报》2013年3月1日，第8版。

37. 林娜：“土耳其司法改革行动纲要（2009-2013年）”，载《人民法院报》2012年8月31日，第8版。

38. 林娜：“案多人少：法官的时间去哪了?”，载《人民法院报》2014年3月16日，第2版。

39. 龙飞：“澳大利亚的司法信息研究系统”，载《人民法院报》2010年11月5日，第7版。

40. 龙飞：“印尼：司法透明度从简单开始”，载《人民法院报》2010年11月5日，第8版。

41. 龙飞：“美国佛罗里达州司法发展战略（2009-2015年）”，载《人民法院报》2012年10月26日，第8版。

42. 龙宗智：“转型期的法治与司法政策”，载《法商研究》2007年第2期。

43. 鲁为：“以全力创新推动海淀法院跨越式新发展”，载《人民法院报》2011年11月15日，第6版。

44. ［美］罗伯茨：“美国联邦法院2013年年终报告”，黄斌、赵昕译，载《法制资讯》2014年第2期。

45. 罗大乐、朱峰：“当前审判人力资源配置存在的问题与建议”，载最高人民法院中国应用法学研究所编：《司法决策参考》2014年第2期。

46. 罗东川、黄斌：“我国司法效率改革的实践探索——立足于当前人民法院‘案多人少’问题的思考”，载《法律适用》2011年第3期。

47. 罗东川、黄斌：“我国司法效率改革的现状与展望”，载《人民法院报》2011年1月26日，第8版。

48. 乔晓阳：“关于处理立法与改革关系的一点体会”，载《法制日报》2014年9月29日。

49. 任重远：“学者建议由人大主导法官遴选　司法改革：法官谁来选，怎么选”，载《南方周末》电子报2014年9月25日新闻版。

50. 沈明磊、蒋飞：“资源配置视野下的司法效率”，载《人民司法》2008年第17期。

51. 苏力：“审判管理和社会管理”，载《中国法学》2010年第6期。

52. 王亚新：“司法成本与司法效率——中国法院的财政保障与法官激励”，载《法学家》2010年第4期。

53. 王亚新：“民事诉讼法修改中的程序分化”，载《中国法学》2011年第4期。

54. 王渊：“巴基斯坦对信息技术的应用”，载《人民法院报》2010年11月5日，第7版。

55. 王渊：“新加坡的电子入禀系统”，载《人民法院报》2010年11月5日，第7版。

56. 夏南：“美国犹他州司法绩效评估制度”，载《人民法院报》2013年5月10日，第8版。

57. 肖锋：“小额诉讼程序的价值定位与制度分析”，载《法律适用》2011年第7期。

58. 肖宏：“马来西亚利用科技手段减少积案”，载《人民法院报》2010年11月5日，第8版。

59. 肖宏：“欧洲司法效率评估方法及特点”，载《法制资讯》2012年第12期。

60. 肖宏：“欧洲司法效率委员会对成员国法院进行满意度调查的方法及对我国的借鉴意义”，载《法制资讯》2013年第5期。

61. 姚莉：“司法效率：理论分析与制度构建”，载《法商研究》2006年第3期。

62. 严戈、马剑：“关于《人民法院案件质量评估指数编制办法（试行）》的理解与适用”，载《人民法院报》2013年6月22日，第3版。

63. 严戈、袁春湘：“2012年全国法院案件质量评估分析报告”，载

《法制资讯》2013 年第 21 期。

64. 余文唐："谈审判管理五结合——基于集约型司法的思考"，载《人民法院报》2010 年 12 月 22 日，第 8 版。

65. 张慧鹏、范贞、刘光洪："案多人少何以应对——深圳市宝安区法院审判管理工作调查"，载《人民法院报》2009 年 4 月 7 日，第 8 版。

66. 张泰苏："在提高司法效率上做文章"，载《人民法院报》2010 年 5 月 21 日，第 5 版。

67. 张志铭："用效率阐释公正，追求有效率的司法公正"，载《人民法院报》2001 年 3 月 7 日，第 5 版。

68. 赵刚："白加黑困局及其破解"，载《人民法院报》2009 年 3 月 23 日"法周刊"栏目。

69. 赵华军："催人撤诉：年终的'数字政绩'"，载《新京报》2006 年 12 月 21 日。

70. 赵兴武、李侠、周迅："案多人少怎么办——南京市溧水县法院优化资源化解矛盾"，载《人民法院报》2009 年 8 月 25 日，第 8 版。

71. 浙江省宁波市鄞州区人民法院课题组："基层法院'案多人少'矛盾与破解对策"，载《法律适用》2009 年第 6 期。

72. 浙江省宁波市中级人民法院课题组："法院'案多人少'现状及解决之道"，载《中国审判》2009 年第 10 期。

73. 周瑞平、冯春、王琼："提升职业尊荣感、激发工作积极性——滁州中院加强法官队伍建设工作调查"，载《人民法院报》2014 年 7 月 10 日，第 5 版。

74. 周迅："当前基层法院人案现状的主要特点及对策分析——以溧水法院的调查为样本"，载《法律适用》2009 年第 11 期。

75. 周元卿："海淀：开拓创新求发展　司法为民促和谐"，载《人民法院报》2011 年 11 月 15 日，第 6 版。